グローバル化時代の日本国憲法

山元 一

グローバル化時代の日本国憲法（'19）

©2019　山元　一

装丁・ブックデザイン：畑中　猛

s-51

まえがき

　放送大学用の教材として書き下ろした本書は，主にこれまで大学で憲法を学習したことのない読者の方々を対象とする，筆者にとってはじめての概説書である。

　書店や図書館の憲法のコーナーに行けばすぐわかるように，すでに数多くの憲法の概説書が世に送り出されている。私にとっての（大）先輩，同世代そして若手の研究者の方々の手になる優れた概説書がすでに数多く出版され，そして今も続々と出版されている。このような状況の下で，出版する意義のある個性をもった新たな概説書を書くことは，率直にいってかなり難しい。強い個性をもたせようとすれば，筆者の趣味に走った，もはや概説書とは全く呼びえないものになってしまうであろう。そこで本書の執筆の方針としては，概説書のスタイルをなるべく守りながらも，グローバル化によって憲法の受ける影響に注目し，それを重視することによって一定の個性をもたせることにした。タイトルを『グローバル化時代の日本国憲法』とした理由は，そこにある。このような試みが成功したかどうかについては，読者の評価に委ねたい。また，すべての分野にバランス良く目を配る必要がある国家試験などを志す読者の方々は，参考文献にある定評のある概説書を購入して，学習してほしい。

　ところで憲法という科目は，一般に法学部の新入生が入学の当初から履修する科目である。憲法は他の法分野とは異なり，小学校や中学校における社会科の公民分野，高校における現代社会や政治経済などの学習を通じて，一定の予備知識が身についている分野である。したがって，本書は，＜基礎的な一般常識としての憲法＞から，一歩踏み出て，大学レベルの教育内容にふさわしい＜法学としての憲法＞に橋渡しをすることも

狙いとしている。

　本書は，筆者がこれまで行ってきた憲法の講義ノートを元に執筆したものである。この機会に，筆者が大学教員としての道を歩みはじめてからこれまでの間に，拙い講義に耳を傾けてくれた受講生の皆さん，具体的には新潟大学教養部，同法学部，東北大学法学部，慶應義塾大学法学部，同大学院法務研究科，東京大学教養学部の授業に出席してくれた学生の皆さんにお礼を申し上げたい。研究論文を書くためには，読み手たる研究者集団が必要なように，受講生が耳を傾けてくれなければ，決して本書を書くことができなかった。この意味で本書は受講生の皆さんのお陰で，生み出されたものである。

　このような形ではじめての概説書を世に送り出すきっかけを作って下さったのは，柳原正治先生（放送大学教授）である。柳原先生の＜英断＞に対して，心からお礼を申し上げる次第である。赤坂幸一先生（九州大学准教授）には本書第 2 章について，また申惠丰先生（青山学院大学教授）には本書第 3 章の国際人権法に関連する部分について，ご助言を頂いたことについて，お礼を申し上げたい。さらに編集を担当していただいた近藤建彦氏にも，感謝を申し上げたい。

　最後になるが，忙しい研究の合間を縫って，本書の原稿のチェックをしてくれた堀口悟郎（九州産業大学准教授），小川有希子（慶應義塾大学大学院法学研究科博士課程），橋爪英輔（同），大野悠介（同大学大学院法務研究科助教）の各氏に謝意を申し上げる。

2018 年 12 月 23 日
北鎌倉の自宅にて
山元　一

目次

まえがき　　3

1 憲法という考え方　　9
1. 「中世立憲主義」から「近代主権国家」の登場へ　　9
2. 近代立憲主義思想　　18
3. 近代主権国家と憲法の構造　　21
4. 立憲主義思想の現代的発展　　23

2 近代日本と二つの憲法　　25
1. 日本における「近代主権国家」の完成とその軍国主義化　　25
2. 日本国憲法の制定と展開　　33

3 人権の考え方とそのグローバル化　　41
1. 人権思想のあゆみ　　41
2. 現代社会における人権の意義と課題　　47
3. 日本社会のグローバル化と人権　－外国人の人権－　　51

4 グローバル化の中の平等論　　60
1. 法の下の平等　　60
2. 平等をめぐる具体的問題　　65

5 個人の尊重と幸福追求権の展開　　71
1. 個人の尊重と幸福追求権　　71
2. 憲法13条によって保障される具体的権利　　73
3. 国際人権法と幸福追求権　－少数民族の文化享有権　　81

6 現代社会における思想・良心の自由と信教の自由　84

1. 思想・良心の自由　84
2. 信教の自由　87
3. 政教分離原則　91

7 表現の自由の現代的課題　98

1. 表現の自由　98
2. 表現内容規制の具体的検討　103
3. 表現の時・場所・方法に関する規制　108
4. マスメディアと表現の自由　109
5. 集会・結社の自由　111

8 経済的社会的権利の現代的課題　114

1. 経済的自由の保障の意義　114
2. 憲法22条の保障内容　115
3. 財産権　119
4. 社会権保障の意義－＜強い個人＞から＜弱い個人＞へ　122
5. 生存権　122
6. 教育を受ける権利と学問の自由　124
7. 憲法と労働　127

9 統治機構の基本構造（権力分立制と国民代表制）　131

1. 権力分立制　131
2. 国民代表制　138
3. 憲法と選挙制度　142

10 グローバル化の中の政治部門 （国会・内閣・地方自治）〔Part Ⅰ〕　149
1．政治部門の基本構造－議院内閣制　149
2．日本国憲法における国会　156

11 グローバル化の中の政治部門 （国会・内閣・地方自治）〔Part Ⅱ〕　167
2．日本国憲法における国会（続）　167
3．日本国憲法における内閣と行政　174
4．地方自治　176

12 グローバル化の中の司法　188
1．司法権の観念　188
2．司法の独立と裁判所・裁判官　192
3．憲法訴訟とその展開　200

13 象徴天皇制とその課題　207
1．象徴天皇制のあらまし　207
2．象徴天皇の地位と活動　210
3．象徴天皇制をめぐる最近の問題　219

14 グローバル化時代の平和主義　224
1．「戦争の違法化」と憲法の平和主義　224
2．憲法と平和主義　227
3．戦後の再軍備と政府の憲法解釈　233
4．グローバル化時代の平和主義の課題　236

15 国民主権と憲法の制定及び改正 241
　1．主権・国民主権・参政権　241
　2．憲法制定権力　248
　3．憲法改正権　251
　4．日本の憲法改正問題　255

参考文献　259

索　引　263

1 | 憲法という考え方

《目標&ポイント》 この章では,憲法という考え方を明らかにするために,まず中世立憲主義を見ることからはじめる。次いで,その考え方を打ち破り,近代憲法の成立の前提条件を生み出した,「近代主権国家」の登場について説明する。それに引き続き,近代立憲主義思想,近代主権国家と憲法の構造,立憲主義思想の現代的発展などについて取り上げる。
《キーワード》 中世立憲主義,近代主権国家,近代立憲主義思想,近代主権国家と憲法の構造,立憲主義思想の現代的発展

1.「中世立憲主義」から「近代主権国家」の登場へ

憲法という言葉は,英語やフランス語の constitution という言葉の翻訳語である。この言葉は,体質・構造・国制などの意味を有する。法律学や政治学において憲法は,広い意味では統治の基本ルールを意味する。そして憲法という法を統治の中心に置くべきであり,統治権力は憲法を尊重して行使されなければならない,という考え方は**立憲主義**(英語:constitutionalism)と呼ばれる。この考え方は,様々な思想が流れ込んで生み出された歴史的産物である。そして今日でも,憲法や立憲主義という考え方は,変化を続けている。以下では憲法という考え方を見ていくが,憲法や立憲主義という考え方はヨーロッパで生み出されたので,まず,その歴史をたどって,中世ヨーロッパに誕生した立憲主義の考え方を見ることからはじめよう。

(1) 中世立憲主義

　憲法を統治の中心に置くべきであり,統治権力は憲法を尊重して行使されなければならない,とする立憲主義の考え方は,古典古代から存在していた。例えば,ギリシャ時代のプラトン（427 BC‒347 BC）は,哲人が智慧に基づいて政治を行えば法を必要としないと考え,そのような「理想国家」を追い求めて旅に出たが,その結果,実際には実現困難であることを悟った。彼は,次善の策として,「専制国家」の出現を食い止めるためには,すなわち統治者による恣意的支配を抑制するためには,彼らの行動を法的規制に服せしめる**法治国家**を建設する必要がある,と説いた。

　立憲主義の考え方が大きく開花したのは,**中世ヨーロッパの封建制社会**であった。中世ヨーロッパというと,どのような社会を思い浮かべるであろうか。例えば,西洋絵画を所蔵する美術館に行くと,現在の農村の村落と同じように,技術水準には大きな違いがあっても,畑を耕す人や小さな店を開いて物を売る人などの生き生きとした生活を描いた写実的な絵画を見つけることができる。その時代の庶民も,今と変わらずささやかな幸せを求めて生きていたであろう。だが,それらの土台にある法や社会の仕組みや構造には,大きな違いがあったのである。

　中世ヨーロッパ社会で最も大きな精神的な権威を持っていたのは,**ローマ教会**であった。ローマ教会は,ヨーロッパ社会における最も強力な団体としてそれ自身各地に莫大な財産を持ち,政治の世界と深いつながりを持って,様々な活動を行っていた。また,現在のドイツを中心とするヨーロッパ地域は,**神聖ローマ帝国**（962‒1806年）というなかば名目的な存在の傘の下にあった。さらに,ヨーロッパ各地には数多くの君主が存在していたが,それぞれの地方には,領民に対して支配を行う数多くの封建領主が勢力を有し,また,都市国家・職業組合・大学などの様々

な「**中間団体**」と呼ばれる団体や結社などが,かなり自由な活動を展開していた。このような状況において,君主は,これらの団体に対して一方的な命令を下すことができるような力も権威も有してはいなかった。

さて,これまでの説明からすると中世ヨーロッパ社会は,無秩序な社会であると思えるかもしれない。しかし,実際には,＜法によって権力を縛る＞という考え方が開花したのは,まさにこの時期だった。例えば,この時代に利害関係の大きく対立した領主と農民の間の闘争の過程で休戦協定が結ばれ,それによって平和的な事態が存続すれば,そのとき,弱者である側の農民に承認された権利は,**既得権**となる。これは,君主と封建領主の間の主従関係でも基本的に同様である。この協定は,一種の**契約関係**として考えられていた（契約であるがゆえに,一旦成立した合意は遵守されなければならない,とされた）。もし,このようにして生み出された既得権が領主によって一方的に侵害される事態が生ずれば,それは違法状態ということになる。さまざまな既得権の積み重ねによってつくられている秩序が,尊重されるべき法秩序であると考えられたのであり,それは,「**良き旧き法（ドイツ語：Gutes altes Recht）**」と呼ばれた。そこでは,長年にわたって社会から認められてきた種々様々な権利（特権）の集まりが法であり,また秩序である,と観念されていたのである。それが,この時代における憲法にほかならなかった。このような社会における正義（＝公共善）は,すでに成立している既得権に基づいて積み上げられ,重層的に存在している法秩序（帝国法,王国法,荘園法,都市法等）を維持することを意味していた。＜国家権力が制定したから,その結果としてルールが法となる＞,という今日的な考え方とは全く異なっていたのである。

別の例を挙げれば,皇帝から**都市国家**（ドイツのブレーメンがその代表例）に対して認められていた**自治権**,君主から貴族に対して認められ

ていた**土地支配権**,領主から農民に対して認められていた**土地利用権**などがその例である。**ギルド**（職業組合）が,それぞれの職業によって生み出される商品（例えば,靴職人組合にとっては靴）の販売・営業・品質管理・雇用および職業教育等に関して特権的で独占的な権利を有していたが,これらも既得権の一種であった。実は,**抵抗権**という考え方が生み出されたのもこの時代であり,既得権を侵害する者に対しては,命がけで抵抗権を行使して,そのような状態を阻止することが当然のことだと考えられていたのである。このような社会の中で,王権に対して封建領主が明文のかたちをとって認めさせた権利のカタログの一例が,人権宣言の萌芽である**マグナ・カルタ**（1215年）であった。また,王権に対抗する**身分制議会**（聖職者・貴族・平民がそれぞれ自分達の利害の代弁者を派遣する,身分によって構成される議会）が発達していった。

　この時代を生きた人々は,それぞれが**身分**によって細分化されており,自らの身分に応じて有する特権や義務が異なっていることに著しい特色があった。すなわち,人々は,まず聖職者（第一身分）,貴族・騎士（第二身分）,商人・職人・農民（第三身分）に大別され,またその中で細かく**特権**や**義務**の内容が異なっていた（例えば,騎士には,武器携帯権,従軍権,決闘裁判権〔例えば,土地の領有をめぐる紛争は決闘によって解決された〕などの特権があり,職人のうち靴職人だけが独占的に靴商品を販売する特権を有していた）。このように,中世社会においては,人々はそれぞれ様々な身分や地位に細分化されていたのであって,今日のように国民という1つの均等な地位を有していたのではなかった。人々は,様々な身分・団体・結社に属しており,その所属に応じて,それ相応の特権を享受し,義務を課される仕組みとなっていた。

　そのような体制の下で,領主の支配を受けていた農民たちは,領主の支配権力によって,原則として身分を固定され土地に縛りつけられた生活

を余儀なくされていたのであった。このように，中世ヨーロッパ社会は，個人ではなく**団体優位の社会**であり，その上に立つ国家権力は脆弱な存在であった。したがって，それぞれの団体は，場合によっては自ら武装し，また，場合によっては別の武装団体の保護を受けることによって，力と力の対決する厳しい環境の下で，生きのびていくために精一杯の努力をしていたのである。

　フランスの貴族モンテスキュー（1689-1755年）は，その著書『法の精神』の中で権力分立論を提唱したが，この理論は，この時代のヨーロッパ社会のあり方を前提としており，中世立憲主義の系譜に属する。彼は，イギリスの政治制度に学びながら，貴族院と平民を代表する院とからなる立法権，君主の手に委ねられた執行権（外交防衛活動がその具体的な内容である），それらから独立した裁判権という3つの権力が相互に緊張・対立するなかで，法の遵守される社会を構想したのであった。

　ヨーロッパの中世社会は，**自力救済**の社会であった。すなわち，同じ領主の経営する荘園の農民同士で内紛が起これば，領主が裁判を行う権利を有していた。しかし，すぐあとで見るように，この社会は著しく分権的な社会であり，誰もが従わなければならない統一的な権力機構は存在していなかった。したがって，自らの有する権利が他者によって侵害された場合には，終局的には，自らの力で立ち上がり実力行使を通じて権利の救済を行わなければならなかった。また，先に述べたようにこの社会は契約社会でもあった。ここからやがて契約に基づく社会観（社会契約論）が生まれることになるのである。

（2）「近代主権国家」という国家モデル

　（1）で見た中世の封建的な社会構造から生まれ，やがてそれを根本的に変革していくのが，「**近代主権国家**（英語：modern sovereign state）」で

ある（「近代国民国家」（英語：modern nation state）とも呼ばれる）。素朴に考えると，私たちは，今私たちが生きている＜国家＞という仕組み（ユニット）が，古代から現在まで連綿として続いてきたように錯覚してしまう。ここでいう＜国家＞とは，同じ言葉を話し，同じ言葉を書き，同じ通貨を用い，ともに国旗を掲げたり，国歌を歌ったりする人々によって構成される集団としてイメージされるものである。しかしながら，このようにイメージされる国家がつくり出されていくのは近代以降のことであり，それ以前は，国のまとまりというものは，ゆるやかなものでしかなかった。

「近代主権国家」のうみ出されるプロセスを歴史的に見ていこう。内部に強い対立・緊張関係を有していたものの，一定の安定的な社会として営まれていたかのように見えた身分制に立脚した中世の封建制社会は，次第に大きく変容していく。封建領主たちによって割拠され，支配されている社会では，人や物は，自由に移動することができず，効率的な経済活動をする道は，閉ざされていた。生産力の向上に伴って，人や物の自由な移動を求める人々は，より大きな単位で経済活動が展開されることを求めるようになる。そのような要求に応えたのが，王権であった。君主は，対外的にはローマ教皇によって代表される教会勢力との闘争，対内的には封建領主との闘争を展開し，さらに様々な「中間団体」の力を弱体化させ，君主の支配が国内にあまねくゆきわたるようにしていった。君主は，それを通じて，一国単位の経済圏の確立に成功していくのである（「国民経済」の誕生）。

このようなプロセスにおいて，君主は，職業組合や各地方の領主たちが有していた様々な特権を次第に奪っていく。その結果，拡大強化された王権は，集権的な近代国家を形成していく。このように君主の権力が伸長していく過程は，組織の面から見れば，①**官僚組織**を持った行政権と，

②**常備軍**（職業的な軍人を中心に構成される恒常的な軍事組織）が整備されていく過程であった。王権は，社会全体の支配を目指す強大な権力として姿を現す。これが，**絶対主義国家**である。絶対主義国家は，経済政策としては重商主義政策を採用して，国富を増加させるために，殖産興業を図り，植民地経営に乗り出し，保護貿易政策を採った。このような絶対主義国家によって，現在まで続く「近代主権国家」の基本的骨格が作られたのである。これが「近代主権国家」の国家モデルとなる。

例えばフランスでは，17世紀に王位についたルイ14世（太陽王）は，**王権神授説**に基づいて自らの地位を正当化し，親政を行った。彼の時代に絶対主義王政は絶頂期に達した。「朕は，国家なり」という言葉はあまりにも有名であるが，彼が，君主が思うがままに国家や社会を操縦できる，とイメージできたこと自体，この時代がいかに分権的な中世ヨーロッパの社会構造から集権的な社会構造へと大きく変化してきたか，を物語っている。フランスでは地域の文化が敵視され，フランス語を公用語として強要する政策が採られたのも，このような集権的な社会を作り出すための努力であった。ただ，実際には，絶対主義国家は，様々な「中間団体」の協力によって運営されていた点で，不徹底な「近代主権国家」であった。やがて，フランスでは，絶対王政による暴政に苦しめられた**市民階級**が立ち上がって，彼らを中心としてその体制（アンシャン・レジーム）を打ち倒すに至るが，これがフランス革命にほかならない。このような市民革命を導いたのは，近代立憲主義思想であった。次にそれを見ることとしよう。

（3）個人という観念の誕生－近代立憲主義思想の前提

個人という観念が，**近代立憲主義思想**の中心に位置する。封建制社会の崩壊に伴って，個人という観念が登場する。ここでいう個人とは，どの

ような観念であろうか。それぞれの人には,それぞれの人間ごとに固有の人生の始まりと終わりがある,という意味では人は常に個体として存在している。このような生物学的意味の個体と,ここでいう個人は,全く意味が異なっている。世の中は,性別や体質の違いも含めて,種々様々な環境や条件や身分に生まれ,種々様々な考えを育み,相異なった人生を歩んでいく人々によって織り成されている。個人という観念は,このような多種多様な人々をすべて,あえて理性を持った個人という抽象的で同等な存在として捉えようとするのである。このような見方に立てば,君主も靴職人も農夫も,一律に同等の個人として把握されることになる。そして社会は,このような自由で対等な個人が共存する共同体として理解される。

　市民革命によって,このような個人像を出発点として社会を変革した結果,次のような帰結が生じた。封建制社会において様々な身分に応じて相異なった特権と義務を有していた人々は,「近代主権国家」の登場する以前から伝統的慣習法的に有していた特権と義務の両方を一挙に失ってしまった。すなわち,人々は身分から自由になることによって,職業生活をはじめとする社会生活で大きな行動の自由を獲得したが,逆にいえば,もはや伝統や慣習を楯にとって特権を主張することができなくなってしまった。例えば,靴職人が靴の生産を独占する特権を剥奪され,昨日までカバンを作っていた職人も靴の販売市場に新規参入することができるようになった。また,実力行使による自力救済で権利を擁護することが禁じられるようになり,人々は,国家に対して裁判を通じて権利の救済を求めることしかできない存在となってしまった。

(4) 自然権思想と社会契約論

　ところで,絶対主義王政が矛盾を深め,その解体を求めて人々が模索し

た時代に，思想家たちが手掛かりにしたのは，**自然権思想**であった。この思想は，個人は生まれながらにして固有の奪われることのない自然権を持っている，という考え方に基礎を置き，この考え方に基づいて社会や国家のあるべき姿を考えようとした。この考え方によれば，それぞれの人の生きる社会の違いにもかかわらず，人は個人として一律に一定の権利を持って生まれてくる，とされる。既得権に基礎づけられた「良き旧き法」とは対照的な考え方である。自然権思想は，法についての歴史と伝統を退け，それまでの法のイメージを変革する，ラディカルな考え方である。

　自然権を享受する者を出発点におくと，どのような社会を構想することができるのであろうか。それを考えたのが**社会契約論**であった。社会契約論には様々なバージョンがあるが，この考え方は，政治社会というものは，自然権を有する者たちが，より確かに自分たちの自然権を保持しようとする目的で立ち上げたものであって，この社会に現に存在している秩序を受け入れることができるとしたら，それはこのような原理によって正当化することができる限りにおいてである，というのである。社会契約論の様々なバージョンを提供した代表的思想家は，17世紀から18世紀に活躍したトーマス・ホッブズ（1588-1679年），ジョン・ロック（1632-1704年），ジャン＝ジャック・ルソー（1712-1778年）らであった。彼らは，既得権を出発点にして社会において守られるべき法について考えることを否定し，各個人が生まれながらに有している自然権を出発点にしながら，あるべき社会・あるべき法についての構想を示したのである。そこでは，国家権力の存立や保持が自己目的となってはならず，個人の享受する自然権のより良き保障が目的でなければならない，という点では一致していた。

　フランスでは，絶対主義王政は「中間団体」に支えられながら，次第に

近代主権国家としての形を整えてきたのであるが,実力を伴った革命（1789 年）によって「中間団体」の基礎にあった既得権の体系が一挙に廃止された。また,中世以来存在してきた身分制議会は,第三身分によって構成されていた第三部会が,もはや特定の身分ではなく全国民を代表することを標榜する**国民代表議会**となった（当初「**国民議会**」と呼ばれ,のちに,「**憲法制定国民議会**」となる）。こうして,絶対主義王政が「中間団体」の力を借りて権力構造を支えていたのに対して,市民革命後の国家はそれらを一挙に廃止して,国家への集権化をいっそう急速に推進した。具体的には,商工会議所,教育・救済事業を行っていた宗教団体,株式会社,弁護士会,大学等が強制的に解体されてしまった。こうして,君主の名の下に集権化されてきた「近代主権国家」は,革命によって今や主権者たる国民の名の下にさらに徹底的な集権化を進めることになり,「近代主権国家」のシステムが完成したのである。

2. 近代立憲主義思想

(1) 成文硬性憲法の思想

　18 世紀の後半に,生まれながらにして自然権を有する個人を前提とした近代立憲主義思想に基づく国家が,実際にアメリカで登場した。そして,そこでは,慣習に基づく統治は不明確で変化しやすいので,各人に保障される様々な重要な権利と統治を行なうための仕組みを,明文で明確に規定することが望ましいとする**成文憲法**の思想も生み出された。すなわち,1776 年の**バージニア権利宣言**は,自然権思想に基づいて,「生来等しく自由かつ独立しており,一定の生来的諸権利を有する」と宣言した上で,様々な権利を保障した。同州は,それに続いて直後に,権力分立思想に基づいて統治の仕組みを定める「憲法ないし統治機構」を採択した。そして同年**アメリカ独立宣言**が出され,1788 年にはアメリカ合衆国

憲法が成立する。この憲法は，連邦制と権力分立制に立脚する成文硬性憲法である。**硬性憲法**とは，通常の法律に比べて改正手続を難しくした憲法のことを指す。ここでは，中世立憲主義の流れを汲んだ，社会には人の作り出した制定法よりも上位に，決して違反することのできない法が存在するとする「高次の法」の考え方と，法は人為的に制定されるという法についての近代的な考え方が結びついて，憲法こそが「高次の法」を文書のかたちで示したものだ，という考え方が成立した。

成文硬性憲法の思想は，①政府（国家）は社会契約に基づいて形成され，その社会契約を具体化するのが憲法である，②憲法は，自然権の保障を最も重要な使命とする，③立法権は憲法によって生み出された権力であり，立法権は憲法規範を変更する権能を持たず，憲法による拘束を受ける，という3つの要素からなる。

アメリカで開花した成文憲法の思想に強い影響を受けて，フランスでも1789年に「**人および市民の権利宣言**」が採択された。この宣言では，自然権を有する「**人**」としての側面と，政治的に統一された意思の形成に参加する「**市民**」としての側面から様々な権利が明文で確認されている。各人の有する自然権は，具体的には「自由」「所有」「安全」「圧制への抵抗」であり，これを確保するために，表現の自由，人身の自由，罪刑法定主義，財産権等が列挙されている。また，**国民主権**が宣言され，市民は，法律の形成に参与する権利を有するとされた。

この権利宣言は，「権利の保障が確保されず，権力の分立が定められていないすべての社会は，憲法をもたない」（16条）と述べ，このような条件を満たすものが憲法と呼ばれるのだ，とした。この定式は，**近代的・立憲的意義の憲法**と呼ばれる憲法の内容を明確に示している[1]。

---

[1] これに対して，内容のいかんにかかわらず，統治についての基本的な仕組みを定めたルールは，**実質的意味の憲法**と呼ばれる。したがって，たとえ全体主義国家においても，この意味の憲法は存在する。また，憲法という名前を持った法典を憲法と呼ぶ定義は，**形式的意味の憲法**と呼ばれる。

(2) 近代立憲主義の国家像

　近代立憲主義を前提とする国家像は,絶対主義国家の圧政に対する抵抗から生み出された自由主義国家の理念である。そこでは,個人に対して国家からの自由を確保することが憲法の主要な課題とされた。そして,自由を真に享受するための物的基礎は,個々人が自らの責任で確保すべきであり,それもまた権力の介入しない自由な領域であるとされた。なかでも財産権の自由が「神聖かつ不可侵の権利(フランス人権宣言)」とされるほど重要視された。近代市民革命を経て近代憲法に実体化された立憲主義の思想は,19世紀の「自由主義」の下でさらに進展した。個人は自由かつ平等であるとされ,個人の自由意思に基づく経済活動が広く容認された。そして,自由・平等な個人の競争を通じて社会の調和が実現できると考えられ,国家は経済的干渉も政治的干渉も行わずに,社会の治安維持という警察的任務のみを負うべきものとされた。当時の国家を,**自由国家・消極国家**とか,または軽蔑的に**夜警国家**とか呼ぶのは,そのような趣旨からである。

　また,法律を制定するべき議会は,教養と財産のある人々によって構成されるべきだと考えられたため,財産に基づく**制限選挙制度**が採用された。このような考え方の下では,憲法は,統治機構について定め,政府に対して個人の自由を保障することを命じるものとして理解された。ただし,自由主義国家の現実に目を向ければ,①**無産階級**には参政権が与えられず,②**女性**が独立した主体としてはカウントされず,③**奴隷**や植民地化された土地で生きる人々が市民として平等に取り扱われていなかった点で,大きな影を落としていたことが忘れられてはならない。

3．近代主権国家と憲法の構造

(1)「近代主権国家」の構成要素と近代国際社会

　これまで見てきたように，フランスをモデルとして考えると，歴史的には順序として，まずはじめに「近代主権国家」が形成され，そのような国家を前提として，市民革命を経て近代憲法原理が形成されてきた。このような仕方で形成・発展した「近代主権国家」は，3つの構成要素からなる，と理解されてきた。3つの構成要素とは，①**支配権力**，②**領土**（領陸・領海・領空よりなる），③**国民**である。これら3つの要素はすべて中世の封建制社会においては見出すことのできなかった歴史的形成物である。

　このような内部的構造を有する「近代主権国家」は，もちろん世界に単独で存在するわけではない。基本的に同様の構造を有する諸々の国家は，それら相互間に対等・平等な関係を取り結ぶようになってきた。その画期となったのが**ウェストファリア条約**（1648年）であり，これによって近代国際社会の基礎が成立する（国際法学では，主権国家の登場と共存を「ヨーロッパ国家系」の出現という）。ここで確立していくルールは，国家の独立性・自立性を相互に尊重しつつ，共存することを狙いとするものであった。

　こうして次第に，国家間のルールは発展していくが，「近代主権国家」というあり方が，ヨーロッパ地域を超えて非ヨーロッパ地域へ広がっていく過程で，近代国際社会は，このような国家として仲間入りをすることができる国家を，西欧文明の伝統かこれに準ずる国内体制を備えた「**文明国**」に限定するようになった。アジアやアフリカ地域は，どれほど高度に独自の文化を発展させていたとしても「**非文明国**」に分類され，これらの地域は，国際法上の「国家」によって支配されているわけではな

いから,「無主地」と位置づけられ,植民地として支配することが許容された。このように,近代国際社会は,実際には有力な帝国主義諸国を重要な構成要素とし,非ヨーロッパ地域の帝国主義的支配の正当化を主張する社会であった。

19世紀後半から,トルコ・中国・日本などの非ヨーロッパ諸国は近代国際社会に参入していくが,これらの諸国はいまだ完全な「文明国」ではないとして,条約締結の際に多くの不平等な条件（治外法権の承認や関税自主権がないなど）を課されてしまう。そうであるからこそ,近代国際社会において,植民地化の企図を断念させ,「文明国」として認められるようになることが,幕末から明治維新を経て明治憲法制定に至る日本にとっての最も重要な課題となるのである（第2章1.参照）。

（2）近代の法体系と憲法

近代憲法の中心的な役割は,適切な統治が行われるように統治機構についての定めをおくことであった。そこでは,権力分立の考え方に基づいて,立法権・行政権・司法権等が憲法によって創設される。このうち立法機関は,国民代表機関としての位置づけを得て,憲法で定められた手続を遵守しながら,民法典と刑法典をはじめとする国家にとっての重要な法典を整備していく。主に市民社会における市民相互間の関係を規律し,また家族秩序について規律することが民法典に委ねられる。また,そのような市民相互の秩序を刑罰をもって維持する役割が刑法典に委ねられた。

私たちは,一国の法体系について考えるとき,憲法を頂点とするピラミッドを思い浮かべることが一般的だが,実は,近代憲法の形成に大きな役割を果たしたイギリスやフランスでは,法体系全体において,憲法の優位よりも,建前ではそれに劣位するはずの法律の優位のほうが際立って

いたことに注意が必要である。すなわち，イギリスでは憲法は慣習的なものにすぎず，「**議会主権**」の考え方が定着したし，フランスでも，憲法は主に統治機構についてのルールを定めるものとされる一方で，「**法律中心主義**」の考え方に基づいて，法律こそが「一般意思の表明」と考えられ，したがってそれに対しては異議申立てを行うことができなかった。法律は社会における正義を示すものとされたのである。

　ところで，このような市民たちによって構成される社会は，そのままそれ自身で国家であると考えられた（市民社会＝国家）。つまり，国家は，市民たちによって構成される社会の外部にある権力として市民たちを外側から支配するものとは考えられていたのではなかったのである。

4．立憲主義思想の現代的発展

　立憲主義思想の内容，そしてその下での憲法の役割は，時代とともに大きく変化してきた。近代立憲主義思想の下での憲法の役割は，なによりもまず議会・行政府・裁判所などの国家機関を創設し，その上でそれぞれの機関の果たすべき役割を明確化するところにあった。次いで，権利保障を明文化し，国家権力によって奪うことのできない自由権的諸権利（第3章2.(2)参照）を保障することが重要な目的となった。

　社会において貧富の差が拡大し，資本家階級と労働者階級の階級対立が激化してくると，経済的弱者に対して社会権的諸権利（第8章4.参照）を保障する社会国家ないし福祉国家というあり方を採用する憲法が登場し，次第にこのような憲法が普及していく。またそれと並んで，憲法とは，それぞれの**国のアイデンティティを表明する意義**を有するとする考え方も，一般化してきた。実際，様々な国の憲法の前文等には，それぞれの国の歴史や建国の意義が述べられていることが，珍しくない。今日では，憲法は，国家権力を制限する役割だけではなく，社会における重要

な基本的価値を明確化し、私人も含めてそのような価値を尊重するように義務づける役割を託されるようになってきている。

　ある学説（Tom Ginsburg and Alberto Simpser）は、現代の憲法は、①統治者にとっての「作業マニュアル（*operating manuals*）」、②市民にとって情報を提供する「掲示板（*billboards*）」、③今後実現すべき「詳細な計画（*blueprints*）」、④「ショーウィンドウの飾り付け（*window dressing*）」（中身の伴わない広告）等の多様な役割を果たしている、と指摘している。

　また、現在では、人やモノの移動が国境を越える**グローバル化**が進み（第10章1.(1)参照）、主権国家の地位・役割が従来と比べて格段に低下しつつあり、それに伴って「近代主権国家」の枠組を超えた国際的な立憲主義の登場を論ずる**グローバル立憲主義**という考え方が注目を集めるようになってきている。グローバル化時代の今日では、立憲主義を国内の問題としてのみとらえるのは不十分であり、グローバル化社会における立憲主義の発展についても注視する必要がある。

演習問題

① 新聞やテレビなどのメディアで「立憲主義とは何か？」についての解説をよく見かける。そこで解説されている内容と本書における「立憲主義」についての説明を比較検討して、あなたなりの見解を考えてみよう。

② 現代社会を生きる人々が「個人として尊重される」ことの意義と、逆に、そこから生じる問題点について、考えてみよう。

2 │ 近代日本と二つの憲法

《目標＆ポイント》 この章では，日本の憲法の歴史について考える。まず，1.では，江戸時代の幕藩体制から明治維新へ，明治維新から明治憲法制定へ，大正デモクラシーの成立から戦時体制への突入へ，という流れを見ることを通して，近代日本における「近代主権国家」の成立とその軍国主義化について見る。2.では，ポツダム宣言の受諾，松本委員会案の挫折，マッカーサー主導による日本国憲法制定，そしてその社会への定着，という流れを見ていく。
《キーワード》 明治維新，大日本帝国憲法，ポツダム宣言，日本国憲法の制定と展開，日本国憲法の基本原理，日本国憲法制定の法理

1. 日本における「近代主権国家」の完成とその軍国主義化

（1） 幕藩体制から明治維新へ

　東アジアの片隅に位置する日本の島々の住民たちが，自分たちが1つの共同体を形成しているという意識を持つようになったのは，いつの時代からだろうか。国号が「日本」と定められたのは7世紀末のことであったといわれるが，日本列島に住む人々が，現在の人々のように独立国家の一員である，という意識を持つようになったのは，日本が「近代主権国家」として船出をした明治維新以降のことであろう。それ以前の人々は，自分が自分の属する村落の一員であることを意識することはできたとしても，あるいは，自分とその周囲の人々が，ある特定の権力者の下で暮らしているという感覚を持つことはできたとしても，自分たちを外国の人々と区別する国家の一員であると感じることは難しいことだったで

あろう。

　それが江戸時代になると，日本の国土は，かなり強力な中央の権力＝徳川幕府によって支配を受けるようになり，その枠の中で，それぞれの藩が藩民を統治する仕組みになっていた。だから，例えば，交通や商品経済の発展に伴って，その当時の多数を占めていた農民は，自分たちを，まず自らの属する村民として，ついで藩主によって支配を受ける藩民として，そして鎖国政策をとった徳川幕府の下で1つの政治的なまとまりをなし，海の向こうに住む人々とははっきりと区別される一定の共通の言語や文化を共有する国民として理解するようになってきた可能性がある。

　江戸時代までの社会と現在の社会との最も大きな違いは，外に向かっては，人々が外国の人々と区別されるひとまとまりの集団だと意識することがあったとしても，その内部では，同じ権利と義務を有する対等の個人がそのような集団を形成していたのではなかった，ということである。つまり，その当時の人々は，①支配階層に属する朝廷に属する者・武士・寺社に属する者，②平人（農村の住民たる百姓・都市部の住民たる町人），③賤民や様々な差別の対象となった「身分的周縁」に属する者に分かれており，実際には平人身分から武士階層への移動がよく見られたとはいえ，**身分制社会**の中に当時の人々は位置づけられ，それぞれの有する特権的権利と義務を異にしていた。

　そして，人々は，それぞれの身分に応じて，その身分に見合ったルールに従うことが求められていた。このような身分制社会において多数派を占めた百姓は，原則として移動や職業の変更が制限され，また各藩による経済統制が強力であったので，人々はより良い収入を求めて移動することが難しく，また安くて質のいい商品を自由に買い求めることができなかった。国家財政の困窮や貧困な生活を克服し経済発展をするために，このような社会構造そのものを打破しようとする動きが生まれた。ま

た，江戸時代末期には欧米の列強が日本列島に姿を現すようになり，中国などの植民地化の話を見聞した支配層の間では，外国勢力を排撃しようとする「攘夷派」と欧米列強諸国と友好的な外交関係を樹立しようとする「開国派」が対立した。このような状況の中で江戸幕府は，アメリカをはじめとする諸国と**不平等条約**を結ぶことを余儀なくされた。

やがて，「攘夷」を唱えた諸藩は実際に欧米列強諸国と戦火を交える中で自らの主張の非現実性を悟った。彼らは，①古代社会への憧れから王政復古を目指して天皇を政治の中心へと担ぎ出す（「神武創業」）と同時に，②開国し欧米の近代的な技術や制度を取り入れる，という相互に矛盾する２つの方向性を追求しつつ，統治の仕組みを根本的に刷新して「近代主権国家」を成立させることに成功した。これが**明治維新**である。天皇親政の考え方が建前として復活し，華族制度が創設される一方で，士族から平民までの間の身分制的差異は廃止された（**四民平等**）。例えば，もはや武士だけが武器を持って闘う特権的権利かつ義務はなくなり，徴兵制に基づく国民皆兵となるのである。また，農民出身であっても，官に任用されることができるようになった。藩主はそれまで支配の対象にしていた人民と土地を天皇に返上して近代的地方自治制度の中に組み入れられ（**版籍奉還**と**廃藩置県**），中央集権的な統治の基礎がつくり出された。

明治政府の指導者たちは，直接欧米を訪問することも含め欧米の近代的諸制度のありかたを見聞しつつ，教育制度，徴兵制，裁判制度・行政制度等を大急ぎで国内に移植した。そして，日本において「近代主権国家」の基本的な構造を法的制度的に整備することに着手して，そのような困難な事業を成し遂げていった。日本の近代法制度は，基本的にすべて西洋から移植したものであり（法制度の輸入については，特に「**法の継受**」という表現が用いられる），それまで日本に存在していた前近代社会の法制度や政治制度との間に深い断絶がある。例えば，明治時代の裁判所は

江戸時代の奉行所を継承するものではまったくない。ただし，このように極めて速いテンポでヨーロッパの諸制度を輸入することを可能とした条件として，江戸時代の日本では，中央集権的な幕藩体制，鎖国体制，参勤交代制にともなう交通路や情報伝達手段の整備，江戸・大坂（大阪）を中心とした商品経済圏の形成，寺子屋による庶民教育の普及などを通じて，すでにかなり高度の社会的同質性と国民的一体感が醸成されており，ヨーロッパに比してすでに高度に集権化され，中央権力の支配力が全国に及んでいた，という指摘がある。

（2） 自由民権運動から大日本帝国憲法の制定へ

（1）で見たように，明治維新による開国は，日本に一挙に欧米の文化や制度の流入をもたらした。欧米の自由主義思想（ジョン＝スチュワート・ミル『自由論』など）や民主主義思想（ジャン＝ジャック・ルソー『社会契約論』など）が精力的に紹介された。このような状況の下で，欧米にならって，民選議会，そして憲法が制定されるべきだという機運が次第に高まっていった。「民選議会なくして租税なし」という考え方が，板垣退助らもともとは政府の反主流派であった者たちから出された（「**民撰議院設立建白書**」（1874 年））。その流れの中から，国会開設を求める自由民権運動が日本各地で盛り上がっていった。そして，この時期に多くの民間憲法草案が作成された。このうち最も先進的な植木枝盛の「**東洋大日本国国憲按**」（1881 年）は，抵抗権を含めた詳細な権利や自由のカタログを有し，また，人民に主権があるとし一院制民選議会を構想していた。また，「**五日市憲法草按**」（1881 年）については，「地域の小学校の教員，地主や農民が寄り合い，討議を重ねて書き上げた民間の憲法草案で，基本的人権の尊重や教育の自由の保障及び教育を受ける義務，法の下の平等，更に言論の自由，信教の自由など 204 条が書かれており，地方自

治権等についても記されて」おり,「近代日本の黎明期に生きた人々の,政治参加への強い意欲や,自国の未来にかけた熱い願いに触れ,深い感銘を覚えた」との感想が寄せられている（美智子上皇后）[1]。

　これに対して政府の側では,1876年に明治天皇が元老院議長に対して,「朕爰ニ我カ建国ノ体ニ基キ,広ク海外各国ノ成法ヲ斟酌シ,以テ国憲[2]ヲ定メントス」という勅語を発し,憲法制定についての基本的な考え方を示した。すなわち,＜太古からの日本に固有の国のあり方に立脚し,しかも諸外国で実際に制定された憲法典を広く参照して憲法を制定する＞,という基本方針である。もし,憲法が日本独自の特殊なアイデンティティを誇示するだけにとどまるのだとしたら,わざわざ外国の憲法典を参照する必要はない。その当時のグローバル・スタンダードを満たす内容のある憲法典を制定することを通じて,西洋諸国から「専制国家」ではなく「文明国」として認知されるのでなければ,そもそも憲法を制定する意味が見失われてしまうのである。この方針は,今日まで続く日本における憲法についての保守的な考え方をよく示している（第15章4.(2)参照）。

　高揚する自由民権運動に直面した政府は,1881年に「**国会開設の勅諭**」を発した。憲法制定作業を指導し,自らヨーロッパに憲法調査に赴いた**伊藤博文**（1841-1909年）は,その当時のグローバル・スタンダードとして憲法に求められる普遍的な要求を明確に認識して,「抑憲法ヲ創設スルノ精神ハ,第一君権ヲ制限シ,第二臣民ノ権利ヲ保護スルニアリ。故ニ若シ憲法ニ於テ臣民の権利ヲ列記セス,只責任ノミヲ記載セハ,憲法ヲ設クルノ必要ナシ」と述べた（1888年6月22日の枢密院における大日本帝国憲法の審議における答弁）。伊藤は,天皇の権能を制限し,臣民の権利を保護しない憲法は,憲法の名に値しない,と断じたので

---

[1]　2019年4月30日の天皇退位により,美智子皇后から美智子上皇后となる。

[2]　constitution の訳語としては,このように「**国憲**」という言葉やそれ以外の言葉（「**政体**」など）が用いられることもあったが,1882年頃から,古くは「十七条憲法」（604年）に見られる「**憲法**」に統一されるようになった。

ある。こうして，伊藤らは，植木のような人民主権の立場も天皇による絶対主義的統治もともに退けて，議会中心主義のイギリスではなく，君権が議会に優位するドイツ系立憲君主制憲法をモデルとする憲法草案をつくった。憲法構想の点では，自由民権運動と政府の考え方は大きく異なっており激しい対立が見られたが，両者は，日本に「近代主権国家」を確立させるという共通の問題意識を抱いていた。一般の人々は自由民権運動に巻き込まれることによって，国家の傍観者ではなく日本の国民としての主体的意識を抱くようになったのである。

　大日本帝国憲法（**明治憲法**）は，1889年に制定された。簡潔な言葉で記されたこの憲法は，明治維新によって開始された「近代主権国家」建設の仕上げとして制定された憲法であった。その基本的特徴としては，この憲法は，主権者たる天皇が国民に与えた憲法（**欽定憲法**）であり，天皇の統治権の行使に対して主に議会を通じて一定の制約を課すことを目的とする憲法（**立憲君主主義憲法**）であった。

　この憲法には，自由主義的・民主主義的性質と非自由主義的・非民主主義的性質とが同居していた。まず，その自由主義的・民主主義的な性質としては，①**権力分立**と**法治主義**の原則が採られ，②民選議院（衆議院）を含む二院制の議会が設置され（**帝国議会**），③天皇が政治の矢面に立たず大臣によって行政権を行使させる建前がとられ（**大臣助言制**，それによって，失政について大臣に責任を取らせることが可能になった），④**司法権の独立**が保障され，⑤国民は「臣民」と位置づけられ，法律の範囲内での権利保障がなされた。

　その非自由主義的・非民主主義的な性質としては，①議会のコントロールの及ばない**天皇の大権**が広く認められ，②非民選で衆議院と対等の権能を有する**貴族院**が設置され，③違憲立法審査制度が存在しなかったので，議会の意思次第で自由を無制限に制約することができ，④憲法の

定める天皇の統帥大権に基づいて議会の権能が軍部に対しては及ぼすことができないとされていた（**統帥権の独立**），⑤大臣は天皇に対して責任を負うものとされて議院内閣制は採用されていなかった。

（3）大日本帝国憲法の運用

　大日本帝国憲法の下での政治においては，当初は政府の進退は政党政派から独立していなければならないという「**超然主義**」の立場が採られ，日清戦争（1894-1895年）も日露戦争（1904-1905年）も議会の手の届かないところで開戦が決定されていた。しかし，反政府勢力の成長に伴い，政党に基礎をおく**政党内閣制**（衆議院の多数派が政府を支配できる憲政上のルールの確立）こそが「憲政の常道」だと主張する「**憲政擁護運動**」が二度にわたって高揚し（第一次1912年，第二次1924年），このような事態の推移の中で政党内閣制の運用が実現した。はじめての政党内閣は，平民宰相と呼ばれた原敬内閣（1918年）である。労働者保護などについても，前進が見られた。

　大正デモクラシーを支えた代表的な思想家は**吉野作造**であったが，彼は，「民本主義」の名の下で，①言論の自由・選挙権の拡張，②政党内閣制の実現，③日中・日朝の対等な関係の樹立を主張した。不磨の大典と考えられた大日本帝国憲法には一切手が触れられることはなかったが，政党内閣制の実現は，この憲法のもとで人々に欧米並みの民主政治の発展への期待を抱かせた。

　大日本帝国憲法の制定とともに，アカデミックな法律学の一分野としての憲法学が本格的に開始された。大正デモクラシー期に**天皇機関説論争**（1912年）と呼ばれる論争が学者や知識人の間で行われた。それまで有力であった**君権学派**と呼ばれる考え方の人々は，日本の「建国ノ体」（国体）の特殊性を強調し，天皇が国家の主権を保持しているとする天皇

主権説を主張した。中心人物は，東京帝国大学法学部教授 **穂積八束**（1860-1912 年）であった。彼は，天皇の統治権は憲法にとらわれるべきではないこと，また，イギリス流の議院内閣制を議会による専制国家だと主張した。

これに対して**立憲学派**に立つ，やはり東京帝国大学法学部教授の**美濃部達吉**（1873-1948 年）は，当時のドイツ流の立憲君主主義論に影響を受けて**国家法人説**を説いた。それによれば，国家は法的に理解すれば法人の一種であって主権は国家にある，とし，君主はこのような法人としての国家の最高の意思決定機関にほかならない，と主張した（**天皇機関説**）。天皇の統治権を憲法によって制約することを目指し，イギリスで確立された議会中心の政治運営を推進する立場に立った。天皇主権説は，天皇機関説を日本の国体に合わない「異説」として激しく批判したが，天皇機関説は学界のみならず宮中・官界・政界上層部でも，天皇機関説こそが正当的な考え方ととらえられるようになっていく。また，官僚の登用試験でも，この説で答案を書くことが当然とされるようになった。

1925 年に衆議院で**男子普通選挙制**が導入されたが，同時に**治安維持法**が成立し，その下で言論の自由に基づく自由主義的な政治は衰退していく。やがて社会主義思想だけでなく自由主義思想も弾圧の対象となる。軍部の意向によってずるずると日中戦争が拡大していく中で，日本の政治や日本人の生活は急速に**軍国主義化**していった。

1935 年には**天皇機関説事件**が起こり，その当時すでに支配的な学説となっていた天皇機関説は，国粋主義者によって攻撃の的にされ，政府によって国体に反する「異説」と認定され（「国体明徴に関する政府声明」），主唱者であった美濃部の著書『逐条憲法精義』『憲法撮要』『日本憲法の基本主義』は発禁処分とされてしまった。1938 年の「国家総動員法」によって，国防目的の達成のために国民の人的・物的資源は，行政

権の統制に委ねられるようになり，国民は徴用の対象とされた。1940年には**大政翼賛会**が成立し政党は解散させられて，政党政治は終焉を迎えた。1941年12月に連合国に対して太平洋戦争を開始した。

　このような政治のあり方の下では，勝てる見込みのない戦争への突入を阻止することはできなかった。大日本帝国憲法の下では，「統帥権の独立」の考え方により軍部の行動を内閣や議会が政治的にコントロールすることができなかった。しかし，大正デモクラシーのエピソードが示しているように，大日本帝国憲法は，自由主義的・民主主義的運用も権威主義的運用も可能な憲法であったから，この憲法自体が全体主義の原因であったと考えることはできない。悲劇的な結末に終わったとはいえ，議会主義政治を日本に与えたこの憲法とその下での一定の立憲主義的な運用は，第二次世界大戦後に憲法がかわっても国民が受け継ぐべき貴重な経験となった。

2．日本国憲法の制定と展開

（1）アメリカに押しつけられた憲法体制？－ポツダム宣言の受諾から日本国憲法の制定へ

　神風特攻隊や沖縄における集団自決の強要など，軍国主義日本は敗戦をなかなか受け入れることができず，連合国に対して軍事的に抵抗をし続けた。しかし，原子爆弾投下による恐ろしい被害を目の当たりにして，日本は連合国の提示した**ポツダム宣言**（1945年7月26日）を受諾するに至った（1945年8月14日）。ポツダム宣言の内容は，連合国軍による日本占領を前提として，軍国主義勢力の除去，日本国民の民主主義的傾向の復活・強化，基本的人権の尊重，責任ある平和的政府の樹立等，日本の徹底的な自由主義化・民主主義化を行おうとするものであった。

　実際に日本を占領したアメリカは，ポツダム宣言の示した方針にした

がって戦後改革を実行に移していった。具体的には，連合国軍総司令部（しばしばGHQと略称される）によって「**自由の指令**」が出され，政治犯・思想犯が釈放されたほか，①非軍事化政策（武装解除と復員，帝国陸海軍の解体，戦争犯罪者に対する責任追及，軍国主義者の公職追放），②経済体制の改革（財閥の解体や農地解放），③思想変革（天皇の「人間宣言」や軍国主義的教化の禁止），④政治の民主主義化（議会および選挙制度の改革や言論の自由の保障）が実施された。

ポツダム宣言の受諾の際に，占領されても天皇を主権者とする政治体制を維持できるかに関心を集中させていた当時の政治指導層は，占領政策の進展とともに大日本帝国憲法の手直しが必要であると考えた。1945年10月に政府は，**憲法問題調査委員会**（委員長松本烝治の名を取って通称「**松本委員会**」と呼ばれる）を発足させ，当時の有力な憲法学者を結集して憲法改正案を検討させた。

松本委員会は，翌年2月に大日本帝国憲法の若干の手直しを行うにとどまる憲法改正案を準備していたが，新聞のスクープ記事（2月1日）によってその方向性を知った連合国軍最高司令官マッカーサーは，これ以上日本政府に委ねても無意味だと判断し，また他の連合国に干渉されないうちに既成事実を作ることが重要だと考え，自らの部下に命じて新たな憲法草案を準備させた。その際マッカーサーは，草案作成の指針として，①天皇制の維持とその完全な立憲主義化，②戦争放棄，③封建制の完全な廃止を指示する覚書（**マッカーサーノート**）を手渡した。彼らが短期間（9日間）で作成した憲法改正草案の骨格の部分は，のちに制定される日本国憲法の土台となった（象徴天皇制の採用（第13章1．(1)参照），戦争放棄条項（第14章2．(2)参照）など）。

日本政府は，天皇主権を否定し国民主権の立場に立つ憲法改正草案を突然突き付けられて驚愕した（2月13日）が，天皇制そのものは維持さ

れていることもあって,松本委員会案を捨て去り,連合国軍総司令部民政局によるこの新たな案を観念して受け入れた。1946年3月,内閣は,民政局との交渉を経て自らの名の下で憲法改正案を公にした(「**内閣憲法改正草案要綱**」)。日本側の折衝によって,一院制となっていた草案から二院制へ変更することが認められた(但し,これは,総司令部が日本政府に譲歩した印象を与え,草案全体を受け入れやすくするための織り込み済みの変更だった,といわれる)。総司令部主導の草案作成の経緯は,国民に対して伏せられた。

　以上の経過を経て作成された憲法改正案は,大日本帝国憲法の改正案として天皇の名の下に帝国議会に提出され,憲法所定の手続に従って採択された。つまり,1946年4月に帝国議会衆議院選挙(この選挙で,初めて女性選挙権が認められた)が実施され,それによって選ばれた衆議院そして貴族院における審議および修正の上可決成立し,枢密院での議論を経て公布(同年11月3日)・施行(1947年5月3日)されたのである。

　衆議院においては,憲法改正について,保守系・革新系を含めて圧倒的多数の議員が賛成した。わずかに天皇制の廃止を実現せず,また自衛権の認められない憲法は承服できないとする日本共産党の議員ほか8名の反対者を見ただけであった。貴族院では,当時の有力な憲法学者・**佐々木惣一**が,天皇が統治権を有する国体を護持べきだ,として反対した。

　以上のような経過を辿った新憲法の制定過程において,当時の日本政府は,占領軍の監視と指導の下で自分たちの考え方とは全く異なった憲法の受容を余儀なくされた。日本の独立回復後,新憲法の内容に不満を抱いた保守勢力は,自らは衆議院において賛成したにもかかわらず,このような制定の過程のあり方をとらえて,日本国憲法は「**おしつけ憲法**」であるから全く新たな憲法を制定しなければならない,と主張するよう

になる（第15章4.（1）参照）。しかし,新憲法に対して,当時の日本における民間の憲法草案（憲法研究会による「**憲法草案要綱**」）が与えた重要な影響を軽視することはできない（例えば,天皇の権能の名目化や生存権規定など）。

　当時の政治指導層からしてみれば,日本国憲法の制定は,占領下でやむなく強いられたものでしかなく,確かに「おしつけ憲法」と呼ぶにふさわしい。しかし,一般の国民にとって日本国憲法が「おしつけ憲法」であった,と断定することはできない（樋口陽一）。戦争放棄条項は,家族や友人を失い,財産を失い,「もう戦争はこりごりだ」と考える当時の人々の心を掴んだ。新憲法の定める象徴天皇制も人権保障も議会制民主主義も,一般の国民から見て忌まわしいものとは考えられず,むしろ歓迎するべきものであった。

　もちろん,その当時の国民の一般的意識として,いまこそ明治憲法に代わる理想的な憲法を制定するべきだ,とする考え方はほとんど存在してはいなかった。また,日本国憲法制定手続において,国民が直接国民投票で賛否を示すことができたわけでもなかった。むしろ,公布されると政府の側が積極的に「**憲法普及運動**」を組織して,生徒や一般国民に新憲法を根付かせるように啓蒙活動に乗り出したのであった。

（2）**日本国憲法の基本原理**

　日本で2つめの成文憲法典である日本国憲法は,前文に続き11章103条からなる,明治憲法と同様にやはり比較的簡潔な憲法典である。日本国憲法は,国民主権・基本的人権の尊重・平和主義の3つを基本原理とする。すなわち,①天皇主権から国民主権への転換は国政の拠って立つ基本原理の完全な転換であった。②法律によってその内容を自由に制限できる臣民の権利に代えて基本的人権の尊重が憲法で明確に保障され,

将来にわたって擁護されるべき基本的価値とされた。③戦力不保持原則を伴った平和主義を規定する点において，画期的なものであった。これに対して，日本国憲法には，他国の憲法には珍しくない自国の歴史や伝統に言及する条項は存在していない。この点が保守勢力の反感を買い，「**自主憲法制定**」論が生み出された。

　今日の比較憲法的視点から見た時，日本国憲法の特徴として，①他国の憲法に比べて短く，なかでも統治機構に関する記述が少ない，②施行時に存在した他の憲法と比べて人権に関する規定の数が多い，との指摘がある。そして，それらが，これまで憲法改正が行われなかった理由の１つである，といわれる。

　日本国憲法の中で最も目を引くのは，憲法 13 条の規定する「**個人の尊重」原理**である。この原理は，戦前の日本社会が全体のために個人に対して無制限の犠牲を強いる軍国主義を招来してしまった（「滅私奉公」や「一億玉砕」などの戦時中のスローガンがそのことを示す。）ことに対する反省から，個人こそが政治上の価値の基礎であることを承認して，一人一人の個人をどこまでも尊重しようとする原理である（宮沢俊義）。確かに，「個人の尊重」原理を政治に適用すれば，国民一人一人の意見を大切にしようとするのであるから国民主権となり，個々の人々の行動に適用すれば基本的人権の尊重となり，国際関係に適用すれば，個人が根こそぎ軽視されるのは戦争においてであるから，平和主義となる点に鑑みれば，この原理こそが最も重要な原理ということができよう。

　それに関連して，この憲法が国家権力の濫用を強く警戒する自由主義思想に立脚していることを，憲法 99 条の**憲法尊重擁護義務**の規定の仕方から見てとることができる。なぜなら，「天皇又は摂政及び国務大臣，国会議員，裁判官その他の公務員は，この憲法を尊重し擁護する義務を負ふ」とされ，国家権力の担い手の憲法尊重擁護義務を確認するとともに，

明文上は国民に対しては憲法を尊重する義務を課していないからである。

（3） 日本国憲法制定の法理

大日本帝国憲法の改正手続に基づいて日本国憲法が制定されたが，果たして天皇主権の憲法から天皇自身の提案に基づく改正によって，国民主権の憲法を生み出すことができるのだろうか。憲法改正規定を用いれば，どのような規定でも設けることができるとする**憲法改正無限界説**の立場に立てば，困難な法的問題は生じない。だが，通説的な考え方である**憲法改正限界説**の立場からは，主権原理の変更は憲法改正の限界を超えるものだ，とされる（第15章 参照）。

そこで，このような立場からは，ポツダム宣言受諾によって，その時点ですでに天皇主権から国民主権に主権原理の変更が生じていたのであり，旧憲法の規定は，単に新憲法制定に支障のない範囲で利用されたにすぎないと主張する「**八月革命説**」が提出された（**宮沢俊義**）。この説によれば，1945年の「八月」（15日）に主権原理が変わってしまったことによって法的連続性が切断されたので，法的な意味での「革命」が行われた，とされる。確かに，この説によって，旧憲法から新憲法制定に至る経過を巧妙に説明することができるが，そもそも，1945年8月の時点で将来制定される憲法の主権原理がどのようになるかは必ずしも明らかでなかったのであるから後づけ理論にすぎないとか，国が他国の占領下にあるときに「国民」主権を語ることができるのか，などの批判を呼んだ。

（4）「**憲法を暮らしの中に生かそう**」——**日本国憲法を支えてきたもの**

戦後社会の中で日本国憲法は，これまでしばしば激しい批判にさらされながらも擁護されてきたのは，この憲法が社会の様々な場所で苦しめ

られている人々に大きな希望を与えるものだったからにほかならない。政治的に弾圧されていた者に対しては表現の自由を与え、生活に困窮した者に対しては生存権が認められ、性差別に苦しむ女性たちには法の下の平等による保護が行われた。日本国憲法を支えたのは、そこで掲げられた高邁な理念よりも、生身の人間たちによる日々の生活感覚であった。このことを象徴的に示すのが、多くの人々の心をとらえた「**憲法を暮らしの中に生かそう**」というスローガンであろう。日本国憲法は、戦後改革以来、様々な社会的な改革を行う際の基本的な出発点として参照され続けてきたのである。

　日本国憲法は、文語体で書かれた旧憲法とは全く異なって**口語体**で書かれている。これは、占領軍のおしつけではなく、日本側のイニシアチブに基づいて実現したものである。親しみやすい言葉で書かれた憲法は、戦後の若々しい民主主義的雰囲気の中で多くの人々の心をつかみ、次第に人々の生活を規律する言葉の宝庫となっていった。実際、私たちの現在の日々の社会生活は、日本国憲法で用いられている個人・自由・平等・平和などの言葉を使いながら、他の人々と関係を紡いでいるのである（「○○することは、個人の自由でしょ！」とか、「そんなやり方は不平等だ！」とか、「平和的に解決しよう」など）。

　そうだとすれば、日本人にとっての人権が、一般に単に対国家的なものではなく、差別問題やプライバシー保護問題など、対私人的な主張を含んで理解されていることは、当然の帰結である（学説の考え方については、第3章2.(1)参照）。日本国憲法の憲法改正については、私たちの間で個別的な論点をめぐって様々な、そして時に厳しい意見の対立が存在しているが、70年を超える日本国憲法の下での社会的営みの中で、平和的で、自由や平等を中心とする人権の尊重される民主主義社会をつくるべきことが国の目標であることについて、国民の間にかなり広範なコンセ

ンサスが成立している。

演習問題

① 明治憲法の考え方と日本国憲法の考え方を比較して,両者の共通点と相違点をまとめてみよう。
② 日本国憲法の制定過程から現在に至るまでの歴史の経過を踏まえて,今なお「押しつけ憲法」論を語る意義があるかについて,考えてみよう。

3 | 人権の考え方とそのグローバル化

《目標&ポイント》 この章では,人権思想の生み出された歴史的背景と意義,その体系的な位置づけなどについて学ぶ。そして,グローバル化によってどのようなアクチュアルな課題が生じているかについて,外国人の人権を中心に検討する。

《キーワード》 人権思想のあゆみ,人権保障制度の発展,国際的人権保障の展開,現代社会における人権の意義と課題,外国人の人権

1. 人権思想のあゆみ

(1) 既得権としての基本権から自然権としての人権へ

中世ヨーロッパ社会において,権力者に対して成文をもって人間にとっての重要な権利を保障しようとする試みが生まれた。イギリスの**マグナ・カルタ**がそれである(第1章 参照)。これは,ジョン国王(1167-1216年)が自分に敵対する貴族たちを懐柔するために,彼らの主張する諸権利を認めた文書である。それは,不当な逮捕を禁止し,教会や都市の自由を認め,国王の徴税権を制限する内容を持っていた。これらの権利は,**中世立憲主義**の論理に即して,すでに貴族に対して歴史的に認められてきた既得権(特権)を明文で国王に確認させたものである。

イギリスではさらに17世紀に至り,**権利請願**(1628年)と**権利章典**(1689年)が相次いで採択された。これらの文書も,マグナ・カルタと同様に貴族が歴史的に保持していた既得権を時の国王に対して認めさせたものである。その内容としては,議会の同意がなければ,法律を廃止し

たり,常備軍を設けたり,税を課したりすることはできないとし,さらに議会における言論の自由を保障するものであった。

これに対して,近代主権国家が登場し発展することによって,封建制社会は崩壊し,市民革命を経て,個人という観念が登場した(第1章1.(3)参照)。個人という観念は,もはや特定の身分に分類されるものではなく,あえて理性を持った個人という抽象的で同等な存在としてとらえるものである。それぞれの個人は生まれながらに,決して奪われることのない,前国家的な(国家によって与えられたものではない)自然権を有する,とされる。まさにこの自然権を現実の社会で保障しようとするとき,この自然権は,人権と呼ばれる様々な具体的な法的な権利に枝分かれしていくことになる。その主なものは,例えば,**フランス人権宣言**(1789年)に示されるように,表現の自由や信教の自由,所有権の保障,そして人身の自由などである。ここで保障される人権は,国家権力からの自由を確保するための**自由権**が中心である。

(2) 社会権の登場と社会国家・福祉国家

市民革命によって成立する近代市民社会では,国家権力が介入しなくとも,市場の自動調節機能(「神の見えざる手」)に基づいて国富は増大していく,と考えられた。経済的発展に伴って資本主義が高度化し,階級対立が生み出され,資本家と労働者の対立が次第に激化してくる。このような状況の中で,労働者階級の中に社会主義思想の影響力が増してくる。ロシアでは**社会主義革命**が勃発し,自然権思想と権力分立論を中心とする近代憲法の考え方を根本的に批判する共産主義思想に基づく国家(ソビエト社会主義共和国連邦)が出現する(1917年)。

このような時代状況の中で,特に第一次大戦後に成立する憲法の顕著な傾向として,1918年のソビエトの**社会主義憲法**の成立によって大きな

影響を受け，しかし資本主義体制を擁護する狙いから社会主義革命の勃発を防止するために，労働者や経済的弱者の権利を保障する社会権の規定を設けるようになった。その代表格である**ドイツ・ワイマール憲法**（1919 年）は，近代憲法以来の自由権や平等を保障しつつ，「経済生活の秩序」という章を設け，国民全体に人に値する生活を保障することを大きな目的として掲げ，所有権は義務を伴うこと，私企業の社会化，労働者の団結権や経営参加権などの保障，包括的保険制度の設立など，具体的に踏み込んだ規定を有した。こうして，近代立憲主義憲法とはその性質を異にする 20 世紀的な憲法が登場した。さらにワイマール憲法の特徴として，「所有権は，義務を伴う。その行使は，同時に公共の福祉に役立つべきである。」（153 条 3 項）と規定して，市民革命の時代には神聖不可侵と謳われた所有権は，その濫用に対して厳しい視線を注がれるようになったのである。このような考え方に基づく国家のあり方は，**社会国家**ないし**福祉国家**と呼ばれる。

（3） 人権保障制度の発展－憲法による人権保障と国際的人権保障

近代市民革命の時代に人権宣言が出されたが，その当時，保障の主体として最も期待されたのが国民代表議会であった。それまで横行していた王政の専横を許さないように，国民の意見を反映する議会の制定する法律によって人権を保障することが求められたのである（**法律による人権保障**）。

しかし，特に 20 世紀に入り，階級対立が議会に持ち込まれるようになると，議会に対する信頼が揺らいできた。またナチズムなど全体主義の進展に対して議会が無力であったことに対する反省から，＜議会の制定する法律といえどもいつも正しいとは限らない＞と発想の転換が行われた。こうして，第二次世界大戦後に，憲法の保障する人権を，憲法裁判に

よって違憲立法審査権の行使等を通じて保障することが、急速に一般化する（**憲法による人権保障／法律に対する人権保障** 第12章3.（1）参照）。憲法裁判を担う裁判官は通常選挙で選ばれるのではないから、民主主義の観点からしばしば疑問にさらされてきた。裁判官が議会の番人だとするなら、その番人の番人が必要ではないのか、と批判されてきた。

　基本的人権の属性の1つとして**普遍性**がある（後述2.（1）参照）とすれば、国境を越えて普遍的に人権保障がなされなければ、普遍性の名に値しないのではないか。このような問題意識から、人権は、次第に**国内的保障**の段階から**国際的保障**の段階へと発展してきた。国際社会を規律する国際法において、伝統的には人権保障はもっぱら国内法の課題であり、国際法は国家間の関係を対象とすると考えられていたが、民族的少数者に対する国際的保護の制度の導入を契機として、次第に人権の国際的保障が発展してきた。とりわけ第二次世界大戦後の国際社会において、国際平和への動きとともに、人権の国際的保障の試みが加速化されるに至った。1945年に設立された国際連合は、その基本目的の1つとして、「人権及び基本的自由を尊重するよう助長・奨励する」（**国連憲章1条3項**）を真正面から掲げた。

　1948年、国連は**世界人権宣言**を採択した。その内容は、古典的な自由権から社会権にまで及び、それまで様々な人権宣言や憲法などで保障されてきた人権のカタログの集大成というべきものであった。自由主義陣営と社会主義陣営の間のイデオロギー対立が次第に露わになっていく時代に、本宣言が国際的に保障されるべき人権についての合意を獲得して、なんとか採択にこぎつけたことが、その後の国際社会における人権をめぐる議論と実践に対してもたらした積極的意義ははかり知れない（但し、ソ連をはじめとして、8カ国が棄権した）。本宣言の採択を通じて国際社会において人権保障の追求が大きな正統性を持つこととなった。た

だ，この人権宣言にはいかなる法的拘束力もなく，この点が将来への重要な課題として残された。

（4）国際的人権保障の展開

この課題の一部に応えたのが，1966年に国連で採択された**国際人権規約**である（日本は，1979年に採択している）。国際人権規約は**A規約**（経済的，社会的及び文化的権利に関する国際規約）と**B規約**（市民的及び政治的権利に関する国際規約）の2つからなる。A規約は社会権を中心とする人権を保障する。締結国は，「自国における利用可能な手段を最大限に用いることにより」社会権規約の規定する経済・社会・文化的権利の完全な実現を漸進的に達成するための「措置を取る」義務がある。そして締結国は，国連事務総長に対して報告を提出する義務を負う。この報告に対して，国連経済社会理事会で審議され，勧告などの措置が定められている。B規約の保障の中心は自由権と参政権であるが，プライバシーの権利，戦争宣伝の禁止，少数民族の文化的権利等などの保障の規定も設けられている。本規約で保障される権利については，その実現の「確保」のための立法その他の法的措置を取ることが義務づけられる。また，規約で保障される権利を実現するために取った措置等について，国連人権委員会に報告書を提出しなければならない。同委員会は，意見を締約国に送るなどの措置を取ることができる。

国際人権規約には，2つの通報制度（**国家間通報制度**と**個人通報制度**）が設けられている。前者は他国が後者は個人が，それぞれ締約国の条約違反を規約に基づいて設けられている人権委員会に通報することができる。それを受けて人権委員会は締約国に対して注意を喚起する等の行為を行うことができる。これらは，国際機関という第三者の視点からの日本の人権状況についての貴重な審査の機会を提供するものであるが，残

念ながら, 日本はこれら2つの通報制度を受諾する選択議定書をいまだに採択していない。

国際人権条約のうち, 日本が加盟している個別的な人権分野に特化した条約として, ①人種差別撤廃条約 (1965年), ②女性差別撤廃条約 (1979年), ③拷問禁止条約 (1984年), ④子どもの権利条約 (1989年), ⑤障害者権利条約 (2006年), ⑥強制失踪条約 (2006年) 等がある。これらの条約にも個人通報制度が存在するが, その部分についても日本は採択していない。

なお, 現在の世界を見渡すと**地域的な人権保障の動き**がみられる。とりわけヨーロッパ地域では, 自由権を主な保障内容とする**ヨーロッパ人権条約** (1950年) が締結された (現在, 47カ国が加盟)。本条約に基づいて, **ヨーロッパ人権裁判所**が設立された (フランスのストラスブールに所在)。本条約の画期的な点は, 条約違反を認定した場合には, 加盟国は救済措置を取る国際法上の法的義務を負うことである。ヨーロッパ人権裁判所の判例は, 加盟国の人権判例に直接的な影響を与えているだけでなく, 加盟していない国々の裁判所にも間接的な影響が及んでいる。

アメリカ大陸では, **米州人権宣言** (1948年) や**米州人権条約** (1978年) が生み出され, 後者に基づいて**米州人権裁判所**が設置された (1979年　コスタリカのサンホセに所在)。アフリカでは, 人権や人民の権利に関する**バンジュール憲章**が採択された (1981年)。そしてバンジュール憲章議定書 (1998年) に基づいて, **アフリカ人権裁判所**が設立された (タンザニアのアルーシャに所在)。これに対して, アジアでは地域的人権保障に向けての取り組みは低調である。現時点では, アセアンが**アセアン憲章** (2007年) に基づいて, アセアン政府間人権委員会の設置が決定されるにとどまっている。

2. 現代社会における人権の意義と課題

(1) 人権の性質

日本社会が「基本的人権」という言葉と真摯に向き合う必要が生じたのは,**ポツダム宣言**が「言論,宗教及び思想の自由並びに基本的人権の尊重は,確立せらるべし」と無条件降伏する日本に命じていたことに溯る。

日本国憲法による人権保障は,自然権の系譜を引き,「人間性から論理必然的に派生する前国家的・前憲法的な性格を有する権利」(宮沢俊義)としての基本的人権を保障している。憲法11条は,このような考え方に基いて「国民は,すべての基本的人権の享有を妨げられない。この憲法が国民に保障する基本的人権は,侵すことのできない永久の権利として,現在及び将来の国民に与えられる」と規定している。

人権の属性として,一般に,①**固有性**,②**不可侵性**,③**普遍性**が指摘されてきた。①は,基本的人権が恩恵的に権力者から与えられたものではなく,人間であることそのものに由来する権利であることを意味する。②は,基本的人権は,およそ公権力によって不当に制約されてはならないことを意味する。但しこのことは,それぞれの人権の行使が絶対的であって全く無制約であることを意味しない。③は,基本的人権が人種・性・国籍・身分・居住する地域などの区別に全く関係なく,人間であるという,ただそれだけで当然に享有しうる重要な権利である,ということを意味する。日本国憲法の下では,人権保障こそが公権力行使の正統性の究極の根拠である。

現代社会において,すべての人が享有するべき普遍的な人権の内容は,具体的にはどのような理念によって方向づけられているだろうか。すべての人は,その置かれている状況は多様であるが,生まれてから死ぬまで,本来的に脆弱性(vulnerability)を抱えて生きる存在である。そう

だとすれば,そのような存在である人間が,少しでも自分の意思・考え方・能力にしたがって自律的に生きることができるようになるために,いいかえれば他者の恣意的な支配から逃れて少しでも自由に生きることができるようになるために,国家や社会などの公共体や他の人びと等に対して,法的保護や支援を要求することが人権という理念に内包された本質的要請であるといえよう。

　人権が普遍性を有するがゆえに,国際社会で大きな注目を集めているテーマが**死刑廃止問題**である。そこでは,死刑は国境を超えた人権問題だと考えられている。憲法36条は,「公務員による拷問及び残虐な刑罰は,絶対にこれを禁ずる」と規定しているが,判例は,死刑制度は「死刑の威嚇力」による「一般予防」の目的で設けられたものであり,現行の絞首刑という方法は憲法36条に違反しない,としてきた（最大判1948年3月12日刑集2巻3号191頁）。世界を見渡すと,アメリカ（州によって異なる。2018年10月現在で20州が廃止。）・中国という2つの大国は死刑制度を存置しているが,ヨーロッパでは既に廃止しており,事実上の廃止国を含めると現在140カ国に及ぶ。1989年に国連死刑廃止条約（自由権規約第2選択議定書）が採択された。2008年,日本は国連人権理事会の普遍的定期審査（UPR）において死刑執行停止の勧告を受けたが,それを受け入れず,今なお死刑執行を続けている（2017年4名,2018年は11月までで13名）。

　なお,実際の憲法典には,人間に固有の性質から導き出すことができるか,必ずしも明らかでない権利が存在している。例えば,日本国憲法の定める国家賠償請求権（17条）や刑事補償請求権（40条）は,国民のために国家が創設した権利であるとすれば,厳密にいえば人権ではなく基本権と呼ぶこともできよう（参政権について　第15章　参照）。さらに人権の中にも,そもそも特定の地位や状況にある者でなければ主張しえ

ない権利も存在する（労働基本権や刑事手続上の権利）。

　人権の効力について，憲法学では従来，憲法に規定されている人権は，もっぱら国家権力を拘束するために規定されたものであって，原則としては私人の活動を拘束する直接的な効力を有しないとする考え方が有力であった。その上で，憲法上の価値は，民法 90 条の公序良俗の規定や民法 709 条の不法行為に関する規定を利用して，私人間の関係を規律する際に間接的に効力を持つことができる，と考えられてきた（人権の私人間効力論における**間接効力説　三菱樹脂事件最高裁判決**・最大判 1973 年 12 月 12 日民集 27 巻 11 号 1536 頁）。しかし，人権規定が国家権力のみを拘束することを議論の出発点にすることはもはや妥当ではなく，条文ごとの守備範囲を考慮しながら，むしろ，人権規定は私人間にも効力を及ぼすことができる規範力を有することを原則として考えることが妥当であろう（**憲法適用説　中村睦男・木下智史**）。

　また，判例・通説によれば，人権は，その主体として自然人を前提として発展してきたが，法人（会社や財団法人など）も，性質上可能な限りで人権を援用しうる主体となりうる（**法人の人権**についての**性質説**）。例えば，法人は，財産権の主体となりうるが参政権は持ちえない（八幡製鉄事件最高裁判決・最大判 1970 年 6 月 24 日民集 24 巻 6 号 625 頁）。

　さらに，**公務員**は，その個々の具体的な職務の特質に応じて，政治的表現の自由や争議権について，一般国民には存在しない人権制約を受けることがありうる。その範囲・程度をめぐって判例・学説で活発な議論が行われてきた（政治的表現の自由についての代表的な判例として**猿払事件最高裁判決**・最大判 1974 年 11 月 6 日刑集 28 巻 9 号 393 頁，争議権についての代表的判例として**全農林警職法事件最高裁判決**・最大判 1973 年 4 月 25 日刑集 27 巻 4 号 547 頁）。

(2) 人権の種類

人権は一般的に,**自由権・社会権・参政権・国務請求権**に大別される。**自由権**は,さらに,精神的自由（思想・良心の自由（第6章),信教の自由（第6章),表現の自由（第7章）等),経済的自由（居住移転の自由,職業選択の自由,財産権の保障等）（第8章),人身の自由[1]（令状がなければ逮捕されない権利,適正な手続的処遇を受ける権利等）に分類される。**社会権**として,生存権,教育を受ける権利,労働者の団結権・団体交渉権・団体行動権等を数えることができる。**参政権**として日本国憲法で保障されているものとして,選挙権・被選挙権,憲法改正国民投票権,最高裁判所裁判官の国民審査権,地方特別立法の住民投票権等がある。**国務請求権**としては,裁判を受ける権利,国家賠償請求権,刑事補償請求権,請願権（参政権の一種に含められることもある）がそこに含まれる。現代社会の発展によって人権として近年強く主張されるに至っている権利（いわゆる**新しい人権**）として,プライバシー権（第5章2.(1)参照）や環境権（第5章2.(3)参照）がある。

(3) 人権思想に対する批判

1. (3)で見たように,第二次世界大戦以降の国際社会において,人権保障がこれから達成すべき目標として幅広いコンセンサスの対象となってきた。それに伴って,もともと西洋の地で生み出され,西洋の国々が主な推進力となってきた人権思想に対する批判が,非西洋地域で見られるようになってきた。その典型例が,**アジア的人権論**である。この議論によれば,アジア社会では一般に,社会の基盤として家族が重視されることに見られるように,社会が個人に対して優位する社会なのであり,このようなアジア社会の特性を考慮に入れた上で人権を考えなければ,西洋の個人中心主義的な価値観をアジアに押し付ける結果となってしまう,とさ

---

[1]の内容は,章の最後（57頁）に掲載。

れる（リー・クアンユー）。

　また，先進国が発展途上国等を攻撃する口実として人権問題を政治的利益のために取り上げることが見られることも，批判の対象となってきた。このような批判に対して，西洋社会も家族重視の社会から次第に個人の重要性が認識される社会に変容してきたのであり，アジア社会がその例外であるわけではないこと，社会を個人に優先させるべきという主張は，実際には儒教的な家父長制に対する愛着を意味しており，またその社会における権力者の意向を，その支配の下にある者に対して優先させるべきだ，と主張しているに過ぎない，との反論を対置することが可能である。

　なお，このような文脈を踏まえて，従来の「欧米中心主義」「自由権中心主義」「個人中心主義」の人権観を真摯に反省して，真に普遍的な人権観（「文際的人権観」）に立脚した議論を行うべきだとする議論が提出されており，鋭い問題提起となっている（大沼保昭）。

3．日本社会のグローバル化と人権－外国人の人権－

（1）外国人の人権の位置づけ

　もともと日本に居住していた朝鮮・韓国人や中国人など旧植民地出身の外国人に加えて，グローバル化に伴って日本に滞在し，あるいは日本社会の重要な構成員となっている外国人の数は増加している。人権が普遍的なものだとすれば，日本国籍を有しない外国人にも等しく人権が保障されるべきであろうか。日本国憲法において人権について保障しているのは第三章であるが，第三章の表題は，「国民の権利及び義務」となっており，一見外国人に人権は保障されないようにも読める。

　しかし，もしも憲法が外国人に対して人権を否定していると考えるとしたら，それは人権理念そのものを否定していることを意味するであろ

う。そこで,通説・判例は,それぞれの人権の性質によって,外国人に対しても保障の及ぶものと,必ずしも等しく保障が及ばないものとに分けて考えるべきだ,としてきた(性質説　マクリーン事件最高裁判決・最大判 1978 年 10 月 4 日民集 32 巻 7 号 1223 頁)。

　なお,憲法は,国籍については,「日本国民たる要件は,法律でこれを定める」と規定している(10 条)(国籍については,第 8 章. 2(2)参照)。日本の**国籍法**は 1984 年改正まで,父系優先血統主義を採用していた(生まれた子どもの父が日本人の場合にのみ,子どもは出生時に日本国籍を取得できるのが原則)が,1985 年に**女性差別撤廃条約**の批准をするために,父母両系血統主義に変更された(生まれた子どもの父また母が日本人の場合,日本国籍を取得できるのが原則)。

　性質説にしたがって,外国人の人権を理解すると,個別的な人権ごとに考察することが必要となる。以下,具体的に検討していこう。

(2) 外国人の出入国と滞在

　日本人であれば日本に入国(帰国)することは当然認められる。外国人に日本への**入国の自由**はあるのか。通説・判例は,外国人の入国に関わる事項は,国際慣習法に従い国家が自由に決定することができる,としてきた(参照,マクリーン事件最高裁判決)。国内法的にも,そのような事項は立法政策によって自由に決定することができ,原則として憲法による法的拘束を受けない,と考えられてきた。但し,当該外国人を本国に送還すると,政治的迫害を受けたり,拷問を受けたりする可能性がある場合には,**ノン・ルフールマン原則**に基づき実際上入国を許可しなければならないこともありうる(難民条約 33 条 1 項,拷問禁止条約 3 条)。

　これに対して,外国人はいつでも出国することが可能である。問題となるのは,日本に滞在している外国人が一旦出国した場合の**再入国**の自

由である。判例は，国民に対して外国に移住する権利を認める憲法 22 条は日本に戻る自由も内包していると解されるが，本条は外国人に対して再入国の自由を保障していないとした（**森川キャサリーン事件最高裁判決・最小判** 1992 年 11 月 16 日集民 166 号 575 頁）。

　外国人は再入国の自由が保障されないと，実際には再入国しえないことを不安視して出国し得なくなってしまう。実際に日本が生活の本拠地である在日朝鮮・韓国人にとって再入国の問題は重大な問題となった。1991 年の「日本国との平和条約に基づき日本の国籍を離脱した者等の出入国管理に関する特例法」の制定，そしてその後の 2012 年の入国管理法改正による「みなし再入国許可」制の導入に伴って，一般の外国人に比べて一定の配慮がなされるに至った。「日本国との平和条約に基づき日本の国籍を離脱した者」とは，実際には朝鮮・韓国人と台湾人を指すが，特別永住者のほとんどは前者である。国際人権法からは，「何人も，自国に戻る権利を恣意的に奪われない」（自由権規約 12 条 4 項）にいう「自国」は定住国も含まれると考えるべきであり，そうだとすれば，定住外国人には再入国の自由を認めないと条約違反になる，との指摘がなされている。なお，憲法や条約に基づいて，本国で政治的弾圧や宗教的民族的迫害を受けて国外に逃れた者が，他国で庇護を受ける権利を**亡命権**と呼ぶ。日本国憲法には亡命権を認める規定はなく，そのような権利を認める国際条約にも加入していない。

　外国人は，憲法上，日本に**入国する権利**や**在留する権利**を有しない，と考えられている。他方，例えば思想・良心の自由・信教の自由・人身の自由は，外国人だからといって区別する理由に乏しく，彼らにも日本人と同様に保障されなければならない。ところが，現在の**出入国管理法制**によれば，日本に入国する個々の外国人は，それぞれ何らかの滞在資格を有することが通常であり，その滞在資格にふさわしい滞在生活を行わなけ

ればならない，という限定が付されている。

　例えば，いくら学問の自由が保障されるといっても，英語教師をする予定で滞在資格を得た外国人が，実際にはその職を辞して大学院に入学して日本文化の研究をおこなったとすれば，滞在資格外活動に従事したということで，国外への退去強制事由に該当したり，在留期間更新申請時に不利益に取り扱われたりする可能性がある（出入国管理及び難民認定法73条　マクリーン事件判決の考え方）。だが，人権の普遍性に照らして，滞在中の人権行使に対する十分な配慮が必要である。

　なお，不法滞在者であっても，**在留特別許可**（出入国管理法50条）があれば，日本に合法的に滞在できるようになる。近年でも2000件以上の許可が出されている。『在留特別許可に係るガイドライン』（法務省）によれば，「在留特別許可の許否の判断に当たっては，個々の事案ごとに，在留を希望する理由，状況，素行，内外の諸情勢，人道的な配慮の必要性，更には日本における不法滞在者に与える影響等，諸般の事情を総合的に勘案して行う」，とされている。とりわけ未成年の子どもについては，人道的な配慮の必要性を重視し，彼らが健やかに成長することのできる環境を確保することが望まれる。

（3）外国人の参政権・公務就任権

　参政権については，通説・判例ともに，外国人は**国政選挙**においては選挙権も被選挙権も有しない（**禁止説**），と考えている（最小判1993年2月26日集民167号下579頁）。その理由としては，国民主権原理から見て，国民が国政に対して直接ないし間接に参加する権利である参政権を日本国民に限定することは，権利の性質から見て許される合理的な制約である，としている。確かに外国人に国政選挙への参加を認める国は極めて少ないが，外国人といっても，例えば，旧植民地出身者を祖先に持ち，

生まれたときから日本社会を本拠地として活動する者については，日本人に準じた取り扱いを行い，参政権を認める考え方も可能であろう。

　これに対して，**地方参政権**については，判例・通説とも**許容説**に立っている。すなわち，地方参政権については，地域共同体の一員として外国人にも選挙権を認めることは憲法上問題はなく，実際に認められるかどうかは立法政策に委ねられる，としている（最小判 1995 年 2 月 28 日民集 49 巻 2 号 639 頁）。その理由は，永住者等が居住する区域の日常生活に密接な関連を有する地方公共団体と特段に緊密な関係を持つ場合に，その意思を地方公共団体の公共的事務の処理に反映させることは妥当だからである。

　外国人の公務就任権（公務員になる権利）については，外国人を公務員として雇用を禁じるなどの制限に関する一般的ルールは法律上設けられていない。なぜなら，一口に公務員といっても多種多様であり民間の企業と全く同一の職務内容であることもあるからである（例えば，観光施設事業，ガス事業，交通事業等）。国は，「公務員に関する当然の法理として，公権力の行使または国家意思の形成への参画にたずさわる公務員」は日本国民に限る，とした（1953 年内閣法制局見解　「**当然の法理**」と呼ばれる）。「公権力の行使または国家意思の形成への参画にたずさわる公務員」は幅広く観念され，小・中・高等学校における「教諭」への就任は，公の意思形成への参画に携わる校務の運営に参画することになるので「当然の法理」によって排除される，とされる。国公立大学の教員については，外国人教員の任用を可能にするための特別の法律が 1982 年に制定された。

　「当然の法理」をめぐる問題が裁判で問題となったのが，**東京都管理職選考試験事件**である。この事件は，特別永住者である在日韓国人の原告が，課長級の職への管理職選考試験の受験を希望したが，外国人である

ことを理由として受験が認められなかった。最高裁は，職務の性質上，外国人の昇任を否定するべき管理職とそうではない職とを「包含する一体的な管理職の任用制度を構築して人事の適正な運用を図ること」も都の裁量の範囲内であり，特別永住者をそれ以外の外国人と同様に取り扱っても憲法上の問題は生じないとした（最大判 2005 年 1 月 26 日民集 59 巻 1 号 128 頁）。本判決の泉徳治・反対意見[(2)]は，特別永住者に受験資格を認めても，外国人の昇任を否定するべき管理職には任用しないという方針の下で，人事を運用することは十分可能であるから，受験資格を与えないことは，過度に外国人の人権を制限するものであるから違憲である，とした。この反対意見の方に説得力がある。

（4）外国人の社会権

外国人の社会権については，国の財源が限られていることを考慮すれば，自国民を優先すべきであり，外国人には認めるべきではない，という主張もありうる（**否定説**）。だが，通説は，確かに，社会権は各人の所属する国によって保障されるべき権利であるが，参政権とは異なり，外国人に対して原理的に認められないものではない。財政事情等の支障がないかぎり，外国人に社会権の保障を及ぼすことは憲法上何ら問題はない，とする（**立法政策説**）。

これに対して，人権が保障されるべきか否かは国籍の有無ではなく，その人が「社会構成員」として認められるか否かを判断基準とし，永住者等「定住外国人」への平等な保障を引き出す考え方（**社会構成員説**）に説得力がある。最高裁は，永住者であっても，生活保護法上の受給権を有さず，「行政措置により事実上の保護の対象となり得るにとどまる」とした（最小判 2014 年 7 月 18 日判自 386 号 78 頁）。

[(2)] 「反対意見」の意義については 65 頁注(2)を参照。

（5）外国人の自由権

　外国人の経済的自由については，現在様々な制約がなされている。具体的には例えば，現行法上，公証人になることができない（公証人法12条1号）。このような規制を行うためには，それぞれの職種について外国人を排除することの必要性や合理性について，明確に説明することができなければならない。

　外国人の人身の自由や**精神的自由**は，自然権的性質を有する前国家的な人権であるから，外国人にも等しく保障される。精神的自由のなかで問題となるのは，**政治活動の自由**である。なぜなら，政治活動の自由は参政権の行使と深く関わっており，通説・判例において国政レベルの参政権が否定されているからである。この点について最高裁は，政治活動の自由を原則として認めつつも，「わが国の政治的意思決定，又はその実施に影響を及ぼす活動等外国人の地位にかんがみ，これを認めることが相当でないと解されるもの」はそれに含まれない，と限定を付している（マクリーン事件判決）。しかし，「影響を及ぼす」ことのない政治活動のみが許される，というのでは，社会にとってほとんどインパクトを与えない政治活動のみが許される，ということになりかねない。むしろ外国人も含めて様々な活発な政治的活動が行われ，様々な立場からの多様な意見が取り交わされる中で有権者が投票することを通じて，政治的意思決定や実施が行われることは，より良い政治的決定と実施のためには望ましいことといえる。さらに，インターネットの発達によって，国境を越えて情報や意見が日本に流入していることを考えると，たとえ国内の政治活動を制限しても，それによってもたらされる効果はかなり乏しいであろう。

50頁の注(1)　本書では，紙幅の都合により**人身の自由**についての憲法による保障に関して，独立した章を立てて論ずることができないので，ここで，簡単な解説をしておきたい。
　　憲法18条は，「何人も，いかなる奴隷的拘束も受けない。又，犯罪に因る処罰の場合を除いては，その意に反する苦役に服させられない」，とし，**奴隷的拘束**および

苦役からの自由を規定している。

　日本国憲法が憲法31条以下で,他国の憲法に比較して詳しく刑事手続についての権利を保障しているのは,戦前の警察や検察が権力を著しく濫用し,被疑者・被告人を虐げたという歴史的事実に対する反省の念の現れである。刑事事件の被疑者・被告人が十分な手続的保障を受けうることについて,日本国憲法が極めて強い関心を示していることが見て取れる。

　憲法32条は,**裁判を受ける権利**を保障している。民事・刑事・行政事件において,市民は,それぞれ公正な裁判を受ける権利を有することを意味する。

　憲法31条は,「何人も,法律の定める手続によらなければ,その生命若しくは自由を奪はれ,又はその他の刑罰を科せられない。」,と規定する。ここで保障される**適正な手続的処遇を受ける権利**の保障は,マグナ・カルタですでにその萌芽が見られた。これがアメリカに継受された。アメリカ合衆国憲法修正5条は,「何人も,………適正な法の手続によらずに,生命,自由または財産を奪われることはない」と規定しており,この影響の下に規定されたのが本条である。

　刑事司法にとって単に手続が適正であるだけでは十分ではないので,本条は刑罰の実体的内容に関する規定も適正な法律によって規定されることを求めている,と考えるのが通説的理解である。その内容は,**罪刑法定主義**として理解されているものである。具体的には,一般に,(a)犯罪・刑罰を慣習法などの法律以外のルールで定めることの禁止,(b)遡及処罰の禁止,(c)類推解釈の禁止,(d)絶対的不定期刑の禁止,(e)犯罪構成要件の明確性の要求等が含まれる,と考えられている。

　本条は,刑事手続だけでなく行政手続の保障についても,両手続の違いを考慮した上で保障が及びうる,と考えるのが通説・判例(**成田新法事件最高裁判決**・最大判1992年7月1日民集46巻5号437頁)の考え方である。

　憲法33条と34条は,身体の拘束に対する保障を定めている。まず33条は,身体に対する拘束は令状によることが原則であり,例外は現行犯に限定されることを規定する。34条は,**不当な抑留・拘禁からの自由**を保障している。

　憲法35条は,**不当な捜索・押収からの自由**を定めている。通説・判例(**川崎民商事件最高裁判決**・最大判1972年11月22日刑集26巻9号554頁)によれば,この保障についても,刑事手続のみならず行政手続についても,両手続の違いを考慮した上で保障が及びうる。

　憲法38条1項は,自白の強要からの自由を規定し,不利益供述の強要を禁止している。同条2項は,「強制,拷問若しくは脅迫による自白又は不当に長く抑留若しくは拘禁された後の自白は,これを証拠とすることができない」,として,自白の証拠能力を制限している。また,同条3項も,「何人も,自己に不利益な唯一の証拠が本人の自白である場合には,有罪とされ,又は刑罰を科せられない」,とする。

　憲法37条2項は,刑事被告人に対して,**証人審問権**および**証人喚問権**を保障している。

　憲法37条1項は,「すべて刑事事件においては,被告人は,公平な裁判所の迅速

な公開裁判を受ける権利を有する」,と規定している。判例は,本条に基づいて,異常に遅延した刑事裁判について,「非常救済手段」として免訴判決を下した（**高田事件最高裁判決**・最大判 1972 年 12 月 20 日刑集 26 巻 10 号 631 頁）。

憲法 36 条は,「公務員による拷問及び残虐な刑罰は,絶対にこれを禁ずる」,としている。拷問の禁止についての規定は,戦前の日本の刑事司法において拷問が広く行われていたことの反省に基づく。また,残虐な刑罰との関連で,死刑廃止問題については,本章 2.（1）参照。

憲法 37 条 3 項は,「刑事被告人は,いかなる場合にも,資格を有する弁護人を依頼することができる。被告人が自らこれを依頼することができないときは,国でこれを附する」,として,**弁護人依頼権**を規定する。

憲法 39 条は,「何人も,実行の時に適法であつた行為又は既に無罪とされた行為については,刑事上の責任を問はれない。又,同一の犯罪について,重ねて刑事上の責任を問はれない」,とする。**刑罰法規の不遡及と二重の危険の禁止**についての規定である。後者は,ある同じ事実について訴追された後に,もう一度訴追されることはないことを保障している。

憲法 40 条は,**刑事補償請求権**について,「何人も,抑留又は拘禁された後,無罪の裁判を受けたときは,法律の定めるところにより,国にその補償を求めることができる」,として,捜査・公判のプロセスにおける警察・検察側の故意過失の有無にかかわらず,結果として無罪となった犯罪について,補償の請求を認める規定である。

演習問題

① 日本国憲法で保障する様々な人権について,それぞれ自由権・社会権・参政権・国務請求権という基準で分類してみよう。

② これからの日本社会において外国人人口の増加が予測される中で,外国人に対してどのような人権を保障することが重要だと考えられるのか,について考えてみよう。

4 | グローバル化の中の平等論

《目標&ポイント》 この章では,人権の中で最も重要な原理の1つである平等原則の現代的課題について学ぶ。平等原則には様々な問題が関係しているが,ここでは,ジェンダー平等や性的指向の多様性に関係する問題について主に取り上げる。
《キーワード》 平等の意味,日本国憲法における平等,婚外子差別問題,夫婦別姓問題,同性婚問題

1. 法の下の平等

(1) 平等の意味

　平等な社会をつくることは,人類社会が希求してきた重要な目標のうちの1つである。憲法14条1項は,「すべて国民は,法の下に平等であって,人種,信条,性別,社会的身分又は門地により,政治的,経済的又は社会的関係において,差別されない」と規定している。憲法は,さらに平等に関する具体的な規定として,憲法15条（**普通選挙**）,24条（**婚姻及び家族生活における両性の本質的平等**）,26条（**教育の機会均等**）,44条（**普通選挙**）を設けている。

　「近代主権国家」の登場によって封建制社会の身分制構造が大きく動揺し,市民革命によって,自由で平等な個人が生み出された。このような個人像を基礎にして,近代憲法の考え方が組み立てられるようになった。そこでは,「生まれ」による差別の撤廃を通じて,各個人の「**機会の平等**」を実現するという考え方が根幹をなしていた。そして,実際の人々の間

に存在する種々様々な差異についてはあえて無視して，全員を一律に等しい取扱いをすることが目標とされた。このような考え方は，**形式的平等**と呼ばれる。しかし，注意しなければならないことは，近代の平等に関しては，女性・植民地の人々・黒人等は，はじめから平等原則の適用対象とは考えられておらず，また白人男性であっても制限選挙制の下で財産のない者には参政権が与えられていなかったから，実際には白人男性のうち有産階級に属する者だけが，平等原則の適用を受けることができたのである。

　これに対して，近代憲法の想定していた国家の役割が変容し，**社会国家（福祉国家）**が登場すると，同一の機会を提供する「**機会の平等**」を求める形式的平等が表面的な平等の要求に過ぎないと厳しく批判されて，手に入れることのできる結果を等しくするようにする「**結果の平等**」を求める**実質的平等**が主張されるようになった。各個人の置かれた社会的状況が同一でないのに，機会の平等を与えることでよしとしてしまえば，実際には不平等な競争を強いられ，不利な立場にある人々が結果を自らのものにすることができないからである。ただ，実質的平等の考え方を推し進めていくと，「結果」を等しくするのみが大切とされ，各人の創意工夫や努力が軽視されてしまうことが懸念される。

（2）日本国憲法における平等の意義

　日本国憲法の要請する平等は，第一に形式的平等を意味する。しかし，実質的平等の視点も重要である。歴史的に差別を受けたり，不利な状況に置かれていたりする人々に手を差し伸べることも，社会の重要な使命だからである。そうだとすれば，形式的平等に反する国家の行為であっても，実質的平等の実現のための行為は一定限度までは許容される，と考えることが妥当である。したがって，＜実質的平等を実現するためには，

一定程度で形式的平等を制約してもやむをえない＞と考えるべきであろう⁽¹⁾。

この観点から活発に議論されてきたのが，**積極的差別是正措置**（ア**ファーマティヴ・アクション**　英語：affirmative action）をめぐる問題である。アメリカにおいて，歴史的に差別を受けてきたグループ，とくに黒人や女性に対して，大学入学や雇用等につき特別枠を設けるなどして優先的な処遇を与える政策が採用された。このような政策は，特別枠の対象とはならない人々から見ると，逆に差別されているという感情を抱かせてしまうので，「逆差別」として批判され，激しい論議を引き起こした。積極的差別是正措置は，社会の中で歴史的に形成され，もはや変化させることが困難な強固で構造的な差別や固定的観念に直面して，このような状態を揺り動かし，改善するためにあえて採用された施策である。

一般的にいって，このような施策の社会的必要性は承認されるが，どのような場合に違憲となるかを判定することは，困難な問題となる。アメリカの最高裁判例は，医学部入学試験において，有色受験生に特別枠を設けることは違憲であるが，彼らに入学者選抜の際にアドバンテージを与えることは許容されるとした（Regents of the University of California v. Allan Bakke, 438 U. S 65（1978））。問題となっている状況の深刻さがもたらす必要性と具体的に採用される手段の合理性を比較しながら，合憲性を検討していくよりほかはないであろう（辻村みよ子）。

また，**間接差別**という問題もある。これは，あるルールが文面上は中立的なルールを規定していても，実際には差別的に機能することが認定できる場合には，間接差別に該当する規定であり，ルール自体を不合理な差

⁽¹⁾　憲法は形式的意味の平等を求めている，といっても，一律にすべての者に対して同一の取扱いをする機械的な平等を求めている（「**絶対的平等**」の考え方），と考えてはならない。例えば，男女の肉体的差異に基づいて女性にのみ出産休暇を与えることについて，それを平等理念に反する措置だ，と考えるべきではない。憲法が求めている平等は，＜等しいものは等しく取扱い，等しくないものは等しくなく取扱うべきである＞，というものであり，このような取扱いを通じて，社会における実質的公平性を実現することである（「**相対的平等**」の考え方）。

別として批判することができるとする考え方である。例えば,「160 cm 以上の者のみを,国家公務員として採用しうる」とする規定は,成年男性の平均身長と成年女性の平均身長の差を考慮すると,女性に対する間接差別の疑いが濃い。

さらに,憲法 24 条は,戦前の家制度に対する反省を踏まえて,国会が家族関係についての具体的な制度の設計を行う際には,個人の尊厳と両性の本質的平等に立脚して行うことを求めている。

(3) 憲法14条1項後段の列挙事由の意義

憲法 14 条 1 項は,「法の下の平等」という一般的な原則を示すだけでなく,「人種,信条,性別,社会的身分又は門地」という,これまでの人類の歴史において深刻な差別の要因となってきた具体的な事由を列挙している。これについて,最高裁は,列挙事由は,単に例として示したものに過ぎないとする例示説を採用している（**尊属殺重罰規定違憲判決・最大判 1973 年 4 月 4 日刑集 27 巻 3 号 265 頁**）。これに対して通説は,この列挙事由について,単なる例示ではなくこれらの事由についていかなる取扱いの差異も絶対的に否定されるわけではないとしても,原則としては不合理な差別に該当する,とする。この考え方にしたがえば,これらの事由にかかわる取扱いの差異を合憲とするためには,強い正当化理由の存在が必要であり,その挙証責任は取扱いに差異を設けた公権力の側が負うべきである,とされる。ただ,列挙事由をすべて一律に取り扱うべきではなく,さらに事由ごとに考察する必要がある,といえよう。

以下では,憲法が差別の要因として特に注意を喚起している「人種,信条,性別,社会的身分又は門地」のそれぞれについて,簡単に見ておこう。

①**人種**は,人間集団の身体的特徴を生物学的差異に基づいて分類するものである。だが,白人・アジア人・黒人などの人間集団相互間では生

物学上傾向的な違いしか検出することができないため,今日ではもはや科学的有効な観念ではない,と考えられている。人種差別撤廃条約1条1項の考え方にならい,本条の人種には生物学的差異には含まれないエスニシティ集団（言語や文化などを共有する集団）や出身国も含む。したがって例えば,在日朝鮮・韓国人が日本国籍を取得した後も朝鮮・韓国の言語や文化的様式に基づいて生活している場合,それを捉えて異なった取扱いを行えば,本項にいう人種に基づく差別に該当する。②**信条**とは,広く思想・世界観を意味する。③**性別**については,他の事由と異なり,男女間に明らかに肉体的・生理的差異が存在するので,説得的な理由があれば異なった取扱いは許される。かつて日本企業には,結婚退職制・出産退職制・男女別定年制が存在していたが,現在では,**男女雇用機会均等法8条1～3項に照らして違法である**。同法が存在していなかった時点において,最高裁は,**男女別定年制**について,憲法の趣旨に照らして違法とした（**日産自動車男女別定年制事件判決**・最小判1981年3月24日民集35巻2号300頁）。④**社会的身分**については,通説は,出生によって決定され,自己の意思で変えられない社会的な地位がそれにあたる,とする。具体的には,家族における地位（例：卑属たる地位・婚外子（非嫡出子）たる地位）,被差別部落民,犯罪者の家族や子孫などがそれに該当する。最高裁は,尊属殺に対する法定刑を死刑と無期懲役に限定していた刑法旧200条について,尊属殺を強く非難し強く禁圧する目的で重罰を科す立法目的は合理的であるが,その手段としての非常に重い刑罰がバランスを欠いているので違憲だ,とした（尊属殺重罰規定違憲判決）。これに対して,違憲という結論において一致しながらも,本規定そのものが「一種の身分制道徳の見地に立つ」ものであり,「旧家族制度的倫理観に立脚」しているので,「個人の尊厳と人格価値の平等を基本的な立脚点とする民主主義の理念と牴触する」として,本規定の立法目的自

体を違憲とする「意見」[2]が出されており,この方が説得力を感じさせる。⑤**門地**は,家系・血統等の家柄を指す。社会的身分が,伝統的にネガティブな評価をされてきたものを指すのとは逆に,門地は,華族などポジティブに評価されてきたものを指す。

2. 平等をめぐる具体的問題

平等をめぐっては,これまで様々な憲法問題が提起されてきた。以下では,最近のいくつかの重要な最高裁判例を取り上げる。

(1) 婚外子(非嫡出子)差別

国籍法における**婚外子(非嫡出子)差別**について,最高裁は,違憲判断を下した(**国籍法違憲判決・最大判**2008年6月4日民集62巻6号1367頁)。国籍法は,日本人を父とし,外国人を母として生まれる子について,胎児認知の場合を別として,出生後の認知の場合には,単に父がその子を認知しただけではその子は出生時に日本国籍を取得できず,それに加えて両親が婚姻しなければならない(準正),と規定していた(旧3条1項)。原告は,本規定は婚外子差別に当たると主張した。この規定が設けられた趣旨は,両親が婚姻することによって,父と子との生活の一体化が生じて,日本社会との密接な結び付きが生まれる,と考えられたからである。

しかし最高裁は,日本社会において国籍は「重要な法的地位」であるとの認識を前提に,現在の日本社会では家族生活や親子関係の意識や実態が変化し,特に外国人との間に生まれた子を取り巻く家族生活はより複雑で多様である。そうだとすれば,両親が婚姻しているか否かに基づいて日本社会との結びつきの強弱を計ることは妥当ではない,とした。

---

[2] 最高裁の判決や決定では,各裁判官は法廷意見に加わる以外に,「反対意見」「補足意見」「意見」を表明することができる。「反対意見」は,法廷意見に反対する意見,「補足意見」は,法廷意見の論拠を補強したりその意見を説明する意見,「意見」は,法廷意見とは異なる論拠に基づいてそれに賛成する意見を指す。

ところで,差別問題は,長年の伝統や(法的)慣行によって生み出されることがほとんどである。したがって,差別の対象となった当事者以外の国民一般にとって差別と意識することはかなり難しい。そこで自覚的に意識化するためには,グローバルな視点から検討することが極めて重要である。この点,本判決は,諸外国が婚外子差別を解消する法的措置を取ってきていること,および国際人権規約B規約および子どもの権利条約に婚外子差別を禁ずる規定があることに言及した。

さらに重要な問題として,**婚外子法定相続分差別問題**がある。2013年12月改正以前の民法900条4号但書は,婚姻関係にない男女間に生まれた子(婚外子)の法定相続分を,婚姻関係にある男女間に生まれた嫡出子の相続分の2分1と規定していた。この規定には,相続制度や婚姻制度の問題が深く関連している。1995年に最高裁は,婚外子に対する相続分差別について合理的な区別であるとして,合憲決定を下していた(最大決1995年7月5日民集49巻7号1789頁)。合憲判断の理由として,①相続制度は,それぞれの国の伝統,社会事情,国民感情や家族観を考慮して定めるべきもので,国会の立法裁量が広い,②法律婚制度を採用していることの帰結として,婚姻関係から生まれた子と婚姻外の関係から生まれた子の間に法的取扱いの違いが生じることはやむを得ない,③婚外子の相続分を2分の1としたのは,法律婚の尊重と婚外子の保護の調整を行った結果である,と指摘した。

しかしその後2013年に,最高裁は本規定について違憲判断を下した(最大決2013年9月4日民集67巻6号1320頁)。本決定は,戦後社会の歩みの中で家族生活の場面での「個人の尊重」という「考え」が次第に確立されてきており,1995年判決当時と比べて大きな事情の変化があった,とする。また1995年決定では相続制度の設計についての立法裁量が広いとしていたが,本決定は,もっぱら個人の尊重の重要性に注目

し,相続制度設計における立法裁量の広さについては言及しなかった。さらに本決定は,国籍法違憲判決と同様にグローバルな視角から,①「本件規定の立法に影響を与えた諸外国の状況」(近年ドイツ・フランスが相続に関する婚外子差別を撤廃したこと)に言及し,②国際人権規約とその下で設置された委員会の判断に注目し(国際人権規約自由権規約委員会による本規定の削除勧告,子どもの権利に関する条約委員会による懸念の表明),違憲判断の理由づけを補強していることが,画期的である。

(2) 民法における再婚禁止規定と夫婦別姓制

最高裁は,さらに国際社会からの関心対象となっている**女性の再婚禁止期間訴訟判決**(最大判 2015 年 12 月 16 日民集 69 巻 8 号 2427 頁)と**夫婦別姓訴訟判決**(最大判 2015 年 12 月 16 日民集 69 巻 8 号 2586 頁)において,平等との関係で注目すべき判断を示した。

前者の再婚禁止期間訴訟は,1898 年の民法制定時から一貫して存在し,戦後家族法が全面的に改正された民法 733 条でも維持されていた,「女は,前婚の解消又は取消しの日から六箇月を経過した後でなければ,再婚をすることができない」とする規定についての裁判である。この裁判で,本条が女性にのみ過度の制約を課す不平等な規定であるとの原告の主張を,最高裁は認めた。

そもそも女性にのみ再婚禁止期間が設けられているのは,婚姻中に女性が妊娠した場合は夫の子と推定され(民法 772 条 1 項),離婚後 300 日間はなお夫の子と推定され続ける(同条 2 項)からである。もし女性が離婚直後に再婚してしまうと,新たな夫の嫡出推定は,婚姻成立後 200 日以降に開始される(同条 2 項)ので,子どもが新旧双方の夫から子であることを推定されてしまう。当時の立法の影響を受け,また制定時の医学や科学技術の未発達の状況のもとでは,女性が妊娠しているか否か

について早期に判明し得ないため，6ヶ月間再婚を禁じたのであった。確かに父の推定の仕組みは子の利益になるとしても，最高裁は，ドイツ（1998年）・フランス（2005年）で再婚禁止期間を撤廃し，現在の医療や科学技術の水準は制定時とは全く異なり，また100日間だけ再婚を禁止すれば父の推定に関する混乱（父性の推定の重複）は回避できるのでその限りでは合憲であるが，100日を超える部分については，女性のみに婚姻の自由に対する不必要な制約を課しているので，憲法14条1項および24条2項に反する，とした。

本判決を受けて，国会は本規定を改正して，「女が前婚の解消又は取消しの時に懐胎していなかった場合」（改正後733条2項1号）であることを医師の診断によって証明できれば再婚は禁止されない，とした。

後者の**夫婦別姓訴訟**は，1898年民法制定時に採用され，戦後民法にも継承された夫婦同姓（同氏）制を問題としたものである。すなわち，民法750条は，「夫婦は，婚姻の際に定めるところに従い，夫又は妻の氏を称する」と規定していることが，違憲であるとして原告が裁判を求めたものである。原告の主張は，「氏の変更を強制されない自由」に関する人格権の侵害（憲法13条），婚姻の自由の侵害（憲法24条）など複数の点に関わるが，平等との関係では，実態として96％以上の夫婦が夫の姓を選択しており，その結果，本条はほとんど女性のみに不利益を負わせる効果をもたらす性差別的規定として機能している点をとらえて，憲法14条1項に違反するとした。

最高裁は以上の原告の全ての主張を退けたが，平等に関わる論点については，750条は形式的平等を定めた規定であり違憲ではない，として間接差別だとする主張を退けた。本判決には，5人の裁判官が反対意見を書いており，しかも3人の女性裁判官全員が反対意見の側に立ったことが注目に値する。二人の女性裁判官が同調した岡部喜代子反対意見は，

婚姻時の姓の選択についての意思決定過程に男女間の現実の不平等と力関係が作用しているとの認識に立ち，女性差別撤廃条約委員会が本規定を差別的な法規定である，として廃止を要請していることに，注意を向けている。

（3）同性婚問題

現時点で日本の裁判の対象となっていない問題として，**同性婚問題**がある。同性愛についての世界各国の動向は，ある学者の図式化によれば，①「不道徳な行動」→②「道徳的に中立」→③「道徳的認知」→④「道徳的賞賛」の4段階を辿ってきている，と指摘されている。それに伴って，同性愛に基づく家族的結合をどのように法的に捉えるかが，世界各国で次第に大きな問題となってきている。例えば，アメリカでは2015年に，連邦最高裁が同性婚の禁止は違憲であると判断した（オーバーゲフェル判決 Obergefell v. Hodges, 135 S. Ct. 2584（2015））。フランスでは2013年に，ドイツでは2017年に，それぞれ同性婚を認める法改正が行われた。アジアでも，2017年に台湾の司法院が同性婚を認めない民法は憲法違反との判決を下している。

日本では，2015年に東京都渋谷区が同性パートナー制度を導入するなどの動きが見られるが，同性婚の法制化は行われていない。同性婚の法制化について，学説上は，**禁止説**と**許容説**が対立している。禁止説は，憲法24条1項が，「婚姻は，両性の合意のみに基いて成立し」と規定しているところから，男女間でのみ限定的に婚姻は成立するとしている，とする。

これに対して許容説は，同性婚の禁止は，憲法13条を根拠とする婚姻の自由に対する侵害となるほか，憲法24条1項の「両性の合意のみ」の趣旨については，家制度のように親など第三者の同意なくして婚姻が

成立しない制度を排除する趣旨で規定されたものであって、本項にあえて同性婚を禁止する意味は見出せない、とする。この点参考になるのが、最近のスペイン憲法裁判所の判例である。スペイン憲法は日本の憲法24条と類似する条項[3]を有しているが、2005年に民法改正によって導入された同性婚について、憲法裁判所が2012年に許容説の立場から合憲判決を下している。

　この点に関連して、2014年に自由権規約委員会は、日本の現状に関して、「性的指向及び性別認識を含む、あらゆる理由に基づく差別を禁止する包括的な反差別法を採択し、差別の被害者に、実効的かつ適切な救済を与えるべきである」と批判した。

演習問題

① 現在の日本で、積極的差別是正措置を導入すべき差別問題があるかについて、考えてみよう。
② 現在の世界における同性婚問題をめぐる状況を調べて、あなたなりの見解を考えてみよう。

---

[3] スペイン憲法32条1項は、「男性と女性は、完全な法的平等の保障される婚姻をする権利を有する」と規定している。

5 │ 個人の尊重と幸福追求権の展開

《**目標＆ポイント**》 この章では，個人の尊重について見たあと，必ずしも憲法上明文で規定されてはいないが，憲法13条の幸福追求権として保障されている人権について学ぶ。具体的には，プライバシー権，名誉権，環境権，自己決定権，文化享有権などを取り上げる。
《**キーワード**》 個人の尊重，幸福追求権，プライバシー権，名誉権，環境権，自己決定権，文化享有権

1．個人の尊重と幸福追求権

（1）日本国憲法における個人の尊重

　日本国憲法13条は，「すべて国民は，個人として尊重される」と規定する。本条は，日本国憲法を貫く根本的な規定である。日本国憲法が様々な人権を保障し，国民主権に立脚した統治機構を設け，平和主義を内外に宣明した究極の根拠は，日本社会を，そこに生きるすべての人が個人として尊重される社会にするためにほかならない。第二次世界大戦後に制定された憲法は，ドイツ憲法をはじめとして，ヨーロッパでは人間の尊厳を基本的価値として保障している例が見られる。ドイツ基本法（憲法）〔1949年制定〕1条1項は，「**人間の尊厳は不可侵である。これを尊重し保護することは，すべての国家権力の義務である**」と規定している。またスペイン憲法〔1978年制定〕10条1項は，「人間の尊厳，人間の侵すべからざる生来の権利，人格の自由な発展，ならびに法および他人の権利の尊重は，政治的秩序および社会平和の基礎である」とする。

これに対して，なぜ日本国憲法は，人間の尊厳ではなく**個人の尊重**を定めたのか。その理由としては，ヨーロッパでは，人間の価値そのものを根底から否定するナチスによるユダヤ人大虐殺に対する反省から，人間の尊厳原理がひときわ高く掲げられたのに対して，戦前・戦中の日本では，家制度や軍国主義の進展に伴って個が全体によって押し潰され，国民はもっぱら天皇そして天皇の支配統治する帝国に奉仕すべきものと位置づけられたからである。その結果，無謀な戦争政策によって多くの人命や財産が失われた。これに対する歴史的反省から，日本国憲法は，個人が尊重される社会をつくることを目標として掲げたのである。

(2) 幸福追求権

　憲法13条の第2文は，「生命，自由及び幸福追求に対する国民の権利については，公共の福祉に反しない限り，立法その他国政の上で，最大の尊重を必要とする」とする。この本文は，直接的には，**アメリカ独立宣言**の「すべての人は平等に造られ，造物主によって一定の譲り渡すことのできない権利を与えられており，その中には生命，自由および幸福追求が含まれている」という表現に由来している。さらにその源流は，ジョン・ロックの『市民政府論』にある，と指摘されている。この規定の重要な点は，憲法は，国民に対して幸福になることそのものを保障しているのではなく，それぞれの人がそれぞれの考え方や方法に基づいて，個性ある仕方で幸福を追求するプロセスを法的に保障していることである。

　本規定については，当初は，内容が漠然としている点を捉えて，宣言的な規定に過ぎず，裁判で実現できるような具体的な権利としての性質を有しないとする有力説があった（美濃部達吉）。しかし，現在は，学説・判例とも，本規定から，裁判で実現できる様々な具体的権利を引き出すことができる，と考えられている。確かに憲法は，様々な具体的な権利を第

3章「国民の権利及び義務」において保障しているが，社会の変化に伴って新たな権利の要求が生み出されてきた場合，常に迅速に憲法改正によって対応し憲法の明文で保障できる体制を整えることができる，と考えるのは現実的ではない。そこで，このような場合に本条による保障の対象となることが望ましい。

最高裁も，本条が，「国民の私生活上の自由が，警察権等の国家権力の行使に対しても保護されるべきことを規定している」とした上で，「何人も，その承諾なしに，みだりにその容ぼう・姿態を撮影されない自由」という具体的権利を引き出すことができる，とした（京都府学連事件最高裁判決・最大判 1969 年 12 月 24 日刑集 23 巻 12 号 1625 頁）。憲法 13 条によって保障される可能性のある具体的権利は，身体の自由，人格権，人格的自律権（自己決定権），適正な手続の保障を受ける権利，参政権的権利等，多岐にわたる。

2. 憲法 13 条によって保障される具体的権利

13 条の保障する具体的権利として考えられているものとして，**人格権**や**自己決定権**がある。憲法上保障される人格権は個人の人格的価値に関わる権利であり，具体的には，プライバシー権，名誉権，環境権等が主張されている。また自己決定権は，さまざまな内容を持っている。

（1）プライバシー権

プライバシー権は，現代社会の高度な情報化が進展してきた中で，極めて重要な権利として意識されている権利である。前近代的な村落社会やかつての下町的な環境の下で濃密な人間関係を営みながら生活する一般の人々にとって，プライバシーに関わる権利の重要性はほとんど意識されなかったであろう。

これに対して，社会の近代化に伴い個人主義化が進行し，一人一人の人間に自分自身に対する尊厳に対する意識が高まってくると，人々は社会の中で他者と関わり合いながら生活しながらも，国家の強制的な監視下に置かれたり，社会から不適切な関心を向けられずに，自分らしくのびのびと生きることのできる環境を欲するようになる。もちろん，人々がこのような強い要求を持っていることが，日本国憲法制定時に意識されていなかったわけではない。その証拠に，憲法は，「通信の秘密は，これを侵してはならない」とする21条2項後段，家宅捜索等に令状を要求する35条，自白の強要を禁止する38条1項を規定している。これらは，それぞれの場面においてプライバシーの価値を保護するための条項である。これらの条項による保護では十分ではない部分について，幸福追求権の一環としてプライバシー権を保障する必要が生じたのである。

アメリカでプライバシー権が唱えられるようになった当初は，「そっとしておいてもらう権利」ないし「一人でいさせてもらう権利」として理解されることが一般的であった。しかし，高度情報化社会において，各人の情報が膨大なデータとして蓄積されるようになり，プロファイリングすることが極めて容易になってきている。そうなると単に「そっとしておいてもらう権利」ないし「一人でいさせてもらう権利」として理解するだけでは不十分であることが認識されるようになった。こうして現在では，プライバシー権は，より積極的内容を含んだ「自己に関する情報をコントロールする権利」（**自己情報コントロール権**）として再構成されている（佐藤幸治）。プライバシー権をこのような権利として理解すれば，自己に関する情報をみだりに収集されない，という従来のプライバシー権理解と重なる側面だけでなく，国その他の機関による自己情報の保管や利用全般について，プライバシー権の射程が及ぶ。

このような認識を踏まえて，プライバシー権を，「個人が道徳的自律の

存在として，自ら善であると判断する目的を追求して，他者とコミュニケートし，自己の存在にかかわる情報を開示する範囲を選択できる権利」（佐藤幸治）とする学説が多くの支持を集めている。自己情報をコントロールすることができるということは，他者が自らについて抱くイメージについても，自らのコントロール下におくことができるようになることを意味する。人は生活の様々な側面で多様な人間関係を形成するので，自己情報を適切にコントロールできれば，社会関係の多様性に応じて，多様な自己イメージを使い分けることが可能となる（棟居快行）。

判例上重要な事件として，「宴のあと」事件がある（東京地判 1964 年 9 月 28 日下民集 15 巻 9 号 2317 頁）。小説「宴のあと」は，作家・三島由紀夫による**モデル小説**である。モデル小説とは，一般に，誰をモデルとしたかが広く読者に明らかで，具体的な叙述において虚実をないまぜになった内容を含んだ小説である。本判決は，モデル小説を念頭におきつつ，プライバシーの侵害が法的救済を与えられる条件として，①私生活上の事実または私生活上の事実らしく受け取られるおそれのあることがらであること，②一般人の感受性を基準にして当該私人の立場に立った場合公開を欲しないであろうと認められることがらであること，③一般の人々にいまだ知られていないことがらであることを必要とし，このような公開によって当該私人が実際に不快，不安の念を覚えたことを必要とする。

最高裁は，この判決が念頭におくような私事にわたる内容ではなく，出席者リストに載せられた秘匿されるべき必要性の低い個人データ（住所，氏名，電話番号等）であっても，自己情報コントロール権の考え方に照らして，特定の講演会への出席者リストの写しが警察に伝達される場合には，法的保護の対象となる，とした（**早稲田大学江沢民事件最高裁判決**・最小判 2003 年 9 月 12 日民集 57 巻 8 号 973 頁）。また，最高裁は，

いわゆる住基ネットの導入により,氏名・生年月日・性別・住所・転入・出生等からなる本人確認情報を市町村・都道府県・国の機関で共用するシステムを確立したことが,プライバシー権の侵害に当たるとする主張について,取扱われる情報が秘匿性の高い情報ではなく,また本システムに情報漏えいの具体的危険性がないとして,合憲判決を下した(**大阪住基ネット訴訟最高裁判決・最小判 2008 年 3 月 6 日民集 62 巻 3 号 665 頁**)。外国人も含めた日本社会の構成員全体のデータを集積する巨大データ・バンクである住基ネットに対して,最高裁はあまりにも楽観的な評価を与えている,との批判を招いている。

単なる個人データより重要なデータとしては,犯罪捜査等の時に採取される**指紋**がある。かつては,**外国人登録法**に基づいて外国人登録証には左人差し指の指紋を押捺することが義務づけられていた(2000 年に廃止)。外国人を含めた何人に対しても,「品位を傷つける取扱い」を禁止する国際人権規約を 1979 年に日本が批准して以降,在日朝鮮・韓国人を中心に指紋押捺反対運動が盛り上がった。この問題について最高裁は,「個人の私生活上の自由の 1 つとして,何人もみだりに指紋の押捺を強制されない自由を有する」としたが,本指紋押捺強制制度は,「立法目的には十分な合理性があり,かつ,必要性も肯定できる」として,合憲判断を下した(最小判 1995 年 12 月 15 日刑集 49 巻 10 号 842 頁)。

(2) 名誉権

名誉権は,自らの名誉を不当に毀損されない権利である。名誉毀損行為については,憲法によって保障を受ける以前から,刑法・民法にそのような行為に対処する規定が存在してきた(日本では刑法 230 条,民法 723 条)。実は,政治家など社会的地位が高く影響力の大きい人物が報道行為に対して名誉毀損の主張を行うことによって,報道機関やジャーナリス

トに対して威嚇的役割を果たしてきた。そのため,確かに名誉権は重要な権利ではあるが,民主主義社会にとって大きな価値を持つ表現の自由の保障との調整が極めて重要な問題となる。名誉毀損罪は摘示した事実が実際に存在すると否とにかかわらず成立するから（刑法230条参照),報道機関やジャーナリストが政治家や公務員等のスキャンダルを報道すると真実の報道でも,直ちに名誉毀損を理由に告訴されかねない。戦後改正された刑法は,表現の自由に配慮して,以下の条項を設けた（刑法230条の2等1項）。たとえ名誉毀損に該当しうる行為であっても,①「公共の利害に関する事実に係り」,②「その目的が専ら公益をはかることにあったと認める場合には」,③「事実の真否を判断し,真実であることの証明があったとき」は処罰しない,とした。

　本項で問題となるのは,まず政治家でも公務員でもない者についての報道が上記の①②③に該当するかどうか,ということである。最高裁は,巨大宗教団体の指導者についてのスキャンダル報道は,①を満たす,とした（**月刊ペン事件最高裁判決**・最小判1981年4月16日刑集35巻3号84頁）。次に,③は,名誉毀損罪の処罰を逃れるためには,報道機関等に真実性の証明を求めるものであるが,もしこの条件をそのまま適用すれば,真実性を証明できない場合には,処罰もやむを得ないことになる。

　しかし,そうだとすると,報道機関等にとっては深刻な萎縮効果を生じて,報道を差し控える傾向が生じてしまうことが懸念される。最高裁はこの点を配慮し,報道機関等が真実性について誤って信じてしまった場合には,そのように信じてしまったことについて,相当の理由があれば処罰されない,としている（**夕刊和歌山時事事件最高裁判決**・最大判1969年6月25日刑集23巻7号975頁）。報道機関等をより厚く保護するために,学説上,アメリカ憲法判例の影響を受けて,公務員等に対する名誉毀損については,その言説が虚偽であることを知っていたか,または虚偽

であるか否かを顧慮しなかったことを被害者の方で立証しなければならないとする「**現実の悪意**」**の法理**が妥当するとの有力な主張がなされている。

(3) 環境権

　日本国憲法制定時には意識されていなかったのに対して，現代において重要性が最も強く認識されている権利の1つが**環境権**である。「良い環境を享受する権利」は，幸福追求のための基本条件であるから憲法13条によって根拠づけられると主張されている。また，「健康で文化的な最低限度の生活」を維持する上での必要最小限の条件であるから憲法25条によって根拠づけられる，との主張もある。

　環境権は，もともと環境訴訟に関わった弁護士によって提唱されたものであった。比較憲法的に見ると，憲法典の中に環境関係の規定を置くことが次第にグローバルスタンダード化しつつある。例えば，ドイツは，1994年の憲法改正によって，「国は，来るべき世代に対する責任を果たすためにも，憲法的秩序の枠内において立法を通じて，また，法律および法の基準にしたがって執行権および裁判を通じて，自然的生存〔生命〕基盤および動物を保護する」（20a条）を規定するに至った。日本でも，憲法改正によって環境権や環境保護義務についての規定を加えるべきだ，という主張が勢いを増している。

　ただ，環境権を人権の1つとして認めるとすると問題となるのが，ここでいう環境とはどのような内容なのか（自然環境だけでなく文化的環境も含まれるのか），環境権を主張をすることによってどのような具体的な法的主張することが可能となるのかが，必ずしも明らかではないことである。さらに環境権を主張することのできる住民の範囲などを確定することは容易ではない。下級審判例では，環境的利益を民事法上の人格権

として構成したものがある（**大阪空港騒音公害訴訟大阪高判・1975 年 11 月 27 日判時 797 号 36 頁**）。

(4) 自己決定権

　自己決定権は，個人が一定の私的事項について公権力（あるいはそれに準ずるもの）による干渉を受けずに自ら決定することのできる権利として観念されている。人生の重要な場面や日常生活など多種多様な場面が問題となる。具体的には，①自己の生命・身体に関するもの（安楽死・自殺），②世代の再生産に関するもの（避妊・堕胎・新生殖医療・子どもの養育や教育），③家族関係に関わるもの（婚姻・離婚），④それ以外の様々な行動の自由に関するもの（服装・髪型・喫煙・飲酒・性的関係）が考えられる。

　例えば，**安楽死**の問題は，諸外国でも事件が発生したり，注目すべき判例が出されたりしているなどして重要なテーマとなり，日本の議論にも大きな影響を与えている。法整備のないところで，医師が安楽死やそれに類する行為を死期の迫った患者に対して行うと，嘱託殺人罪や自殺幇助罪に問われる可能性がある。この問題について最も先進的な法制度を有しているオランダでは 2001 年に安楽死法を制定し，①医師が，患者による要請が自発的で熟考されたものであることを確信していること，②医師が，患者の苦痛が永続的なものであり，かつ耐えがたいものであることを確信していること，③医師が，患者の病状および予後について患者に情報提供をしていること，④医師および患者が，患者の病状の合理的解決策が他にないことを確信していること等の状況にある場合に，他の医師との相談により，積極的に死期を早める安楽死を患者に対して行ったとしても，刑事責任を免れることになった。

　日本でも，安楽死をめぐる事件が発生しているが，**東海大学安楽死事件**

横浜地裁判決（1995年3月28日（確定）判時1530号28頁）では, 患者を苦痛から免れさせるため意図的積極的に死を招く措置を取る積極的安楽死の要件として, ①患者が耐えがたい肉体的苦痛に苦しんでいること, ②患者は死が避けられず, その死期が迫っていること, ③患者の肉体的苦痛を除去・緩和するために方法を尽くし他に代替手段がないこと, ④生命の短縮を承諾する患者の明示の意思表示があること, を示した。仮に, このような要件が妥当だとすると, このような要件を満たしているのに, 担当医師が刑事責任を追及された場合, 患者の憲法上の自己決定権を援用して, 自らの行為の法的正当性を主張することができよう。

髪型や服装に関する自己決定権は, とりわけ学校の校則との関係で問題となる。例えば, 高校生にふさわしい髪型を維持させ, 非行を防止する目的で, 高校が在校生の髪型を規制する校則を設けることは珍しくない。髪型に関して,「個人の髪型は, 個人の自尊心あるいは美的意識と分かちがたく結びつき, 特定の髪型を強制することは, 身体の一部に対する直接的な干渉となり, 強制される者の自尊心を傷つける恐れがあるから, 髪型決定の自由が個人の人格価値に直結することは明らかであり, 個人が頭髪について髪型を自由に決定しうる権利は, 個人が一定の重要な私的事柄について, 公権力から干渉されることなく自ら決定することができる権利の一内容として憲法13条により保障されている」とした判決がある（**修徳高校パーマ退学訴訟**・東京地裁判決1991年6月21日判時1388号3頁）。妥当な認識が示された判決だということができる。

生活上の自己決定権に関しては, 喫煙の自由について,「憲法13条の保障する基本的人権の一に含まれる」余地がある, とした最高裁判例がある（最大判1970年9月16日民集24巻10号1410頁）。

3．国際人権法と幸福追求権－少数民族の文化享有権

（1）国際人権規約におけるマイノリティ保護

　世界人権宣言には，少数民族などのマイノリティ保護の規定は設けられてはいなかった。しかしその後，1960年代に入り国際社会において非植民地化の動きが生じ，アフリカをはじめとして多くの地域が主権国家としての地位を獲得した。このような流れの中で民族の自決や少数民族等の保護が，重要な課題として意識されるようになった。

　また北米大陸やオーストラリアにヨーロッパ人の入植以前に，すでに独自の伝統・文化・言語等を持ち生活を営んでいた先住民に対する虐殺や迫害の歴史が次第に反省されるようになってきた。それに伴って，純粋に個人の権利として位置づけることが難しく集団的権利としての側面を持つマイノリティの権利が国際人権規約Ｂ規約に規定されるに至った。同規約 27 条は，「種族的，宗教的又は言語的少数民族が存在する国において，当該少数民族に属する者は，その集団の他の構成員とともに自己の文化を享有し，自己の宗教を信仰しかつ実践し又は自己の言語を使用する権利を否定されない」と規定している。先住民族や少数民族等を保護する政策は，一般に多文化主義政策と呼ばれるが，カナダ政府やオーストラリア政府の政策形成に大きな影響を与えてきた。

　日本でも，先住民族として**アイヌ民族**が存在し，やはり和人による虐殺や迫害の歴史がある。また琉球／沖縄には，琉球王国の伝統を基盤とする，和人とは異なる琉球民族の自己決定権に基づく独立論の主張が存在している。

（2）二風谷ダム事件・札幌地裁判決

　国際人権規約Ｂ規約を参照しつつ，先住民たる少数民族のアイヌに対

して, 幸福追求権によって保障される権利の1つとして文化享有権という注目すべき考え方を引き出したのが, **二風谷ダム事件札幌地裁判決**（札幌地判 1997 年 3 月 27 日判時 1598 号 33 頁）である。本判決は, アイヌの聖地である土地がダム建設により水没してしまうことから, ダム建設のための土地の収用裁決の取消しを求めて提訴したものである。裁決の違法性を認定した本判決は, 憲法 13 条の想定する個人は「多様」であり, それぞれの個人を「実質的に尊重」することの重要性を強調しつつ, 「少数民族にとって民族固有の文化は, 多数民族に同化せず, その民族性を維持する本質的なものであるから, その民族に属する個人にとって, **民族固有の文化を享有する権利**は, 自己の人格的生存に必要な権利ともいい得る重要なものであって, これを保障することは, 個人を実質的に尊重することに当たるとともに, 多数者が社会的弱者についてその立場を理解し尊重しようとする民主主義の理念にかなうものと考えられる」とした。

なお, 本判決と同年に, 国会では, 北海道旧土人保護法を廃止し, 新たにアイヌ文化保護を目的とする**アイヌ文化振興法**を制定した。本法 1 条は, 「この法律は, アイヌの人々の誇りの源泉であるアイヌの伝統及びアイヌ文化（以下「アイヌの伝統等」という）が置かれている状況にかんがみ, アイヌ文化の振興並びにアイヌの伝統等に関する国民に対する知識の普及及び啓発（以下「アイヌ文化の振興等」という）を図るための施策を推進することにより, アイヌの人々の民族としての誇りが尊重される社会の実現を図り, あわせて我が国の多様な文化の発展に寄与することを目的とする」と規定し, 戦後日本が多民族国家であることをはっきりと立法レベルで承認したことが注目される。

演習問題

① 現在のメディアやSNSによるプライバシー権や名誉権の侵害について,具体例を検討して,あなたなりの見解を考えてみよう。
② アイヌ民族の問題と同様に,沖縄において少数民族保護が問題となるかについて,あなたなりの見解を考えてみよう。

6 | 現代社会における思想・良心の自由と信教の自由

《**目標&ポイント**》 この章では,日本国憲法の保障する精神的自由のうち,思想・良心の自由および信教の自由,そして信教の自由をより確実なものとするための政教分離原則について学ぶ。どちらの人権も,個人が尊重される社会にとって最も基本的な権利であり,複雑化する現代社会においてその保障の意味を常に問い直す必要がある。信教の自由を補強するために,憲法は政教分離原則を規定している。この問題については,多くの重要な判決が下されている。

《**キーワード**》 思想・良心の自由,謝罪広告,信教の自由,日本における国家と宗教,政教分離原則,政教分離に関する主要な判例

1. 思想・良心の自由

(1) 思想・良心の自由の保障の意義

憲法19条は,「思想及び良心の自由は,これを侵してはならない」と規定する。比較憲法的に見ると,**思想・良心の自由**を独立の条文で保障する例は少ない,といわれる。欧米諸国では,良心の自由は,信教の自由と一体をなすものとして保障の対象となることが一般的である。これに対して日本では,良心の自由は憲法20条の保障する信教の自由と切り離され,思想の自由とともに別の条文において保障されている。

戦前の日本では軍国主義化していく中で思想弾圧が激しくなり,思想の自由は完全に否定されてしまった。このような社会を二度と生み出さ

ないために，独立の条文を設けて思想・良心の自由が保障されたのである。憲法には信教の自由に関する別の条文が存在しているので，条文毎に役割分担をさせるために，本条を，もっぱら宗教に関連する精神的自由とは別の保障対象を持つものとして解釈する必要がある。

（2）思想・良心の自由の保障の対象と内容

　思想・良心の自由の保障の意義は，**人の内面的な精神活動の自由**を保障することにあるが，どのような内容の内面的な精神活動が保障の対象となるのか。これについては，単にある事実についての知不知などは含まれず，信教の自由に比肩しうるような，世界観や人生観，イデオロギー，種々様々な事項についての政治的社会的意見等を内容とする内心のあり方が保障の対象となる。また，思想と良心をあえて別々の意味を持つものとして解釈する必要はないであろう。

　民法 723 条は，「他人の名誉を毀損した者に対しては，(中略) 名誉を回復するのに適当な処分を命ずることができる」と規定している。裁判所が，本条に基づいて判決によって新聞への**謝罪広告**の掲載を強制することは，思想・良心の自由に対する侵害になるのか。最高裁は，たとえ謝罪広告の掲載を強制しても，「屈辱的若くは苦役的労苦を科し，又は上告人の有する倫理的な意思，良心の自由を侵害すること」にはならない，とした（最大判 1956 年 7 月 4 日民集 10 巻 7 号 785 頁）。これに対して同判決・藤田八郎反対意見は，「人の本心に反して，事の是非善悪の判断を外部に表現せしめ，心にもない陳謝の念の発露を判決をもつて命ずるがごときことは，憲法 19 条違反にあたる」とした。この反対意見の方に，説得力がある。

　思想・良心の自由は，人の内面的な精神活動の自由の保障を目的とする。極めて強固な意思の持ち主であれば，どれほど外部的な圧力が加え

られても,内心のあり方には全く影響を与えないかもしれない。しかし通常の人は,物理的あるいは心理的な圧力を加えられると,それに屈して内心のあり方が歪められてしまうであろう（例えば,戦前に実際に生じた,共産主義指導者であった者が,拘禁されることによって反共論者に転ずる等）。そこで憲法は,公権力が国民に対して内心のあり方に影響を及ぼしかねない外部的な圧力を加える行為を禁止している。

　教員が学校行事において,その意思に反して**君が代のピアノ伴奏**を行うように勤務命令を受けたり（音楽科教員の場合）,国旗に向かって起立して**君が代の斉唱**を義務づけられたりすることは,思想・良心の自由の侵害にならないのか。最高裁は前者について,その教員がピアノ伴奏をしても「特定の思想を有するということを外部に表明する行為であると評価することは困難」である,とした（最小判2007年2月27日民集61巻1号291頁）。これに対して後者については,起立斉唱行為は国旗や国歌に対する「敬意の表明の要素を含む」から,それに応じ難いと考える教員が義務づけられることは「間接的制約となる」とした。しかしその上で,本件職務命令は「間接的な制約」を許容しうる必要かつ合理的なものであるとした（最小判2011年5月30日民集65巻4号1780頁）。前者についての藤田宙靖反対意見は,国民の間で強い意見の対立がある中で,卒業式に君が代斉唱を強制することに反対することは,憲法上保護に値する可能性があると指摘して教員の思想に肉薄しており,説得力がある。後者は,「間接的」にであれ「制約」と認めたことが,公権力による義務づけに対する制約として機能しうるかが,課題となろう。

　また思想調査や踏絵など,内心の表白を強制的に義務づける行為そのものも内心のあり方に影響を及ぼすので,許されない（**沈黙の自由**）。さらに**三菱樹脂事件最高裁判決**（最大判1973年12月12日民集27巻11号1536頁）は,雇用者が労働者を雇用する際に,思想調査そのものでな

くとも，それに関連する事項（学生時代に一定の社会的活動について従事していたかどうか）についての申告を求めることが，思想・良心の自由の侵害になる可能性については，法律に特に定めのない限り許される，とした。**麹町中学校内申書事件最高裁判決**（最小判 1988 年 7 月 15 日判時 1287 号 65 頁）は，内申書に記載された「校内において，麹町中全共闘を名乗り，機関紙『砦』を発行した」等の記載は生徒の思想・信条等の了知を可能にする記述ではない，としたが，記載された事実から，一定の思想を読みとることができるのであるから，本判決には大きな疑問がある。

公共交通機関の利用客が，車内放送や車内掲示等で国の発するメッセージの受け手たらざるを得ない状況におかれている場合（いわゆる「**囚われの聴衆**」）等において，国が国民に対して，特定の思想を大規模かつ組織・継続的に宣伝する行為は，思想・良心の自由を侵害する可能性がある。

2．信教の自由

(1) 信教の自由を保障する意義

日本国憲法は，憲法 20 条のほか，89 条にも宗教に関わる規定をおいている。このうち，20 条 1 項前段と同条 2 項は**信教の自由**について規定し，20 条 3 項と 89 条は政教分離原則を規定している（3．**政教分離原則** 参照）。

中世ヨーロッパにおける精神的自由のための闘争は，信教の自由の確立のためのものであったといっても過言ではない。各人に対して自らが神と信じるものを信仰する自由を認めることは，個人の尊重の核心部分を構成する。各国の人権宣言や憲法に，信教の自由の規定を持たない例は見当たらない。

（2）日本における国家と宗教

　日本では，王政復古を標榜した明治維新政府は当初祭政一致を唱え，**神仏分離令**を出した。このような状況の下で**廃仏毀釈運動**が全国に広がり，仏教は弾圧され深刻な打撃を受けた。しかしその後，仏教側が反撃に転じ，神道国教化は挫折した。またキリスト教禁止政策も廃止され，活発な布教活動が開始された。大日本帝国憲法は国教を定めず，その 28 条は，「日本臣民ハ安寧秩序ヲ妨ゲズ及臣民タルノ義務ニ背カザル限ニ於テ信教ノ自由ヲ有ス」として，一定の条件つきながら信教の自由を保障した。

　しかし実際には，「**神社は宗教にあらず**」という思想の下で，一定の重要な神社は国民道徳のための施設となった。そのような神社は国家から財政的特権を享受し，神官は公務員とされた。こうして国家神道に対し事実上，国教的な地位が与えられていた。国民は，その信仰の如何にかかわらず神社に対する崇敬を義務づけられた。その結果，信教の自由は次第に実質的に空洞化し，宗教に関する自由は消失していった。軍国主義の抬頭とともに，神社の教義は，国家主義と戦争遂行のための精神的支柱となった。一部の宗教団体に対し厳しい迫害が加えられた。敗戦後，連合国軍総司令部は，国民の精神的自由を確立し，軍国主義を一掃するために，「**神道指令**」（1945 年 12 月）を出し，神社を国家から分離し，学校から神道を排除するよう命じた。

　日本の宗教状況としては，多数派の日本人は神仏混淆的ないし多重信仰的な宗教意識を持つ傾向にあり，キリスト教と無縁の者でもキリスト教会で結婚式をあげるなど，厳格な一神教信者の行動様式とは対照的である。したがって，多数派の日本人は，一方で伝統的宗教に寛容で，公的組織が神道ないし仏教と関わっていても強い関心を向けないことが一般的である。また宗教的少数者が差別を受けていても，特定宗教に対する

強いこだわりを理解することができず, 冷淡な対応をすることも珍しくない。このような状況の下で, 信教の自由と政教分離原則を規定する日本国憲法は, しばしば日本の伝統的宗教意識や慣行と対立することになる。

　信教の自由を解釈する際の**宗教の定義**として, 「『超自然的, 超人間的本質（すなわち絶対者, 造物主, 至高の存在等, なかんずく神, 仏, 霊等）の存在を確信し, 畏敬崇拝する心情と行為』をいい, 個人的宗教たると集団的宗教たると, はたまた発生的に自然的宗教たると, 創唱的宗教たるとを問わず, すべてこれらを包含するものと解するを相当とする」と広く定義する説が有力である（津地鎮祭事件・名古屋高裁判決 1971 年 5 月 14 日行集 22 巻 5 号 680 頁）。

（3）信教の自由の内容と限界

　信教の自由は, 具体的には, ①**信仰の自由**（信仰する自由しない自由, 信仰する宗教を決定・変更する自由）, ②**宗教的行為の自由**（礼拝や祈祷行為）, ③**宗教的結社の自由**, からなる。

　各人の宗教活動が内心にとどまっている限りは, 他者の権利・利益を侵害することはない。しかしそれが宗教的行為として行われる場合には, それらを侵害する可能性が生じる。例えば, 信者の家族の依頼で加持祈祷を行い, その結果少女に熱傷と皮下出血を負わせ, ショック症状によって死亡させた場合, 傷害致死の刑事責任を免れない（**加持祈祷事件最高裁判決**・最大判 1963 年 5 月 15 日刑集 17 巻 4 号 302 頁）。但し, 宗教的行為が規制を受けるのは, あくまでも行為が害悪をもたらす場合に限定され, 信仰の内容によって規制を受けることがあってはならない。

　一見宗教にかかわらない中立的な規制を行っている場合も, 特定の宗教の信者にのみ規制の効果が及ぶ場合には, 宗教に基づく差別とならな

いように慎重な配慮が求められる。例えば, フランスでは, 安全上の理由から, 公的な場所で頭部のほとんどを覆うことが禁止されているが, 実際にはブルカを着用したイスラム教信者の女性にのみ規制効果が及ぶので, その規制理由において特定の宗教を差別する目的が含まれていないことを, はっきりと示さなくてはならない。

またフランスでは, 公立学校における**宗教的中立性**を守るためにアピール性の強い宗教的標章をまとって登校することが禁止されており, その結果**イスラム・スカーフ**を着用した高校生が退学処分となった例がある。グローバル化社会では, 様々な宗教を信じる人々が平和的に共存していくことが重要な課題であるから, 宗教的中立性は, あくまでも各人の信教の自由の尊重・配慮の上に立脚したものでなければならない。

さらに, 社会には様々なルールが存在するが, ある宗教の信者にとってあるルールを遵守することが, 自らの信仰を裏切る結果となるので, そのルールを破らなければならない事態が生じる。このような場合, その信者はそのルールに従わなかったことによってもたらされる不利益を甘受しなければならないか, という問題が生じる。常に社会のルールの方を優先すると, 宗教的少数者にとって酷な結果となりかねない。そこで, そのようなルールがもたらす利益の必要性や重要性とそのルールを遵守した場合に宗教的少数者に生じる不利益を考慮しつつ判断すべきであろう。徴兵制を採用する諸国で**良心的兵役拒否制度**が採用されているのは, このような配慮に基づく。

日本では, 例えば格技として剣道を義務づけている公立工業高等専門学校において, エホバの証人の信者である学生が剣道の受講を拒否したため体育が二年連続不合格となり退学処分を受け, その取消しを求めた訴訟で, 最高裁は, 一方でその学生は信仰の核心部分と密接に関連する真摯な理由で受講を拒否しており, 学生にとって退学処分は極めて重い処

分である，とした。他方で工業高専にとって剣道実技は必須ではなく，剣道に代わる代替措置を取ることができたとして，退学処分を取消した（**エホバの証人剣道受講拒否事件最高裁判決・最小判 1996 年 3 月 8 日民集 50 巻 3 号 469 頁**）。

対処の難しい問題として，**セクト規制**がある。日本ではオウム真理教がそうであったように，カリスマ的指導者を中心に一定の強烈な宗教的信条に共鳴する集団が活発な勢力拡大活動を展開し，青少年を中心に洗脳を行って彼らに強い精神的依存状況を作り出し，正常な判断力を奪ってしまう現象が生ずる。このような宗教集団はセクトと呼ばれる。犯罪行為やテロリズム等を行うことすらあるため，先進国で共通の問題となっている。セクト規制を行うことは，1 つ間違えれば信教の自由の侵害となりかねないので，規制を行う場合には，教義そのものには立ちいらない厳格な認定基準を設ける必要があろう。

3．政教分離原則

(1) 政教分離規定の意義

憲法 20 条は，「いかなる宗教団体も，国から特権を受け，または政治上の権力を行使してはならない」（1 項後段），「国及びその機関は，宗教教育その他いかなる宗教的活動もしてはならない」（3 項），と規定する。また，89 条は，公金支出の場面において，「公金その他の公の財産は，宗教上の組織若しくは団体の使用，便益若しくは維持のため，（中略）これを支出し，又はその利用に供してはならない」としている。なお，「政治上の権力」を「行使」するとは，国の統治的諸権限の一部を宗教団体が行使することを指している。

これらの条文は，国家と宗教を切り離し，国家の宗教的中立性を確保することを通じて，信教の自由の保障を確実なものとするために設けられ

た，**政教分離**のための規定である。

憲法において国家と宗教との関係をどのように規定するのか，については，それぞれの国家の伝統や歴史が大きく作用するため，次のようなバリエーションがある。①**国教制度**を設けた上で，信教の自由を保障する国（イギリス），②国と教会が一種の条約（コンコルダート）を結んで，お互いの管轄権の範囲を定める国（イタリア，ドイツ。その結果，例えばドイツでは宗教団体に課税権など一定の特権が認められている），③国家と宗教を厳格に分離する国（フランス，アメリカ）

日本は，このうち，③に属する。一般に③の厳格分離制度を採用する理由としては，一方で，国家が特定の宗教と結びつく場合，その宗教を信じない者たちにとって強い圧迫を感じるであろうこと，他方で，ある宗教が国家と結びつくことを通じて信者を獲得し，国家と癒着することによって自らの勢力を強めるとしたら，それは，その宗教にとって堕落であると考えられるからである。日本ではとりわけ，軍国主義の推進が国家と神社勢力の結びつきを強めることによって行われた歴史に照らして，国家と宗教の厳格な分離が望ましいと考えられたのである。

（2）政教分離規定の法的意義

通説・判例は，政教分離規定について，「いわゆる制度的保障の規定であって，信教の自由そのものを直接保障するものではなく，国家と宗教との分離を制度として保障することにより，間接的に信教の自由の保障を確保しようとするものである」と捉えている（**津地鎮祭事件最高裁判決・最大判** 1977 年 7 月 13 日民集 31 巻 4 号 533 頁）。

政教分離規定の下では，国（地方公共団体も含む）の活動は，宗教と分離されたものでなければならない。ここで問題となるのは，どのような状況であれば，国家と宗教が分離されているという条件を満たすことが

できるのか，ということである。国が宗教に一切関わってはならない，という**絶対的分離の考え方**に立つと，国による宗教的文化財の保護も行ってはならないことになりかねない。国民生活において宗教が重要な機能を果たしていることを鑑みると，政教分離規定の趣旨を踏まえた上で，具体的な事例に即して憲法からみて許容されるかどうか，を検討する必要がある（**相対的分離の考え方**）。このような考え方に立てば，宗教系私立学校に対する財政援助も許される。

判例は，国家と宗教との一定の「かかわり合い」は不可避であり，「わが憲法の前記政教分離規定の基礎となり，その解釈の指導原理となる政教分離原則は，(中略) 宗教とのかかわり合いをもたらす行為の目的及び効果にかんがみ，そのかかわり合いが右の諸条件（「それぞれの国の社会的・文化的諸条件」を指す）に照らし相当とされる限度を超えるものと認められる場合にこれを許さないとするものであると解すべきである」とする（津地鎮祭事件最高裁判決）。この考え方は，問題となっている行為の目的と効果を検討して，憲法上許容されるか否かを決定するので，**目的効果基準**と呼ばれている。目的効果基準は，アメリカの憲法判例に影響を受けたものであるが，アメリカで採用されている基準よりもかなり緩やかなものとなってしまっている，との批判が一般的である。

判例は，憲法に禁じられる行為（宗教的活動）は，より具体的には，「当該行為の目的が宗教的意義をもち，その効果が宗教に対する援助，助長，促進又は圧迫，干渉等になるような行為」であるとされる。そして，該当するか否かを判断するにあたっては，「当該行為の外形的側面」だけでなく，「当該行為の行われる場所，当該行為に対する一般人の宗教的評価，当該行為者が当該行為を行うについての意図，目的及び宗教的意識の有無，程度，当該行為の一般人に与える効果，影響等，諸般の事情を考慮し，社会通念に従って，客観的に判断しなければならない」とされる。これに対

して,この基準で評価しようとしても,所詮漠然とした「目盛りのない物差し」に過ぎず,実際どのような判断をするかは,評価者の主観に委ねられてしまう結果となるので,国が宗教とかかわるべきではないことを原則とするべきだとする批判がなされている（**愛媛玉串料事件最高裁判決・最大判** 1997 年 4 月 2 日民集 51 巻 4 号 1673 頁における高橋久子の意見　同事件法廷意見は,目的効果基準を用いて愛媛県の行為を違憲とした。）。また「社会通念」を決め手として判断するとなると,日本社会の多数者の一般的な考え方に従うことになり,宗教的少数者を圧迫する行為が放置されてしまうのではないか,という問題も生じる。

(3) 政教分離に関する主要な判例

　津地鎮祭事件は,津市が市立体育館を建設するにあたり起工式を行ったが,その際工事の無事安全等を祈願するために神道式の地鎮祭を挙行し,神官に対して謝金を支払ったことが,違憲な公金支出だとして,住民訴訟が提起されたものである。最高裁は,目的効果基準を用いて,このような行為は憲法の許容する範囲内だ,とした。これに対して,**愛媛玉串料事件**では,愛媛県が,靖国神社の例大祭に玉串料を奉納したこと等が問題となり,やはり住民訴訟が提起された。最高裁は,愛媛県の行為について同じ目的効果基準を用いて判断したが,本件では,玉串料等の奉納は宗教的意義を有し,「一般人に対して,県が当該特定の宗教団体を特別に支援しており,それらの宗教団体が他の宗教団体とは異なる特別のものであるとの印象を与え,特定の宗教への関心を呼び起こす」効果を有するとして,違憲判決を下した。

　砂川空知太神社事件は,鳥居等を有する神社と地域の集会場を兼ねた施設の敷地を無償使用させていた砂川市の行為が,政教分離原則違反だとして住民訴訟が提起された事件である。最高裁は,目的効果基準を用

いず総合的に判断して，違憲判断を下した（最大判 2010 年 1 月 20 日民集 64 巻 1 号 1 頁）。この点について，藤田宙靖補足意見によれば，本件施設が明確な宗教施設であったため目的効果基準を用いなかった，とされる。

　山口県自衛隊合祀事件は，訓練中殉職した自衛官について，キリスト教徒の妻の反対にもかかわらず，県隊友会が自衛隊の協力を得て護国神社に合祀申請を行い，合祀されたことに対して，妻が国家賠償請求訴訟を提起したものである。最高裁は，「自衛隊員の社会的地位の向上と士気の高揚を図る」ためになされた自衛隊職員の行為は，目的効果基準に照らして「宗教的活動」には該当しない，と判断した（最大判 1988 年 6 月 1 日民集 42 巻 5 号 277 頁）。そして護国神社への合祀によって妻の宗教的人格権（静謐な宗教的環境のもとで亡き夫を追慕する法的利益）が侵害されたとする主張については，「信教の自由の保障は，何人も自己の信仰と相容れない信仰を持つ者の信仰に基づく行為に対して，それが強制や不利益の付与を伴うことにより自己の信教の自由を妨害するものでない限り寛容であることを要請している」として，妻の主張を退けた。

　しかし，「合祀申請はまさに自衛隊の殉職者の霊を神道によって祭神として祀ることを直接の目的とするものであり」，また，その効果としては，「他の宗教ではなく神道に従って県護国神社に合祀してもらうよう申請する行為は，その効果において，神道を特別に扱ってこれに肩入れすることとなり，その援助，助長に当たる」とし，また，妻の意思に反して，合祀の結果「神社神道の祭神として祀られる」等の行為は，「まさに宗教上の心の静穏を乱されるものであり，法的利益の侵害があった」とする伊藤正己の反対意見の方に説得力がある。

　内閣総理大臣の靖国神社公式参拝問題は，中曽根康弘首相（1985 年 8 月 15 日）および小泉純一郎首相（2001 年 8 月 13 日）による靖国神社

公式参拝が大きな問題となったものである。靖国神社は、いわゆる国家神道の主要な神社の1つであり、戦没した日本軍兵士の霊を祀る施設である。東京裁判におけるA級戦犯もここに合祀されたこと（1978年）から、本神社に対する公式参拝は国際問題に発展した。どちらの首相の参拝についても国家賠償請求訴訟が提起された。

　このうち、小泉首相についての大阪高裁判決は、「他者による死者の回顧・祭祀は遺族の人格権ないし人格的利益を侵害する」ことを理由とする国家賠償請求を棄却したが、本件参拝行為については、目的効果基準論に照らして、「極めて宗教的意義の深い行為」であり、「国が宗教団体である被控訴人靖國神社を特別に支援しており、他の宗教団体とは異なり特別のものであるとの印象を与え、特定の宗教への関心を呼び起こすものといわざるを得ず、その効果が特定の宗教に対する助長、促進になると認められ、これによってもたらされる被控訴人国と被控訴人靖國神社との関わり合いが我が国の社会的・文化的諸条件に照らし相当とされる限度を超えるものというべきである」として違憲判断をした（大阪高判2005年9月30日訟務月報52巻9号2979頁）。

　なお、かつて靖国神社国営化問題が生じたことがある。1974年、日本遺族会を中心として行われた靖国神社国家護持推進運動を受けて、靖国神社を宗教法人から外して国営化する法案が自民党の単独採決で衆議院を通過したことがあるが、参議院で否決された。

演習問題

① 公立高校の高校生が,入学式で思想の自由を主張して君が代斉唱を拒否したために,停学処分になった場合,教員の場合と比較しつつ,あなたなりの見解を考えてみよう。

② 内閣総理大臣が靖国神社に公式参拝をした場合に生じる問題について,あなたなりの見解を考えてみよう。

7 | 表現の自由の現代的課題

《**目標＆ポイント**》 この章では，情報が国境を越えて広がる状況の下での表現の自由に関わる難しい問題を取り上げる。具体的には，性表現規制，ヘイトスピーチ規制，そしてマスメディアによる表現活動の今日的なあり方，集会・結社の自由などについて考えていく。
《**キーワード**》 表現の自由，表現の内容規制と表現内容中立規制，性表現規制，ヘイトスピーチ，マスメディア，集会・結社の自由

1. 表現の自由

(1) 表現の自由の保障の意義と射程

　表現の自由とは，人の内心における精神作用（ここでいう精神作用は，高尚な思想だけに限定されず，思ったことや感じたことのすべてが含まれる）を，自らが適当だと判断した方法に基いて外部に向けて公表する自由を意味する。19 世紀の人権宣言に含まれ，現代社会において，さらにその重要性が力説されてきたのが，この表現の自由である。

　人間は，なによりもコミュニケーションをすることによって人間として存在する。そして，コミュニケーションを積み重ねることによって形成されてきた社会を生きるのが人間である。自由なコミュニケーションが封じられれば，人は自由だと感じることができない。こうして，憲法が保障する表現の自由は，社会における自由を根底のところで支える重要な役割を担っている。

　表現の自由の保障の意義は，表現の自由が保障されることによって，表

現活動を行う人にとっては，自分の思うところを社会に発信することができるようになり，それによって自己実現することができるところにある。

　また表現の自由を保障することが社会にもたらす効用としては，①人々は自由な議論を真剣に取り交わすことによって，真理を発見することができること（思想の自由市場論），②表現の自由が保障されてはじめて，民主主義によって自らの属する政治的共同体を運営することができることが挙げられる。もし，表現の自由が保障されていない国家で圧政が続けば，やがて暴力的な反抗が生じ，社会は大混乱に陥ってしまうおそれがある。表現の自由を保障することによってそれを未然に防ぎ，平和的な政権交代等を可能にすることができる。このような理由から，表現の自由は人権の中でも**優越的地位**にある，とされてきた。

　ただし，自己実現が常に表現の自由の行使を通じて行われるわけではないこと（財産権を行使して，大きな蓄財をなすことを自己実現の目的として設定する人もいるであろう），また思想の自由市場が常に健全に作動し真理を発見できるかどうかは，必ずしも明らかではないことに注意が必要である。なお表現活動は，宗教的意義を持つ行為としても学術的意義を持つ行為としても行われる。それらについては，それぞれ信教の自由（憲法 20 条），学問の自由（23 条）の保障対象となる。

　表現活動が言語によって行われず，主に一定の身体的動作によって行われる場合もあり，そのような行為は「**象徴的表現**（symbolic expression）」と呼ばれる。その場合にも表現の自由の保護の対象とすべきである。その典型例が，公衆の面前で政府を批判する政治的表現の一環として行われる国旗の焼却行為である。ただ，このような行為は言語活動ではないので，身体的動作等で行われる行動に着目した規制を行うことは許容される（例えば，焼却行為により引火し火災を引き起こすおそれ

がある場合。参照, 1989年アメリカ連邦最高裁のジョンソン判決 (Texas v. Johnson, 491 U. S. 397)。

表現行為を行う主体は, 個人に限られず, 団体もその主体たりうる。また表現行為を行う動機は, 営利的動機（例, 出版社による出版活動）であることもあるし, 非営利的動機であることもありうる。ただ, 営利的動機に基づく表現行為は, 一般に国民主権を実効的にすることとの関連性が弱いので, 規制はやや緩やかに認めてもよいであろう。

表現の自由の保障の射程としては, 表現の自由は, 表現行為を行う者が送り出す情報の入手・伝達にかかわるすべての過程に及ぶ。具体的に考えてみると, 表現者がいて, それを受け取る受け手がいる。またマスメディアの場合は, 通常は記者が取材源にアプローチして取材を行い, マスメディアがそれを加工した上で情報を送り出す表現者となる。したがって, 表現の自由が保障されるということは,「送り手の自由」「受け手の自由」「取材の自由」のそれぞれが保障されることを意味する。これらの自由が十分に保障されている時, 国民は, 知る権利を充足することができるのである。

このように表現の自由が保障されてはじめて, 国民は十分な情報を得た上で政治的決定を行うことができるようになり, 憲法の規定する国民主権は実効性を獲得することになる。判例は, 報道機関による報道について,「民主主義社会において, 国民が国政に関与するにつき, 重要な判断の資料を提供し, 国民の『知る権利』に奉仕するものである。したがつて, 思想の表明の自由とならんで, 事実の報道の自由は, 表現の自由を規定した憲法21条の保障のもとにあることはいうまでもない。また, このような報道機関の報道が正しい内容を持つためには, 報道の自由とともに, 報道のための取材の自由も, 憲法21条の精神に照らし, 十分尊重に値するものといわなければならない」と判示した（**博多駅テレビフィ**

ルム提出命令事件最高裁決定・最大決 1969 年 11 月 26 日刑集 23 巻 11 号 1490 頁）。

　市民は，国に対して**情報公開請求権**を有するが，具体的な法律が制定されなければ，実際に請求権を行使することができない。このために，すべての行政機関を対象とする**行政機関情報公開法**が制定された（1999 年）。

（2）表現規制立法の違憲審査

　表現の自由が人権の中で優越的地位を占めるとすれば，表現行為がみだりに制約されることがないように，表現を規制する立法の合憲性を審査する際には特に厳格に審査を行わなければならない。そのために，一般に，表現の自由については，他の人権に比べて厳しい基準を適用して合憲性が判定される。

　表現規制立法には，表現の内容に着目してなされる規制（**表現内容規制**）と，方法に着目してなされる規制（**表現内容中立規制**）がある。前者は，原則として禁止されるべきである。なぜなら，表現内容規制がなされると，表現を行おうとした者による表現内容が他者に届かない結果を生み出すからである（表現内容中立規制の事例については，後述 2. で検討する）。これに対して，表現内容中立規制の場合には，方法さえ選べば表現内容を他者に届けることができるので，表現内容規制のように禁止が原則だ，と決めつけることは難しい。

　日本の学説は，アメリカの憲法判例に学びながら，いくつかの表現の自由についての審査基準を形成してきた。具体的には，①**事前抑制禁止の理論**，②**明確性の理論**，③**「明白かつ現在の危険」の基準**，④**「より制限的でない他の選びうる手段」の基準**，などが主張されている。

　①は，「表現行為に対する事前抑制は，原則として禁止される」とする理論である。表現行為が表現される前に抑制することは，表現行為自体

の実行が不可能になることを意味するから，表現の自由を根底から否定しまう結果になりかねない。したがって，よほど重大な理由がなければ許されないと考えるべきである。もちろん例外がないわけではなく，公正な判断を期待できる司法権が，名誉毀損など当該表現行為が実行されてしまうと取り返しのつかないことになりかねない行為を抑止するために，厳格な要件のもとで差止めを行うことは許される（**北方ジャーナル事件最高裁判決**・最大判 1986 年 6 月 11 日民集 40 巻 4 号 872 頁）。これに対して，判例が判示するように，少なくとも，「行政権が主体となって，思想内容等の表現物を対象とし，その全部又は一部の発表の禁止を目的として，対象とされる一定の表現物につき網羅的一般的に，発表を禁止することを，その特質としてそなえるもの」は，憲法 21 条 2 項が禁じている「**検閲**」に該当するものとして，絶対的に禁止されるべきである（最高裁税関検査事件判決・最大判昭和 59 年 12 月 12 日民集 38 巻 12 号 1308 頁）。ただ，検閲を，「網羅的一般的に」「発表を禁止する」ものに限定する判例の定義は狭すぎる，というべきである。

　②は，表現行為に対して曖昧不明確な法律によって規制を加えると，表現行為を行おうとする市民に**萎縮効果**が生じる可能性が高いので，法文上不明確な法律は原則として無効となる，とする理論である。萎縮効果とは，本当は適法な行為であっても，万が一自らの行う表現行為が規制ルールに当てはまる可能性があると，刑事制裁等を恐れて表現行為の実行を取りやめてしまう事態を指す（参照，最高裁税関検査事件判決）。

　③は，一般に，表現行為を規制するためには，(a)近い将来，実質的害悪を引き起こす蓋然性が明白であること，(b)実質的害悪が重大であること，(c)当該規制手段が害悪を避けるのに必要不可欠であること，の三条件を満たさなければならない，と説明されている。

　④は，仮に表現を規制する規制立法の目的が正当であったとしても，規

制をするために採用された手段が最小限度のものではなく,ほかに採用することのできる選択肢があるのであれば,その規制は違憲となるとする理論である。この基準に基づいて,表現規制立法の採用する時・場所・方法の要素が最小限の制約であるかチェックすることが求められる。

2．表現内容規制の具体的検討

表現内容規制は原則として認めるべきではない,という考え方から見ると,以下の通り,現行法上問題となるいくつかの事例がある。なお,名誉やプライバシーに関する表現規制も表現内容規制であるが,既に検討したので(第5章2．(1)参照),ここでは取り上げない。

(1) **わいせつ規制**

刑法 175 条は,「わいせつな文書,図画その他の物」の頒布,販売,公然陳列および販売の目的による所持を刑事罰の対象としている。これはまさに表現の内容に着目してなされる表現内容規制であり,本規制の合憲性には疑いが向けられてきた。**チャタレー事件最高裁判決**は,同条にいう「わいせつ」について,「徒らに性欲を興奮又は刺戟せしめ,且つ普通人の正常な性的羞恥心を害し,善良な性的道義観念に反するもの」(最大判 1957 年 3 月 13 日刑集 11 巻 3 号 997 頁) と定義した上で,それにあたるか否かの判断について,「一般社会において行われている良識すなわち社会通念」に基いて裁判所が行う,と判示した(同判決)。

これに対して,①「わいせつ」概念は一定の漠然性を伴っており,それについてそれぞれの人の感受性によって判断が大きく異なること,②「わいせつな文書」出版等自体を禁止しなくとも,その「頒布,販売,公然陳列」等の行為について,見たくない者の目に届かないように厳格に規制

すれば,「わいせつな文書」による被害者の発生は防止しうるから十分である,との理由により違憲論も有力である。だが判例は,本条に「性的秩序を守り,最少限度の性道徳を維持する」という立法目的を読み取りそれを是認して,合憲論を維持してきた（同判決）。インターネット時代を迎え,わいせつ規制を行わない国々の表現物が自由に流入している中で,日本がこのような規制を維持する意味が深刻に問われている。

判例では,本規制をめぐっては,その後特に,わいせつ性と芸術性の関係（ある表現について芸術性が高いとそのわいせつ性が減少するのか）が,議論を呼んできた。この点,**悪徳の栄え事件**（**最高裁判決・最大判1969年10月15日刑集23巻10号1239頁**）では,芸術性が高いことはわいせつ性が低いことの証明となる,とする考え方を退け,芸術性が高いと,結果としてわいせつ性が低くなることがあるに留まる,とする考え方を示した。

(2) 児童や青少年に関する性表現規制

仮にわいせつ規制一般に対して個人の自由を重んじ,国家の規制を批判する立場を支持するとしても,児童や青少年が性的表現の対象や受け手になる場合には,児童や青少年を保護するために一定の性表現の規制を行うことは許容される。

児童ポルノ規制は,国境を越えた広がりを見せる児童の商業的性的搾取を防止するために,国際社会が協力して取り組んできた課題の1つである。この問題を重視する国連では,子どもの権利条約に児童ポルノ規制に関する選択議定書が採択され（2000年）,日本もこれを締結した（2005年）。

このような流れの中で,日本では1999年に児童ポルノ規制法が制定された。その後2014年改正によって規制が強化され,「自己の性的好奇

心を満足させる目的」での単純所持も規制対象とされるようになった。現在論争を引き起こしているのが，漫画やアニメなど創作物上の児童に関する性的表現も規制の対象としうるか否かという問題である。創作物上の表現物には，商業的性的搾取の対象となる具体的な被害児童が存在しないので，規制の可否について議論を呼んでいる。外国では，そのような表現も規制の対象に含めている例が見られる（カナダ・フランス）。

青少年を受け手とする**有害図書規制**については，規制法令の曖昧さと成人の読む権利の制約の観点から，批判を受けてきた。有害図書とは，わいせつ文書には含まれないが，例えば，「著しく性的感情を刺激し，又は著しく残忍性を助長するため，青少年の健全な育成を阻害するおそれがあると認めるとき」(参照，下記岐阜県青少年保護育成条例事件)，地方公共団体によって指定を受けるものである。

判例は，このような図書を自動販売機で販売することを許容すると，事実上自由に青少年がこのような文書を購入しうることになるので，確かに成人の読む権利が制約されるとしても，青少年の健全な育成のためのやむを得ない措置として，このような販売方法を禁止しても許される，とした（**岐阜県青少年保護育成条例事件最高裁判決・最小判 1989 年 9 月 19 日刑集 43 巻 8 号 785 頁**)。

(3) 煽動罪

破壊活動防止法 38 条 1 項の定める**煽動罪**は，刑法の定める内乱罪（77 条）・外患罪（81・82 条）を実行させる目的で煽動行為を行った者を処罰するものである。そのために，それらの罪を「実行させる目的をもって，その実行の正当性又は必要性を主張した文書又は図画を印刷し，頒布し，又は公然掲示した者」(38 条 2 項 2 号) を処罰すると規定している。これらの罪は，文書表現にとどまるものも含めて，内乱罪や外患罪の成立

如何にかかわらず, それらを煽動する行為を独立の犯罪として, 規制対象としていることが問題となる。

また, 同法 39 条は「政治目的のための放火の罪」, 40 条は「政治目的のための騒乱の罪」に対する煽動行為をも処罰の対象に含めている。判例は, 同法 39 条・40 条について, 社会的に危険な行為であるからという理由で, 合憲判決を下している (**渋谷暴動事件最高裁判決・最小判 1990 年 9 月 28 日刑集 44 巻 6 号 463 頁**)。本条の適用については, 「唱導がさし迫った不法な行為を煽動または引き起こすことに向けられ, かつ, かかる行為を煽動または引き起こす見込みのある場合を除き, 唱導を禁止できない」とする原則 (**ブランデンバーグ・テスト** Brandenburg v. Ohio, 395 U. S. 444 (1969)) に照らして, 極めて限定的な事例にのみ許される, と考えるべきである。

(4) ヘイトスピーチ規制

特定の民族・人種や特定の国籍を有する人々, また特定の宗教の信者に対して, マジョリティーの側の人間が侮蔑的差別的感情を露わにすることは, 世界各国で見られる普遍的現象である。ヘイトスピーチは一般に, 特定人を対象とするものではないため, 名誉毀損罪や侮辱罪で処罰することは困難である。このような事態に対処するため, そのような言論や表現活動に対して法的規制を行い, 刑事罰による規制も含めて, ターゲットとなる人々の自尊感情を保護するための取組みが一般化してきた。国際人権規約B規約 20 条 2 項や人種差別撤廃条約 4 条は, 締約国に差別的言動の処罰をはじめとする広範な法的取組みを求めている。日本ではこの分野における取組みが大きく立ち遅れており, 国連の自由権規約委員会や人種差別撤廃委員会からヘイトスピーチに対する対処を行うべきだとする勧告がなされてきた。

このようなグローバルな人権保障のための取組み強化の流れの中で,

日本でもようやく2016年に**ヘイトスピーチ規制法**（「本邦外出身者に対する不当な差別的言動の解消に向けた取組みの推進に関する法律」）が制定された。本法は，国等の責務を定めるとともに，地方公共団体にヘイトスピーチに対する人権教育・人権啓発活動を求め，地域の実情に応じた施策を講ずることを求める内容であり，表現の自由に対する配慮から罰則規定は設けられていない。

　刑事罰をもってヘイトスピーチを規制することは，憲法21条に反しないか。憲法学では従来，規制消極論が有力であった。その論拠としては，(a)言論に対しては言論で対抗することが表現の自由の保障される社会の大原則であること，(b)どのような言論を処罰するかについての範囲が曖昧であり，市民に萎縮効果を生じさせるおそれがあること，またこれをきっかけに表現内容規制がどんどん広がっていくおそれがあること，(c)ヘイトスピーチ規制法で処罰された者は，言論弾圧と闘う表現の自由の殉教者として自分の存在をアピールすることができてしまい，むしろ逆効果であること，(d)差別感情の発露を認めないと，社会の深部に内向するリスクがあること，などが主張されてきた。

　これに対して，規制積極論からは，(a)′ヘイトスピーチは不合理な差別感情に根ざしているので，これに対して理性的に対抗言論を行ってもほとんど無意味であること，(b)′具体的な運用の中で規制の範囲を具体的に示すことは不可能ではないこと，(c)′国が立法によって差別的言論は許さないという姿勢を示すことは，市民に対して大きな啓発的教育的効果を持つこと，(d)′ヘイトスピーチは，マイノリティーを沈黙させてしまう効果（silencing）を有していること，などの反論がなされてきた。

　京都朝鮮学校事件では，京都地裁判決（2013年10月7日判時2208号74頁）が，ヘイトスピーチを行った団体の業務妨害行為及び名誉毀損行為に対して，人種差別撤廃条約を直接適用し高額の賠償金を認定したことが注目される（ただし，間接適用にとどまるとした控訴審判決が最高

裁で支持され,確定した (2014年12月9日))。

最近の地方公共団体の動向として,大阪市の条例が「ヘイトスピーチ審査会」を設置し,審査結果に基づいて拡散防止措置等を取ることとした (2016年)。東京都も,人権条例を制定し,ヘイトスピーチ対策として,都の施設の利用制限に関する規定を設けた (2018年)。

3．表現の時・場所・方法に関する規制

表現の内容にかかわらない表現内容中立規制 (時・場所・方法に関する規制) は,表現の内容に関する規制とくらべて緩やかに考えてもよいと直ちに結論づけてはならない。なぜなら,①時・場所・方法が表現内容との関係で重要な意味を持つことがありうること,②表現内容中立規制も社会に流通する情報量を減少させてしまうこと,を指摘できるからである。具体的には,街頭演説・ビラ配り・ビラ貼りの規制,屋外広告物の規制などがある。

これらの問題に関連して,表現行為の行われる場所が公共の管理に属する場所 (道路や公園) や私的管理権に属する場所 (私鉄の駅構内やビラ貼りの対象となる建物) である場合,それらの管理権の制約の可否が問題となる。なぜなら,現代の都市空間において表現行為を展開できる場所は,何らかの個人・団体の所有権ないし管理権の下にあるので,それらが自由に所有権ないし管理権を行使しうるとなると,実際に一般人が表現活動を行うことのできる場所がほとんど存在しなくなる可能性があるからである。

このような状況に対処するためにパブリック・フォーラム論が提唱されている (最小判1984年12月18日刑集38巻12号3026頁の伊藤正己補足意見)。伊藤によれば,「一般公衆が自由に出入りできる場所は,それぞれその本来の利用目的を備えているが,それは同時に,表現のための場として役立つことが少なくない」のであって,「このパブリック・

フォーラムが表現の場所として用いられるときには、所有権や、本来の利用目的のための管理権に基づく制約を受けざるをえないとしても、その機能にかんがみ、表現の自由の保障に可能な限り配慮する必要がある」という憲法上の要請が生じる、とされた。このように現代社会の具体的な状況にあわせて、表現の自由の保障のあり方を考える必要があろう。

4．マスメディアと表現の自由

（1）マスメディアによる表現の自由の保障

　現代社会の情報空間において、影響力の大きい表現活動を行い、市民に対して様々な情報や考え方を提供することを通じて世論形成に大きな役割を果たしているのが、**マスメディア**である。今日のわたしたちは、マスメディアの存在なくして、社会に生起する情報を取得し、それについて意見や思想を持つことができない。

　マスメディアがその役割を十分に果たすことができるためには、**取材の自由**（**取材源の秘匿**も含む）や**報道の自由**が憲法 21 条によって保障されなくてはならない。取材の自由と国家秘密の保護の関係が問題となった事件として、**外務省秘密電文漏洩事件**（西山記者事件）がある。国家公務員法 111 条は、公務員が秘密を漏らすことの「そそのかし」行為をした者を処罰の対象としている。ジャーナリストの取材活動における国家公務員に対する働きかけの仕方次第では、「そそのかし」行為として刑事責任が問われる可能性が生じる。取材対象者と性的関係を結んで国家秘密を得た新聞記者の取材活動に関して、判例は、「その手段・方法が一般の刑罰法令に触れないものであっても、取材対象者の個人としての人格の尊厳を著しく蹂躙する等法秩序全体の精神に照らし社会観念上是認することのできない態様のものである場合」には、正当業務行為（刑法 35 条）に該当せず刑事罰の対象となるとした（最小判 1978 年 5 月 31 日刑集 32 巻 3 号 457 頁）。判例の示す基準はかなり不明確であ

り,取材活動が厳格に一般の刑罰法令に抵触する場合に限り正当業務行為に該当しない,と考えるべきであろう。

さらに近年では,SNS の発展により一般市民が情報や意見・思想の発信の主体的担い手として能動的に活動することが可能になり,それによって形成・伝播される情報や意見・思想もメディアに劣らず情報空間において重要な影響力を持つようになってきた。

なお,最近の日本における表現の自由が政府による圧力等によって萎縮させられている,との報告が出されたことが注目される(デビッド・ケイ「表現の自由」国連特別報告者 訪日報告書(2016 年))。

(2) マスメディアと表現の自由

マスメディアが大きな影響力を行使することができる状況の下では,一般市民はもっぱら受け手としての存在にとどまるか,場合によっては自らの主張を SNS 等で示しても,両者の事実上の影響力の違いからほとんど無視される結果となることもありうる。そこで,一般市民等が,マスメディアを通じて情報発信をする機会を保障する**アクセス権**の必要性(反論文の掲載や紙面・番組への参加等)が,主張されてきた。**マスメディアへのアクセス権**を認めると,マスメディア自体の自主的な表現活動を制約する結果をもたらすことから,批判論も強い。最高裁も,**サンケイ新聞意見広告事件**において,新聞に対する反論文掲載請求権の主張を否定した(最小判 1987 年 4 月 24 日民集 41 巻 3 号 490 頁)。

放送の自由については,無線による放送事業を行うためには免許が必要であり(電波法 4 条),誰でも自由に放送を行うことができるわけではない。この点,新聞は資力さえあれば,誰でも創刊できることと全く異なっている。このように放送については免許制が取られているから,放送事業者に電波法違反や放送法違反の事実があれば,総務大臣による無線局の運用停止や免許取消しが行われる可能性がある。

放送法4条は、放送番組の編集に関するルールについて、①公安および善良な風俗を害しないこと、②政治的に公平であること、③報道は事実をまげないですること、④意見が対立している問題については、できる限り多くの角度から論点を明らかにすることを規定している（フェアネス・ドクトリン）。

　さらに、いわゆる地上波テレビ放送については、「教養番組又は教育番組並びに報道番組及び娯楽番組を設け、放送番組の相互の間の調和を保つようにしなければならない」とされている（放送法106条）。このような規制は、表現内容規制にあたる。行政権が免許制の下で表現内容規制を行うことは、表現活動に対する極めて厳しい規制である、といえる。確かに現在はインターネットの時代ではあるが、なお地上波テレビ放送が大きな社会的影響力を保持しているがゆえに、バランスの取れた仕方での情報や思想・意見の発信を求めるこの規制は憲法上正当化される、とする見解が有力である。なお、NHKの受信契約の強制について、最高裁は、民放とは異なるNHKが存在し、両者が放送を担うことによって生み出される公共の利益の観点から合憲であると判断した（最大判2017年12月6日裁時1689号3頁）。

　今日、マスメディアと一般人のホームページやブログの情報発信力の違いの相対化が進行しており、マスメディアや情報にかかわる従来の法制度や法理論は不断の見直しが求められている状況にある。

5．集会・結社の自由

　憲法21条は、集会および結社に関わる活動を表現の一形態として位置づけ、それらの自由を保障している。

（1）集会の自由

　まず集会の自由の重要性について、判例は、「集会は、①国民が様々な意

見や情報等に接することにより自己の思想や人格を形成, 発展させ, また, ②相互に意見や情報等を伝達, 交流する場として必要であり, さらに, ③対外的に意見を表明するための有効な手段」と判示して, 3つの機能を有するとしている (**成田新法事件最高裁判決**・最大判 1992 年 7 月 1 日民集 46 巻 5 号 437 頁)。公権力は, 市民による集会の開催や運営等を妨害してはならない。それだけではなく, 集会の自由には公園や公会堂などで集会の開催を希望する際には, 公共施設の利用を要求する権利も含まれる。したがって, 公会堂等への利用申請が出されたときには, 管理者が利用を拒否しうるのは,「希望が競合する場合のほかは, 施設をその集会のために利用させることによって, 他の基本的人権が侵害され, 公共の福祉が損なわれる危険がある場合に限られる」(**泉佐野市民会館事件最高裁判決**・最小判 1995 年 3 月 7 日民集 49 巻 3 号 687 頁) べきである。ここでも, 管理権を法的に制約するために, 前出のパブリック・フォーラムの考え方が適用されるべきである。

　地方公共団体は**公安条例**を制定し, 道路など公共の場所で集団行動を行う場合には, 許可制による事前規制を行っている。このような規制の合憲性が問題となる。判例は, ①届出制であれば問題はないが, ひとまず公共の場所での集団行動を禁止してしまう一般的な許可制を採用してはならない, ②「特定の場所又は方法」について,「合理的かつ明確な基準の下」で事前規制を行うことは許される, ③「公共の安全に対し明らかな差迫った危険を及ぼすことが予見されるときは」集団行動の禁止を命じうる, としている (**新潟県公安条例事件最高裁判決**・最大判 1954 年 11 月 24 日刑集 8 巻 11 号 1866 頁)。ただし, 最高裁はその後の事件で, 集団行動は一瞬にして暴徒化する危険があることを強調し, 許可制を取ることも実際上やむを得ないと判示して, 学説の批判を浴びた (**東京都公安条例事件最高裁判決**・最大判 1960 年 7 月 20 日刑集 14 巻 9 号 1243 頁)。

（2）結社の自由

　明治憲法下で制定された**治安維持法**が**結社の自由**を抑圧し，全体主義体制を招来したことに対する反省から，日本国憲法は結社の自由（憲法21条1頁）を保障している。本条の保障により，団体への加入・不加入・脱退等は，個人の自主的判断に委ねられる。また団体の形成・維持・活動・解消に関して，団体自身の意思決定を尊重し，公権力の不当な干渉を排除している。ただし，現行法は，一定の職業については強制加入制度を設け，職業団体に属しない限りはその業を営めないようにしている。通説によれば，その必要性が認められる限りで違憲とはならない。例えば，弁護士会は**強制加入団体**である（参照，弁護士法8条，9条）が，このような制度は，国家の監督に服さない自律的な職業倫理の維持と弁護士自治の必要性から合憲である。

　破壊活動防止法は，「団体の活動として暴力主義的破壊活動を行つた団体に対する必要な規制措置を定め」（1条）ており，将来的に「団体の活動として暴力主義的破壊活動を行う明らかなおそれがあると認めるに足りる十分な理由」がある場合（7条）に，公安審査委員会は団体の解散を指定することができる仕組みとなっている。学説は，「暴力主義的破壊活動」の意味が必ずしも明確ではなく，裁判所ではなく「公安審査委員会」が解散の必要性を審査する点について，厳しい批判を行ってきた。

演習問題

① 諸外国の例を参照しながら，刑事罰を伴うヘイトスピーチ規制法の導入の是非について，検討してみよう。
② 放送法4条2号の定める「政治的に公平であること」を撤廃することの是非について，考えてみよう。

8 | 経済的社会的権利の現代的課題

《**目標&ポイント**》 この章では,憲法の保障する経済的自由（職業選択の自由・財産権）,生存権,教育を受ける権利,労働基本権などの社会権の意義と今日的な課題について学ぶ。
《**キーワード**》 経済的自由,居住移転の自由,海外渡航・国籍離脱の自由,職業選択の自由,財産権,社会権,生存権,教育を受ける権利,学問の自由,労働権,労働基本権

1. 経済的自由の保障の意義

　日本国憲法22条1項は,「何人も,公共の福祉に反しない限り,居住,移転及び職業選択の自由を有する」と規定し,同条2項は,「何人も,外国に移住し,又は国籍を離脱する自由を侵されない」とする。

　歴史的にみると,身分制社会の重要な特徴は,農民を中心とする一般の人々に居住移転の自由と職業選択の自由が認められなかったところにある。市民革命は,これらの制約から人々を解放し,自由で平等な個人として位置づけた。そうすることによって,飛躍的な経済的発展を可能とする資本主義体制の開化を可能とした。

　市民革命後の社会では各人が,それぞれの能力を用いて財産を蓄え,それを維持し経済の発展に寄与することが,社会秩序の基本原則となるに至った。そこで,財産権は,市民革命によって最も重要な権利（「神聖不可侵の権利」）の1つとして位置づけられることになったのである。

　居住移転の自由と職業選択の自由はかつてはもっぱら経済的自由権と

して捉えられていたが,実は人格的価値と深いつながりがある。というのも,人はどこに住みどこに移動するのか,どのような職業を選択することを通じて自らの一度きりの人生を生きていくのか,という課題に直面し,そのような場面で自らの手で選択することによって,人格的成長の契機や人格的発展の舞台を与えられることになるからである。

2．憲法 22 条の保障内容

　憲法 22 条は,1 項で**居住移転の自由**及び**職業選択の自由**を保障し,2 項で**海外渡航・国籍離脱**の自由を保障している。

（1）居住移転の自由

　居住移転の自由とは,公権力によって不当に干渉されることなく,自分の意思にしたがって住居や居所を定め,変更することのできる自由を意味する。憲法 22 条は,例えば憲法 21 条とは異なり,「公共の福祉に反しない限り」と規定して制約の可能性を条文で明示している。しかし,居住移転の自由が人格的価値と深く関わっていることから,その制約については慎重でなければならない。

　現行法では,居住移転の自由が制限される例として,破産法 37 条 1 項や自衛隊法 55 条に基づく居住義務,刑事罰による拘禁,感染病や精神病による強制隔離や強制入院などがある（感染病予防法 19 条・20 条,精神保健福祉法 29 条）。

（2）海外渡航・国籍離脱の自由

　海外渡航の自由は,憲法 22 条 2 項の海外移住の自由によって保障される。問題となるのは,旅券法 13 条 1 項 7 号が「著しく,かつ,直接に日本国の利益又は公安を害する行為を行うおそれがあると認めるに足り

る相当の理由がある者」に対しては，外務大臣等は旅券の発給を拒否しうると定めていることである。実際上，旅券（パスポート）を所持しなければ，海外渡航は不可能になるので，この規定の合憲性が問題となる。最高裁は，このような制約は当然認められるとする（**帆足計事件判決・最大判 1958 年 9 月 10 日民集 12 巻 13 号 1969 頁**）。しかし，本規定をそのまま受け取れば，人権の価値よりも内容・基準が漠然性を免れない国家の利益を優先させることになるので，その適用を国家・国際社会の利益が明白に侵害される危険がある場合に限定しない限りは，違憲と考えるべきである。

　憲法は**国籍離脱の自由**を認める。日本の国籍法は，**出生地主義**ではなく**血統主義**に立脚している。そもそも無国籍者の出現を防止することは，国際社会の利益のためにも，また，いかなる国家からも保護されない者を生み出さないためにも重要な課題である（**無国籍防止原則**）。したがって，国籍法が他国の国籍をすでに保持しているか，その取得を条件としてのみ国籍離脱を認めていること（11 条, 13 条）は，違憲とはいえない。

　グローバル化に伴って外国で出生し成長する日本国籍の子が増加し，また 1980 年代以降国際結婚も増加したため，複数の国籍を持つ者が増えている。現在の日本は複数国籍を認めていないが，現在の国際社会を見渡すと，複数の国籍を持つことを特に問題視しない国々も多く存在している。国籍を，国際社会において各個人の保護を各主権国家に対して割り当てるための法的道具だとすれば（長谷部恭男），個人のおかれた状況に応じて場合によっては複数国籍を認めることは，望ましいであろう。そうだとすれば，複数国籍を排除する現在の立法政策自体が直ちに違憲だとはいえないとしても，例えば国際結婚が増加するなど国と個人との関係が多様化している今日，複数の国籍を持つことを認めるように国籍

法を改正する必要性が生じているといえよう。

（3）職業選択の自由

　憲法22条1項の保障する**職業選択の自由**には，ひとたび選び取った特定の職業を不当に公権力に干渉されずに営むことのできる**職業遂行の自由**も含まれ，両者を総称して職業の自由と呼ばれる。最高裁によれば，職業には，①自己の生計維持のための継続的活動，②分業社会における機能分担活動，③自己の個性を全うすべき人格的価値と不可分の活動，という3つの意義があるとしている（**薬事法事件最高裁判決・最大判1975年4月30日民集29巻4号572頁**）。職業の自由のうち，営利を目的とした継続的な活動は特に「営業の自由」と呼ばれ，その内容として，開業，営業の維持・存続，廃業の自由があり，憲法22条によって保障される。

　職業の自由を規制する根拠は多種多様である。このうち典型的なものとして，社会生活における公共の安全や秩序維持を目的として行われる**消極目的規制（警察的規制）**と，経済的弱者に手を差しのべることを目的とする福祉国家的理想を実現するために経済政策や社会政策の一環として行われる**積極目的規制（政策的規制）**の2つがある。

　また，規制態様としては，届出制・許可制・資格制・登録制・特許制，国家独占があり，一般に，本人が努力しても新規参入しえない規制よりも，本人が努力すれば新規参入しうる規制のほうが緩やかであるといえる。

　積極目的規制については，消極目的規制と比較して政策判断の余地が広く，裁判所がその適否を判断することが必ずしも容易ではないため，立法裁量が広いと考えられてきた（**小売市場事件最高裁判決・最大判1972年11月22日刑集26巻9号586頁**）。但し，規制目的を決め手として審査基準を決定するのは審査の過度の単純化であり，規制態様やそれぞれ

の人権の意義や価値を総合的に考慮して規制の必要性や合理性を検討して、その合憲性を判定すべきであろう。

消極目的規制の類型に属する規制として、**古物営業許可制**（最大判1953年3月18日刑集7巻3号577頁）、**医業類似行為規制**（最大判1960年1月27日刑集14巻1号33頁）、**売春防止**（最小判1961年7月14日刑集15巻7号1097頁）などがあり、判例はそれぞれ合憲としている。これに対して、薬事法の定めた薬局開設の距離制限許可制については、当該規制の目的を消極目的規制として捉えた上で、薬局開設に関して許可制を採用すること自体は合憲としたが、距離制限に関する許可制を設けることによって「国民の生命及び健康に対する危険の防止」という目的を実現するとするのは「必要性と合理性」に欠けるとして、違憲判決を下した。

積極目的規制については、最高裁は、有料職業紹介事業の禁止（最大判1950年6月21日刑集4巻6号1049頁）、白タク営業の禁止（最大判1963年12月4日刑集17巻12号2434頁）、**たばこ専売制**（最大判1964年7月15日判決刑集18巻6号386頁）、小売市場開設距離制限制（最大判1972年11月22日刑集26巻9号586頁）、**生糸の輸入制限措置**（最小判1990年2月6日訴月36巻12号2242頁）について合憲判決を下している。これに対して、**酒類販売免許制**については、酒税に関する税収確保に関する問題は、租税立法という「専門的技術的判断」を伴うため立法裁量の余地が広くなるとして合憲とした（最小判1992年12月15日民集46巻9号2829頁）。

また、**公衆浴場の開設距離制限**については、最高裁は当初、消極目的規制と捉えた上で合憲判決を下していたが、学説からは説得力を欠くとの批判が強かった。そこで、その後の最高裁は、公衆浴場は自家風呂のない人々にとって不可欠の「公共的施設」であって、もし過当競争状態に陥

ると経営困難になって共倒れして,「公共的施設」たる公衆浴場が消滅する危険があるという観点から,積極目的規制と捉え直して合憲とした(最小判 1989 年 1 月 20 日刑集 43 巻 1 号 1 頁)。

3. 財産権

(1) 財産権保障の意義

憲法 29 条は,「財産権は,これを侵してはならない」(1 項) とする一方で,「財産権の内容は,公共の福祉に適合するやうに,法律でこれを定める」(2 項) と規定し,公共の福祉による財産権の規制の必要性の大きさを印象づけている。市民革命期には「神聖不可侵」の権利とされた財産権は,その後の資本家階級と労働者階級の対立の激化によって,社会主義革命を回避するために,積極的な財産権規制に乗り出す必要性から,公共の福祉による財産権制約の必要性や重要性が憲法で謳われるようになった。日本国憲法 29 条もこの流れの中に位置している。

財産権とは,所有権をはじめとして法的に認められた一切の財産的価値を有する権利を意味する。通説・判例は,憲法 29 条 1 項は,①個人の現に有する個々具体的な財産上の権利を保障すると同時に,②個人が私的に財産権を享有しうる法制度を保障する,つまり**私有財産制度の保障**という 2 つの意義を有する,としている。

①からは,公権力によってみだりに財産上の権利を奪われない保障が導き出され,「私有財産は,正当な補償の下に,これを公共のために用ひることができる」とする。憲法 29 条 3 項以外の方法で,財産上の権利を剥奪・制限することは憲法上の問題をひきおこす。

②に関しては,そもそも私有財産制度の保障の意義は何か,が問題となる。私有財産制度の維持は,かつては社会主義体制から資本主義体制を防衛するものとして捉えられていたが,今日では経済的側面における両

体制の違いは相対化している。したがって私有財産制度の存在意義を，人々が経済的に自律しつつ人間に値する生活を営むことを保障するところに見る学説（栗城壽夫）に，説得力がある。この考え方によれば，私有財産制度は生身の人間（そこに法人は含まれない）に値する生活の実現に奉仕することに本来的な存在意義があるから，個々具体的な財産権行使がこの存在意義に反するのであれば，制約を受けてもやむを得ない。なお最高裁は，「近代市民社会における原則的所有形態」が「単独所有」であることを判示した（**森林法事件判決・最大判** 1987 年 4 月 22 日民集 41 巻 3 号 408 頁）。

（2） 財産権の規制

財産権に対する規制は，憲法上どのような場合に認められるか。判例は，以下のように判示している（**証券取引法事件最高裁判決・最大判** 2002 年 2 月 13 日民集 56 巻 2 号 331 頁）。「財産権は，それ自体に内在する制約がある外，その性質上社会全体の利益を図るために立法府によって加えられる規制により制約を受ける」。「財産権の種類，性質等は多種多様であり，また，財産権に対する規制を必要とする社会的理由ないし目的も（中略）多岐にわたるため，財産権に対する規制は，種々の態様のものがあり得る」。したがって，財産権規制の合憲性は，「規制の目的，必要性，内容，その規制によって制限される財産権の種類，性質及び制限の程度等を比較考量して判断すべきものである」。確かに財産権については，このような総合衡量に基づいて規制の合憲性を判断するよりほかはないであろう。

（3） 財産権制限と保障の要否

憲法 29 条 3 項は**損失補償**について定め，「私有財産は，正当な補償の

下に，これを公共のために用ひることができる」と規定する。公共の使用を目的として私人の財産を強制的に取り上げる公用収用は，財産権が神聖視されていた時代にも認められていた（例，フランス人権宣言17条）。本規定は，財産権に関して平等原則を適用した結果，特定の私人に生じた特別の損失を埋め合わせする趣旨で生み出されたものである。

　どのような場合に損失補償を認めるべきは，なかなか難しい問題である。判例は，消極目的から国民の健康や安全を確保するための規制については，損失補償は不要であるとしている（**奈良県ため池条例事件最高裁判決**・最大判 1963 年 6 月 26 日刑集 17 巻 5 号 521 頁）。これに対して，それ以外の目的による規制の場合は，その規制によって実際に財産権を規制した結果，財産権の本来の効用の発揮を妨げる規制を行う場合には，損失補償が必要となる，と考えられる。当該財産権規制がそこまでの程度には至らない場合には，特定の公益目的のために，当該財産権の本来の社会的効用とは無関係に制限が課されるときには損失補償を要するとされる。例えば，ある民家が歴史的に極めて高い価値のある建造物であることが判明し，その増改築が禁止された場合，居住し続けることができるので財産権の本来の効用の発揮は妨げられていないが，歴史的文化財保護という公益目的から制限が課されているので，一定の補償をする必要が生じる。

　「**正当な補償**」の意味については，判例は相当額の補償で足りるとしている（**相当補償説**　合理的に算出した額であれば市場価額を下まわる額で足りるとする考え方）（最大判 1953 年 12 月 23 日民集 7 巻 13 号 1523 頁）。これに対して学説は，農地改革など社会体制の変革という例外的な状況を除いて，原則的には完全補償しなければならないとしている（**完全補償説**　市場価値を補償しなければならないとする考え方）。また，判例は，財産権規制を行う法令に一切の保障規定が存在しない場合

でも，憲法29条3項に基づいて直接補償を請求することは可能だ，としている（**河川附近地制限令事件最高裁判決**・最大判1968年11月27日刑集22巻12号1402頁）。

4．社会権保障の意義－＜強い個人＞から＜弱い個人＞へ

　20世紀になり，社会国家の登場に伴って憲法に規定されるに至った権利が，社会権的諸権利である。ここには，憲法の想定する人間像について一定の変化が存在している。すなわち憲法が従来想定していた人間は，お互いが対等で独立の＜**強い個人**＞であったが，ワイマール憲法をはじめとする20世紀の憲法においては，社会国家の積極的な介入がなければ，「人間たるに値する生存」（1919年ワイマール憲法151条1項）を確保できない＜**弱い個人**＞が想定されるようになった。こうして，憲法は，社会的経済的状況において「人間たるに値する生存」をしえない人々の発生を予想して各人に生存権を保障するとともに，労働関係においても使用者に対して団結しなければ劣位に立たざるを得ない労働者に対して，労働基本権を保障するようになった。日本国憲法はこのような流れの中で，**生存権**（25条），**教育を受ける権利**（26条），**労働基本権**（28条）などを保障している。

　なお，社会権保障は，単に＜弱い個人＞に手を差しのべる機能だけでなく，国が所得再配分機能を担うことによって，経済活動を活性化させる役割も果たしている。

5．生存権

（1）**生存権の法的性質**

　憲法25条1項は，「すべて国民は，健康で文化的な最低限度の生活を営む権利を有する」と規定している。この規定は，マッカーサー草案に

は存在していなかったもので，衆議院での憲法改正案についての審議において日本社会党議員の提案が受け入れられたものである。そのアイディアには，**憲法研究会**による憲法草案要綱（1945年12月26日）が影響している。

　ワイマール憲法下の学説は，**生存権規定の法的効力**について，法的性質を持たない単なる**プログラム規定**としてとらえていた。これに対して日本国憲法は，生存権を明確な主観的権利として規定していることから，学説は**法的権利**として捉えている。どのような法的権利として捉えるかについては意見が分かれ，**具体的権利**として理解する説も唱えられているが，通説は**抽象的権利**として理解している。

　この考え方によれば，直接憲法25条に基づいて国に対して生活保護を求めることはできないが，国会が生活保護法を制定していることを前提として，その下での国による生活保護水準が低い場合には，憲法の理念を裏切るものであるとして違憲ないし違法であると主張しうる，とする。判例もこの立場に立っている（**朝日訴訟最高裁判決**・最大判1967年5月24日民集21巻5号1043頁）。ただ判例は，生存権を具体化する立法措置についての合憲性審査については，「著しく合理性を欠き明らかに裁量の逸脱・濫用と見ざるをえないような場合を除き，裁判所が審査判断するのに適しない事柄である」と判示し，極めて消極的な立場に立っている（**堀木訴訟最高裁判決**・最大判1987年7月7日民集36巻7号1235頁）。

　学説では，このような事態を打開するために，生存権にかかわる国会の判断形成過程が適切なものであったかどうかを審査するべきとするなど，立法裁量を少しでも限定するための検討を行っている。

（2）生存権の具体化

　生存権は，国に対して積極的な給付等を要求する法的権利なので，生存権を具体化する立法措置が不可欠である。社会保障立法は，**公的扶助**，**社会保険**（医療保険，国民年金），**社会手当**に関するものに分類できる。このうち公的扶助は，一般租税を財源として，個々の受給者の必要に応じて給付されるものであり，生活保護法がこれに当たる。一般租税を財源とするため，その水準や受給適格者かどうかについて，一般世論の批判を招きやすい。

　こういった中で，生存権は，人間が生まれながらにして当然に有する権利の1つであることが忘れられ，受給者にスティグマ（恥辱）感を生み出し，また生活保護を受けるべき生活水準にある者が申請自体を躊躇する状況が生み出されていることが，現在の深刻な問題である。生存権理念を具体化するために，これまで多くの訴訟が提起されてきた。ただ，裁判の結果においては，立法裁量ないし行政裁量の壁によって救済が阻まれてしまう例が多い。

6．教育を受ける権利と学問の自由

（1）憲法と教育・学問

　産業革命を経て労働者階級が形成された国々では，良質な労働力を確保するために公教育の整備が重要な課題として意識されるようになった。それに伴って，次第に権利として国家に対して教育を要求するようになってきた。

　このような流れを踏まえて憲法26条は，まず教育を受ける側の立場から，「すべて国民は，法律の定めるところにより，その能力に応じて，ひとしく教育を受ける権利を有する」（1項）と規定する。そして，子どもたちを念頭におきつつ，そのような人々が教育を受けることができるよ

うにすべき人たちに対して,「すべて国民は,法律の定めるところにより,その保護する子女に普通教育を受けさせる義務を負ふ。義務教育は,これを無償とする」(2 項) と定めた。

アメリカでは**学問の自由**は,一般国民が有する表現の自由の延長として理解されたので,学問の自由は憲法で保障されていない。これに対して,ドイツでは一般国民が享受しない自由を大学教授が特権として享受する歴史があった。それゆえ,学問の自由が憲法に明記された。日本もこのドイツの伝統を受け継ぎ,憲法 23 条で学問の自由を保障している。

(2) 憲法26条の意義と課題

判例は,憲法 26 条の土台には,「国民各自が,一個の人間として,また,一市民として,成長,発達し,自己の人格を完成,実現するために必要な学習をする固有の権利を有する」という**学習権**の理念が存在している,とする (**旭川学テ事件最高裁判決**・最大判 1976 年 5 月 21 日刑集 30 巻 5 号 615 頁)。従来,誰が教育権を有するかが激しく争われていたが (**国家の教育権説** vs **国民の教育権説**),今日では,国・教師・親のそれぞれがその役割に応じて,教育に関する権限を有し,義務を負うと解されている。義務教育の無償が何を意味するかについては,通説・判例は,授業料の不徴収を意味すると解している (最大判 1964 年 2 月 26 日民集 18 巻 2 号 343 頁)。

現在の日本社会で貧困が広がっており,貧困層の子どもの学習権を実質的に保障するためには,単に授業料の不徴収だけでは不充分である。すべての子どもたちに学習権を保障することのできる教育に関する人権論を構築することが重要な課題となっている。高等教育の無償化が安倍首相の提案 (2017 年) により憲法改正のテーマとして浮上しているが,この課題は,すでに国際人権規約 A 規約 13 条 2 項 c 号が締結国に求め

ているものである（日本は批准時には留保したが, 2012 年に野田内閣の閣議決定により留保を撤回した）。

（3） 学問の自由

学問の自由には, ①学問研究の自由, ②学問研究結果の発表の自由, ③教授の自由, ④大学の自治が含まれる。

①と②については, 従来研究者は, 自らの知的好奇心の赴くままに研究活動を行えばよい, と考えられる傾向にあった。だが今日では, 科学技術の急速な進展（原子力・遺伝子技術・体外受精・臓器移植等）により, 開発された技術のもたらすリスクや生命倫理的議論などについて, 国際的視野も踏まえて, 十分の検討を加える必要が強く意識されるようになっている。こうして, どのような手段で研究活動に規制を加えるべきかが, 重要な検討課題となっている。

③については, 教授の自由の主体は, 大学教授のみに限定されるとするのがかつての通説であった。その理由として, (a)大学生になれば批判能力を備えているので, 教師は自由な教育を行っても問題はないが, 初等中等教育機関の児童生徒は, 批判能力が十分ではないから, 教師は自由な教育を行うべきではない, (b)初等中等教育機関においては, 教育内容・教育方法についての一定の画一化が求められていること, が指摘されている。だが, そもそも今日の大学生と初等中等教育機関の児童生徒の間に質的な違いがあるか, について疑問がある。教師と子どもの直接の人格的接触を通じて教育的配慮を伴って行なわれる活動自体が, 学問的実践に属する（参照 第二次家永訴訟**杉本判決**・東京地裁判決 1975 年 7 月 17 日行集 21 巻 7 号別冊 1 頁）。初等中等教育機関の教師も一定の範囲で教授の自由を享受しうると考えるべきである（**旭川学テ事件最高裁判決**）。

④については，学問の自由の中心的組織である大学に対して，自治権を制度として保障することによって，学問の自由に対する保障を補強しようとするものである（**制度的保障説　参照ポポロ事件最高裁判決・最大判 1963 年 5 月 22 日刑集 17 巻 4 号 370 頁**）。その内容としては，(a)教員の人事における自治，(b)施設の管理における自治，(c)学生の管理における自治，(d)研究教育の内容及び方法の自主的決定権（「教育課程」「卒業の要件」等），(e)予算管理における自治が，保障される，と解されている。

7．憲法と労働

(1) 労働権・労働基本権保障の意義

　労働者階級が形成されると，憲法にとって労働問題は強い関心対象となるようになる。20 世紀の憲法は，人々が勤労の自由を有し，適切な労働条件の下で働くことができなければ，公正な社会・公平な社会が維持できないと考えるに至った。日本国憲法はこのような考え方に立ち，27 条で**労働権**に関して，「すべて国民は，勤労の権利を有し，義務を負ふ」（1 項）とする。そして，「賃金，就業時間，休息その他の勤労条件に関する基準は，法律でこれを定める」（2 項），「児童は，これを酷使してはならない」（3 項）と規定し，28 条で「勤労者の団結する権利及び団体交渉その他の団体行動をする権利は，これを保障する」と定め，**労働基本権**を保障している。

　労働権は，国に対して勤労の自由を不当に制限する規制を禁じ，使用者の恣意的な解雇権の行使を禁ずる法的意義を有する。憲法 27 条 2 項に基づいて，これまで労働基準法・最低賃金法・労働安全衛生法・労働者災害補償保険法等の立法がなされてきた。

　また，ジェンダー平等の観点から，判例を通じた是正に加えて（定年制

差別について，**日産自動車女子若年定年制事件最高裁判決・最小判1981年3月24日民集35巻2号300頁**），1985年に男女雇用機会均等法が制定され，一定の改善をみている。労働条件について，ブラック企業，ブラック・バイト等の実態が報道され，また有力企業をはじめとして過労死の報道も後を絶たない。現在の日本社会において，適切な労働条件の確保がなお未達成の重大な課題であることが痛感される。

（2）憲法28条の意義

　労働契約の交渉力が使用者と個々の労働者とでは全く異なるので，労働契約の自由の実質性を確保するために，労働者側に**団結権**を与え，さらに労働組合等が団体交渉や**争議権**を行使すること（ストライキ・怠業・職場占拠・ピケッティング）を認めたのが，憲法28条である。

　憲法28条の保障の具体化として，**不当労働行為救済制度**が設けられている。例えば，労働組合の運営に使用者が干渉したり，組合員に対して不利益を課したりする場合等には，不当労働行為（参照，労働組合法7条）として国から行政的救済を受けることができる。

　また争議権の行使は企業等の業務を一時停止させるため，当然経済的損失が生じる。争議行為を行った者に刑事責任や民事責任が追及されてもおかしくない。そこで本条は，争議権を憲法上の権利として認め，正当な争議行為に対して刑事責任・民事責任を免責する法的効果を与えている。判例（最小判1992年9月25日労働判例618号14頁）・通説によれば，労働条件とは無関係な純粋な**政治スト**は，正当な争議行為に含まれない。

　団結権とは，労働条件の維持・改善を目的として使用者と実質的に対等の交渉を行いうる団体（おもに労働組合）を結成し，またそれに参加する労働者の権利である。労働組合等はその自律性・主体的行動力を確

保するために，組合員等に対する一定の**統制権**が認められる。問題となるのは，その限界である。通説は，**クローズド・ショップ制度**（組合加入が雇用条件）や**ユニオン・ショップ制度**（組合の離脱者は解雇される）について，日本では企業別労働組合が一般的であり，ある企業別組合から離脱しても他の企業への就労の障害とはならない（別の企業別組合が存在しうる）ので，合憲だと考えてきた。

　また労働組合は，その経済的利益を実現するために，選挙において特定の候補者を支持することは認められるが，自らの属する労働組合の支持する候補者に対抗して立候補した組合員を統制違反として除名してはならない（**三井美唄炭坑労働組合事件最高裁判決**・最大判 1968 年 12 月 4 日刑集 22 巻 13 号 1425 頁）。また組織の支持する候補への応援を義務とし，それを行わないものに不利益を課すことは許されない（**国労広島地本事件最高裁判決**・最小判 1975 年 11 月 28 日民集 29 巻 10 号 1698 頁）。その理由は，労働組合には，当然多様な政治的意見や見解を有する者が加入しているのであるから，少数派組合員の政治活動の自由を保障しなくてはならないからである。

　現行法では**公務員**の団結権や争議権について，広範な制約がなされており，その合憲性が問題となる。①警察職員・消防職員・自衛隊等には労働三権は完全に否定されている。②非現業国家公務員および地方公務員には，団体交渉権が制約され争議権が否定されている。③地方公営企業の地方公務員には，争議権が否定されている。一般労働者と比べて公務員の労働基本権の行使をどの程度制約するか，について判例の変遷がある。1966 年から 1973 年までは制約は最小限度でなければならない，という考え方を強調していた（**全逓東京中郵事件最高裁判決**・最大判 1966 年 10 月 26 日刑集 20 巻 8 号 901 頁，**全農林警職法事件最高裁判決**）が，その後そのような立場を変更して厳しい制約を肯定する立場に

転じ,今日に至っている。公務員の労働基本権をなるべく尊重しようとする学説との距離は,今日なお大きい。

演習問題

① 現在日本で採用されている二重国籍の禁止を撤廃することの是非について,考えてみよう。
② 「軍事研究を行わないこと」を宣言する国立大学の方針の是非について,学問の自由の保障の観点から,検討してみよう。

9 | 統治機構の基本構造（権力分立制と国民代表制）

《目標&ポイント》　この章では，日本国憲法の定める統治機構の基本構造についての理解を深める。1.では，日本国憲法における権力分立のあり方を見る。2.では，国民主権に基づく国民代表制について理解を深める。3.では，憲法と選挙制度の関係について見る。

《キーワード》　権力分立制，国民代表制，憲法と選挙制度，議員定数不均衡問題

1. 権力分立制

(1) 権力分立制の思想

　第1章の2.(2)「近代立憲主義の国家像」のところで見たように，絶対主義国家を否定して市民革命後に成立した自由主義的国家は，なによりも諸個人に自由を確保するために，権力を分立させ，絶対的な権力を否定する統治機構を樹立することを，最も重要な課題として追求した。この点，日本国憲法の統治機構（国会・内閣・裁判所を中心とする統治の仕組み）も，このような考え方を基本的に継承している。そこで，日本国憲法の定める権力分立制についての理解を深めるために，まず権力分立制の思想について見ることからはじめよう。

　従来の権力分立制についての一般的な理解は，次のようなものであった。国家権力を単一の国家機関に集中させると，権力が濫用され，国民の自由が脅かされる恐れが生じる。そこで，複数の国家機関を樹立し，それ

らを分立させることが望ましい。国家の行う諸活動を法的に分類すると，基本的に立法作用・行政作用・司法作用の3種類に分けることができる。そこでこれらの3つの作用を，相互に独立的な存在である立法機関（立法権），行政機関（行政権），司法機関（司法権）にそれぞれ専門的・独占的に分担させるようにする。すなわち，あるひとつの作用が競合的に複数の機関に属してはならないようにする。そして，これらの3つの機関はなるべく相互に不干渉であることが望ましく，分担した作用について独立の機関として自律的な判断を下す仕組みを整えることによって，権力の集中化を阻止することを目指す。このように理解された権力分立制の特色として，①自由主義的，②消極的，③懐疑的・悲観的，④政治的中立性の4つが指摘されてきた（清宮四郎）。

　従来の説明によると，以上のような権力分立制についての考え方は，**モンテスキュー**（1689-1755年）の著書『**法の精神**』（1748年）で打ち出された，とされてきた。しかし，モンテスキューは，実は，それぞれの機関の背後に具体的な社会勢力を思い浮かべながら（執行権→君主，議会→庶民院における市民階級＋貴族院における貴族階級，裁判権→法服貴族たる司法官），**混合政体論**の立場から，柔軟な権力分立論を構想していた。それによると，複数の機関が，それぞれの機関に割り当てられた作用を独占することなく，むしろそれぞれの機関間の相互干渉を認めることによって，「**抑制と均衡（checks and balances）**」を実現することを構想していたのである。

　具体的には例えば，立法権は議会のみが担うのではなく，君主と議会の双方が関与する（議会は両院制なので，法律制定には，君主・貴族階級・市民階級の三者の意思の一致が必須であり，そうすることを通じて良き法が作られる）。また，執行権と立法権が政治権力を担う統治機関であるのに対して，裁判権はそうではない。裁判官は機械的な法の適用を行う

にとどまるべきだ, としていた。

(2) 権力分立制の歴史的展開

　権力分立制は, 歴史的発展によって大きく影響を受けながら展開してきた。日本国憲法の統治機構を適切に理解するためには, その歴史的発展と現代的変容を見ることが重要である。まず, 歴史的展開について見よう。

　他国に先駆けて権力分立制に基づく政治制度が発達したイギリスでは, 絶対君主制の下で君主の補佐役として実際の執行権を担う大臣たちによって構成される内閣が誕生した。その後, 市民階級の伸張とともに制限君主制に移行し, 次第に内閣の成立と存続には君主の信任だけでなく, 下院 (庶民院) の信任が必要になるに至った (君主と下院の双方の信任が必要とされるので, **二元型議院内閣制**と呼ばれる)。(議院内閣制については, 第10章参照)。さらに, 民主主義が進展してくると, 世襲制原理に立脚した君主による政治権力の行使は民主主義に反することが強く意識されるようになり, 君主の信任はもはや必要がなくなり, 内閣の成立と存続には, もっぱら議会 (多くの国々では下院) の信任のみが必要とされるようになっていった (この段階では, 内閣は議会の信任のみに基いて成立・存続するので, **一元型議院内閣制**と呼ばれる)。

　一元型議院内閣制の特徴は, 議会から行政活動を統轄するトップリーダーである執政長官が生み出され, その下で形成される内閣が重要法案を議会に提出し審議を求める点において, 極めて**権力融合**的な点にある。したがって, 大統領制よりも一元型議院内閣制においては, 内閣の暴走や独善を阻止するための様々な仕組みをしっかりと整える必要性が生まれる。なお, 現代になり, 君主に代わって大統領が内閣を信任し, その内閣の成立・存続のためには下院の信任を必要とする体制が生み出され, ラ

テンアメリカを中心にかなりの国が採用する制度となった（一般に，**半大統領制**と呼ばれる）が，このような国々は二元型議院内閣制を採用している，といえる。

(3) **権力分立制の現代的変容**

　統治機構のうち政治部門を構成する政府（行政府）と議会（立法府）との関係について見てみると，20世紀に至り，国家が社会で生じる諸問題に対して積極的に介入し，経済・産業を発展させるとともに，国民に対する社会福祉的諸施策等を講じるようになってくる。このような状況の下で高度な専門知識や技術が求められるようになった結果，政府と議会のバランスが崩れ，官僚集団を擁する政府（行政府）が人的組織的に拡大強化され，国の統治活動において次第に大きな役割を果たすようになってきた。法律案を作成するのも，行政府の重要な役割となるに至った。行政権こそが，国民の国家に寄せる様々な期待やニーズに迅速に応えることができるからである。また，官僚集団は，自己利益の拡大化を図るために予算の増額と規制権限の増大を目指す傾向があることも，見逃せない。このような現象は，**行政国家現象**と呼ばれる。

　このことは，別の面から見ると，国民生活の具体的なあり方が，行政府の活動によって極めて大きな影響を受けることを意味している。行政府の活動を規律することが，憲法学や行政法学など公法学にとっての重要な課題となる。

　権力分立制の現実に目を向けると，今日ではもはやモンテスキューが想定していたように，各機関の背後にそれぞれ別の社会的勢力を想定できるわけではない。むしろ，組織化された**政党制**を媒介として全く異なる権力状況が生み出されている。このような現象は，**政党国家現象**と呼ばれる。ハインリッヒ・トリーペル（1868－1946年）の有名な図式に

よれば，歴史的に見て憲法は政党について＜①敵視→②無視→③承認及び合法化→④憲法的編入＞という段階を辿って取り扱いを変化させてきた。実際，今日制定される憲法の多くは，政党についての規定を有している。政党が選挙や政府形成をはじめとする政治過程で大きな役割を果たしている今日では，議会の多数派と行政府のトップ（大統領や内閣）が同じ政党に属していることが多い。

　このような状況において政治的な緊張・対立関係が生じるのは，議会と行政府のトップとの間ではなく，行政府＋議会の多数派（与党）と議会の少数派（野党）の間である。また，政党によって議員候補者が決定されるなど，政党が選挙を通じた国民による議員や首長の選択に非常に大きな影響を与えている。また今日の議会では一人一人の議員が，個人の立場で多数の法案の内容をよく吟味して，採択の可否を検討することは稀であり，大多数の議員は，もっぱら政党執行部の指令に基づいて法案に対する態度を決定する（**党議拘束**という）。組織化された政党が硬直化すると大きな問題を引き起こすことになる。このように見てくると，政党が民主主義的に運営されているかどうかが，その国の民主主義のあり方にとっての大きな影響を与える。

　権力分立制の現代的変容にかかわる第3の点が，**憲法裁判制度**の発展である。モンテスキューもルソーも同様に，立法権者が採択した法律の効力を無効とすることは，全くの想定外であった。だからこそ，どのようにすれば適正な内容を有する法律を制定しうるかを検討することが，彼らにとって重要な課題となった（そのために，モンテスキューは混合政体論を構想し，ルソーは議会制民主主義を否定した）。適正な内容を有する法の制定と適用という関心は，イギリスでは，**議会主権**原理と共存する**法の支配**という観念のもとに語られていった。「国王といえども，神と法の下にある」ことを標榜する法の支配の観念は，国による統治が専断的

な人による支配ではなく,予め定められた法に基づく支配たるべきことを意味する。

具体的には特に,国民は誰であれ,そして請求の相手方が国家であったとしても,法によって与えられた権利が,実際に平等に裁判によって救済・実現されることが重要であった（この観念を定式化したのは,アルバート・ヴェン・ダイシー（1835-1922年）であった）。一方ドイツでは,国の行政活動に対する法的救済は,**法律による行政の原理**に基いて行政裁判所によって発展していった。

現代の立憲主義国では,議会の制定する法律が憲法に照らして適正な内容を持ち,適正に適用されているかどうかを審査する制度が一般化してきた。その背景には,第二次世界大戦後のヨーロッパでは,ドイツ・ワイマール憲法の下での議会による決定が,最終的にはユダヤ人の組織的な虐殺に至る人権抑圧体制の誕生に手を貸したという歴史的経験がある。人権価値に基づいた議会制定法の統制という課題が,切実なものとなったのである。このような状況の下で,憲法問題を専門に取り扱う目的で,**憲法裁判所**が相次いで設置された。

また 1980 年代後半に社会主義国の崩壊に伴って新憲法を制定した東中欧諸国でも,立憲主義的民主主義を定着させる役割を担って,続々と憲法裁判所が設置された。実際の立法過程では特定の集団の利益のみを追求する法律が制定される事例が増大し,また様々な差別問題に対して議会では解決できない場合,憲法裁判への期待が高まり,憲法裁判が活性化している。このことは,従来の権力分立のあり方をさらに大きく変化させ,憲法裁判所優位の権力分立制となってきている。

これに対して,アメリカでは,19 世紀初頭より,通常の裁判所による憲法裁判が発展してきた。特別の憲法裁判所を設置せず,通常の事件の枠内で憲法裁判を行なう司法審査制の建前をとる国々でも権力分立制のお

かれた新たな環境の中で，憲法裁判に対して積極的な期待が寄せられ，活性化してきている（第 12 章 参照）。

なお，今日では，これまで見てきた国政レベルの水平方向における権力分立に加えて，垂直方向における権力分立として，**連邦制**や**地方自治制**（第 11 章 参照）が重要な役割を演じている。

（4） 日本国憲法における権力分立制

日本国憲法は，統治の諸権限に関して，立法権を国会に（41 条），行政権を内閣に（65 条），司法権を裁判所に（76 条）それぞれ属せしめていることから，権力分立制の思想に基づいた統治機構を設けている，と考えられる。このうち，内閣は国会の指名に基づき天皇の任命する内閣総理大臣によって組織されるとされており（6 条 1 項，68 条 1 項・2 項），憲法は，一元型議院内閣制を採用している。内閣は国会に対して責任を負い（66 条 3 項）（**責任内閣制**），その存立について衆議院の信任に基礎をおくが，実際上，多数派の政党に支えられている（**政党内閣制**）。

三権相互間の「抑制と均衡」に資する制度として，衆議院による内閣不信任による内閣の総辞職の要求（69 条），内閣による衆議院解散権（第 10 章 参照），裁判所の違憲審査権（後述），内閣による最高裁判所裁判官の人事決定権（6 条 2 項，79 条），内閣による下級裁判所裁判官の任命権（80 条），国会による裁判官に対する弾劾裁判権（64 条）等がある。日本においても，他の先進諸国と同様に，行政国家化現象や政党国家化現象が共通に見られる。ただ後者に関しては，自民党と対立する諸政党の分裂・対立が目につく。2012 年以降は**自民党一党優位体制**の下で，政府に対する実効的コントロールをどのように行えばよいかが，深刻な課題となっている。

政党については，日本国憲法は政党に関する規定を持っていない。政

党は，選挙を中心に国政において大きな役割を果たしており，最高裁は，「憲法の定める議会制民主主義は政党を無視しては到底その円滑な運用を期待することはできないのであるから，憲法は，政党の存在を当然に予定している」（**八幡製鉄政治献金事件最高裁判決・最大判 1970 年 6 月 24 日民集 24 巻 6 号 625 頁**）としている。政党は私的なイニシアチブによって生み出される団体であるが，その担う重要な公共的な役割に着目して，1994 年以降一定の条件を満たす政党に対して政党助成が行われてきた（2015 年現在で総額 320 億円）。

憲法裁判については，憲法は，裁判所に対して，憲法を最高法規とする理念を現実化するために，司法審査制を前提とした国家の諸行為に対する**違憲審査権**を付与している（81 条）。

また，**垂直方向の権力分立制**として，日本国憲法は第八章に「地方自治」の章を設け，住民自治に基づく地方自治制度の運営に関する規定を設けている（第 10 章 参照）。

2．国民代表制

（1）国民代表制の思想

日本国憲法は，「**国民の代表者**」（前文）によって国政が行われる代表民主制（議会制民主主義ないし間接民主主義制）を採用している。というのも，憲法前文は，「日本国民は，正当に選挙された国会における代表者を通じて行動し」とし，「そもそも国政は，国民の厳粛な信託によるものであって，その権威は国民に由来し，その権力は国民の代表者がこれを行使し，その福利は国民がこれを享受する」としているからである。本来国民が有する権力の「信託」を受けた「代表者」について，憲法 43 条 1 項では，「全国民を代表する選挙された議員」と表現されている。「国民の代表者」が組織する両議院によって国会が構成され，その国会に対し

て憲法は,「国権の最高機関」たる「国の唯一の立法機関」として立法権を付与している。

こうして,選挙によって選ばれた「国民の代表者」に国家権力の行使を原則として委ね,権力行使を付託された「代表者」が,国政の中心的機関たる国会を組織し,立法権その他を行使する制度が,**国民代表制**である。日本国憲法の定める国民代表制においては,国家権力は「国民の代表者」によって行使されるのであるから,国政選挙に参加することを除いては,国民が直接国家権力行使に参加する機会は,例外的な場合に限られている（憲法改正の際の国民投票（96条1項）,地方自治特別法についての住民投票（95条）,最高裁判所裁判官の国民審査（79条2項）,この他裁判員制度における裁判員も憲法上の制度ではないが,ここに含まれよう）。

国政において代表民主制が採用される理由としては,①一般国民が直接参加して立法や行政を行うことは,現代国家では物理的・時間的に不可能であること,②複雑な現代国家における政策決定に一般国民が参加することは能力的に困難であるが,自分たちの「代表者」を選ぶ能力であれば十分にあること,③複雑な利害調整を行うためには,直接民主制よりも代表民主制のほうがよりよく行うことができること,などが主張されてきた。日本国憲法が代表民主制を採用したのも,以上のような認識に立っていると考えられる。

(2) 国民代表の意味

日本国憲法の規定する「**代表**」とは,どのような意味であろうか。そして憲法が「国民の代表者」というとき,国民や彼らを選出した有権者と「代表者」はどのような関係に立つのであろうか。「代表」は英語ではrepresentationであり,日本国憲法の英訳では,「代表者」や「代表す

る」には、representative という単語が用いられている。representation は、民法における代理にも用いられる単語であるところから、かつて、「国民の代表者」は、国民のいわば法定代理人のような存在であって、「代表者」が明確な政治的意思を持たない国民に代わって、そのような意思を創造し、その法的効果が国民に帰属するという意味だとする立場が主張された。だが、このような立場は、国民は政治的意思を持たない存在であることをはじめから前提としており、日本国憲法の国民主権原理と適合しない。社会契約論に立つトーマス・ホッブズも、代表される者たちが君主に権威を付与し、そのような君主によって実際に示される人工的な構築物である国家の意思は、国民の意思として通用すると考えたが、このような発想も実際の国民の考えとの一致を初めから考えない点で不当である。

代表民主制に立脚する日本国憲法の下では、国民はすでに一定の政治的意見や考え方を有しており、それが選挙等の機会を通じて「代表者」に自らの意見や考え方を伝達し、それを踏まえた上で「国民の代表者」たる国会議員が政治的意思決定を行い、立法権をはじめとする権力行使する、という構成が取られなければならない。このように観念される国民と議会との関係は**代表委任**と呼ばれる。このような前提の下に2つの異なった国民代表観が提出されてきた。**社会学的代表説**は、「代表」を、＜社会の中の様々な意見ができるだけ忠実に国会に反映されるべきである＞という意味で捉える。この立場からは、国民の政治の意見と「代表者」の意思が類似していることが何よりも重要であり、そのためには、選挙制度が実在する国民の意見を国会になるべく忠実に反映することが要請される、と主張する。

これに対して、**政治的意味の代表説**は、「代表」を、＜国民と議員との双方向的なコミュニケーションのプロセス＞として理解し、双方の考え方

の違いから両者の間に一定の緊張関係が生まれることは自然だと捉え，社会学的代表説とは異なり，実在する国民の意見や考え方が国会になるべく忠実に反映することが要請されているとまでは考えない。

　政治的意味の代表説がエリート主義的な側面があるのに対して，社会学的代表説は，国会に多様な国民の意思が表現されるべきであるとする点で民主主義から見て好ましい側面を有する。だが国会における統合的な国民意思の形成プロセスを視野の外においてしまう点に問題がある。なぜなら，国会に多種多様な意見や考え方が反映されているだけでは，統一的な国家意思を形成することができなくなってしまうからである。そうだとすれば，政治的意味の代表説をベースにしつつ，同説が主張する双方向的なコミュニケーションのプロセスが円滑に行われるためには，社会学的代表説が主張するように，実在する国民の意見が適切な仕方で反映されていることが重要である，といえるから，この意味において，日本国憲法における代表は，両説における「代表」の意味を折衷したものとして理解することができよう（芦部信喜）。

　このように考えることができるとすれば，有権者と議員との個別的な関係においても，議員は自由に行動することができることが重要であり，法案の採択等に関して有権者からの指示に基づいて行動することを義務づける制度（**命令委任制**）の導入は，国民代表制の考え方に反する。「代表者」は，特定の選挙区から選出されるとしても決して自己の選挙区の代理人ではなく，全国民を代表するからである。

　国民代表制に関して新たに最近指摘されている問題として，ジェンダーやエスニシティ[1]の点から見て，国会議員の構成が有権者一般との乖離が激しいことが挙げられる（2018年現在で日本の女性衆議院議員の割合（10.1％），女性参議院議員の割合（20.1％）これらの割合は先進諸国において著しく低い）。そこでフランスでは2000年以降，憲法改正

---

[1]　共通の出自・慣習・言語・地域・宗教・身体的特徴などによって，個人が特定の属性を帯びていること。

を行うことによって国政および地方選挙において女性と男性の議員の比率を近づける**パリテ政策**が積極的に導入されてきた。

　パリテ政策の導入の目的として、女性がもっぱら女性に投票することや、女性が議会でもっぱら女性の利益を主張することは、必ずしも求められていない。そこでは、議会に女性が男性と同数存在すること自体が、女性が日々直面する男性にはない社会的経験を議会の場に持ち込むものとして大きな価値がある、と考えられている。

　国民代表制に基づく代表民主制は、民主主義諸国で大きな課題を抱えている。具体的な現象として、以下の現象を指摘できる。①議会において、国民の間での諸利益の対立がそのまま議会に持ち込まれ、議会において政治的統合を行うことが困難となる現象、②政党国家化現象の下で、選挙においては、一部の争点しか問題とされないのに、実際には政権政党の推し進める政策全体に強い正統性を与えてしまう現象、③排外主義的な政治勢力が有権者の人気を獲得し、真の国民意思を実現するという名の下に、政治的対立者を国民の敵と決めつけ、人権価値等を軽視するラディカルな政策を推進する現象（**ポピュリズム現象**）である。

　いずれの現象も、憲法の定める統治機構全体にかかわる問題として受けとめ、立憲主義的な統治運営がなされるように処方箋を考えなくてはならないであろう。例えば、②に対応するための一例として、国民が直接に特定の争点について意思表明しうる**国民諮問投票制度**の導入が提唱されている。だが、このような制度を活用すると、③の現象に拍車がかかる可能性もあり、慎重な検討が必要である。

3．憲法と選挙制度

（1）選挙の原則

　日本国憲法前文は、「日本国民は、正当に選挙された国会における代表

者を通じて行動し」と規定しており,「正当に選挙された」者だけが「代表者」たる資格がある。したがって,統治機構において選挙は極めて重要な位置を占めている。ある者が「正当に選挙された」者といいうるためには,その者を選ぶ選挙が自由かつ公正に行われることが重要である。この点憲法は,選挙が,①**普通選挙**,②**平等選挙**,③**自由選挙**,④**秘密選挙**という4つの原則に服することを求めている。

　①に関して憲法44条は,「両議院の議員及びその選挙人の資格」に関して,「人種,信条,性別,社会的身分,門地,教育,財産又は収入によって差別してはならない」と明文で規定している。②については,等級選挙制(選挙人を何らかの指標に基づいて差別的なグループ分けを行い,それに基づいて投票させること)や複数選挙制(特定の人々について,一人二票以上持つことを定めること)は許されない(議員定数不均衡問題については,後述(3)参照)。③について憲法上明文規定はないが,憲法21条の保障する政治的活動の自由を根拠として,候補者や有権者市民が自由に選挙活動を行うことができることを意味する。現行公職選挙法は,選挙運動について,(a)事前運動の禁止(129条),(b)戸別訪問の禁止(138条1項),(c)文書図画規制(142-147条,インターネットを用いた選挙運動については,2013年の改正で一部解禁された。142条の3-7),(d)選挙における報道・評論などの規制(148条),等の規定を設けて厳しい規制を行っている。このうち,とりわけ(b)について,戸別訪問を認めると,①買収や利害誘導などの不正の温床となること,②私生活の平穏が乱されること,③候補者間の競争が激化して戸別訪問を十分に行なうことのできない候補者に不利となる,という規制根拠に対して,最高裁は合憲判断を示している(最小判1981年7月21日刑集35巻5号568頁)が,通説は政治的活動の自由は重要な権利であり,規制根拠に合理性が乏しいとして合憲性を強く疑っている。

なお, 自由選挙の原則には任意投票制度の保障も含まれ, 有権者は投票を強制されない, とする説もあるが, **強制投票制度**導入に関しては, 合憲説と違憲説が対立している（第 15 章 1．(3)参照）。④については, 選挙は, 有権者の投票した候補者名や政党名が知られないような方法で行わなければならない, という原則であり, 憲法 15 条 4 項は,「すべて選挙における投票の秘密は, これを侵してはならない」と定め, この原則を明文で確認している。

なお, 日本国憲法は, **直接選挙原則**を採用しているか, すなわち有権者は間接選挙人を選挙することができるにとどまり, 間接選挙人が候補者を選挙する間接選挙制度を排斥しているか, が問題となる。憲法 43 条は,「両議院は, 全国民を代表する選挙された議員」で構成されると定め, 必ずしも直接選挙制度を命じていない。国民の政治的意思がなるべくダイレクトに伝達されるべき衆議院議員選挙であえて間接選挙制度を採用することは憲法上疑義があるが, 参議院議員選挙で採用することは, 両議院の選挙方法を異なったものとすることに積極的な憲法上の価値を見い出すことができるので, 許容されよう。

選挙に関する争訟として, 公職選挙法上, ①選挙訴訟（選挙の効力に関する訴訟, 204, 205 条）, ②当選訴訟（当選の効力に関する訴訟, 208 条）, ③連座制による当選無効・立候補制限（251 条の 2 第 1 項ほか）の三種類が認められている。議員定数訴訟は, ①に基づいて訴訟が提起されている。また, ③は, 選挙腐敗の取締りの実効性を強化するために, 候補者や立候補予定者と一定の関係にある者が, 買収罪等の罪を犯し刑に処せられた場合には, たとえ候補者や立候補予定者が買収等の行為に関わっていなくても, 候補者や立候補者予定者本人について, その選挙の当選を無効とするだけでなく, 将来の選挙における立候補制限を課す厳しい制度である。最高裁はこのような連座制を合憲であるとした（最小判

1997年3月13日民集51巻3号1453頁)。

(2) 選挙制度

　選挙制度の問題は，統治機構において極めて重要である。というのも，選挙制度によって国民の意見の国政への反映のされかたが，大きく左右されるからである。しかし憲法47条は，「選挙区，投票の方法その他両議院の議員の選挙に関する事項は，法律でこれを定める」とし，これらの事項の具体化を国会に委ね，それについての具体的指示を与えていない。様々な選択肢のあり得る選挙制度を評価する視点としては，①政治を安定させるという**安定政権の論理**と，②国民の意思を公正かつ効果的に国会に反映させるという**民主的代表の論理**の2つが重要である（芦部信喜）。

　選挙区制としては，大選挙制区制（2人以上の議員を選出する選挙区）と小選挙区制（1人の議員を選出する選挙区）がある。**投票方法**としては，単記投票法（候補者1人の名前だけを書く）と連記投票法（複数の候補者の氏名を書く）がある。重要なのは，**多数代表制**と**少数代表制**の違いである。前者は，選挙区で多数を獲得した選挙人に対して，その選挙区に割り当てられた数の議員の全議席を独占させる方法であり（その代表例が，小選挙区制である），後者は，選挙区の少数派の選挙人に対しても一定の議席を与える方法である（その代表例が，比例代表制である）。この方式は，社会学的代表説の支持者の主張と適合的な選挙方法である，と考えられてきた。

　現行の**衆議院議員選挙**では，**小選挙区比例代表並立制**が採用されており（1993年以前は，一選挙区あたり3-5名の定数を配分する，いわゆる**中選挙区制**（学問的には，大選挙区制に分類される）が用いられていた)，具体的には以下の通りである。定数は465名で，それが小選挙区制

選挙（289議席）と比例代表制選挙（176議席）の2つに分けられ，後者は全国11ブロックに分割されている。有権者は2票を持っており，それぞれの選挙に投票する。なお，政党候補者は，小選挙区と比例区への重複立候補が認められ，たとえ小選挙区で落選しても比例区で当選することが可能である（比例復活と呼ばれる）。**参議院議員選挙**の方法は，2018年の公職選挙法の改正により定数248名が都道府県単位を選挙区とする選挙区選出議員148名（但し，2016年に一都道府県一選挙区の原則が崩れ，鳥取県と島根県および徳島県と高知県とが合区され，それぞれ2県合同で3年毎に1名改選となった）と，全国を一区とする比例代表選出議員100名に分けられ，それぞれ3年毎に半数改選される仕組みとなっている[2]。ここでも有権者は2票持っており，衆参両院の選挙制度はかなり類似したものとなっている。

　衆議院議員選挙制度は，一方で小選挙区制を採用することによって，政治を安定させるという安定政権の論理に応えるとともに，他方で比例代表制を併用することによって，民主的代表の論理にも応える構成となっているが，最近の政治状況においては自民党に対抗する政治勢力が分裂対立状況にあるため，もっぱら現在の保守政権を安定させる結果を招いている。

（3）議員定数不均衡問題

　第二次世界大戦後とりわけ1960年代からの目覚ましい経済発展の結果，都市人口の増加，地方の過疎化によって生じた人口変動にもかかわらず，それに応じて各選挙区の議員定数の適正な配分が行なわれてこなかった。そのため，選挙区ごとで一票の重みないし選挙の結果に対する影響力に著しい不平等を生じた。ところが国会が公職選挙法の定める定

---

[2]　2018年改正で，比例代表制について「特定枠」を設け，政党の判断で特定の候補者を当選させやすくする制度が導入された。

数是正を怠ったため、議員定数不均衡問題は裁判所に持ち込まれ、選挙訴訟が提起されるに至った。

最高裁は、1976年に一人一票原則のみならず、「各選挙人の投票の価値の平等もまた、憲法の要求するところである」として、中選挙区制度の下で最大較差1対4.99であった衆議院議員定数配分規定についてはじめて違憲判決を下した（最大判1976年4月14日民集30巻3号223頁）。但し同判決は、事情判決の法理(3)を用いて当該選挙の効力を維持した（行政事件訴訟法31条1項）。他方、参議院議員選挙については、最大較差1対5.26に達する定数配分規定について合憲判決を下した後（最大判1983年4月27日民集37巻3号345頁）、1対6.59となった定数配分規定について、違憲状態を認定した(4)（最大判1996年9月11日民集50巻8号2283頁）。

その後、衆議院議員選挙については、小選挙区比例代表並立制導入時の激変緩和措置として導入された「**一人別枠方式**」（＝小選挙区議席について、人口のいかんにかかわらず、各都道府県に1名分を配分したのち残数分を各都道府県に人口に比例して配分する方式）について、最高裁は、2007年には合憲判決を下した（最大判2007年6月13日判決民集61巻4号1617頁）のに対して、2011年にはもはやそのような措置を維持する合理性は失われたとの判断を示すに至った（最大判2011年3月23日民集65巻2号755頁）。

参議院議員選挙についても、2014年には「参議院議員の選挙であること自体から、直ちに投票価値の平等の要請が後退してよいと解すべき理由は見出し難い」として、1対4.77倍の定数配分規定について違憲状態を認定するなど一定の積極的な姿勢を示すようになった（最大判2014年11月26日民集68巻9号1363頁）。だが、国会における定数是正の

---

(3) もともと行政法の考え方で、処分の効力の違法性を宣言するが、当該処分の法的効力を維持する判決の仕方をいう。（行政事件訴訟法31条）
(4) 但し、違憲状態を克服するために合理的に必要な期間を経過していないとして、違憲判断を下さなかった（合理的期間論）。

動きが鈍い中で,「憲法の予定している司法権と立法権との関係」を強調して選挙無効などのより厳しい態度を示すのではなく,逆に立法裁量を尊重する司法権の謙抑的な立場に立つ判決も出されており(最大判 2013 年 11 月 20 日民集 67 巻 8 号 1503 頁),膠着状態に陥っているように思われる。

演習問題

① 日本に憲法裁判所制度を導入することの是非について,検討してみよう。

② フランスでは,パリテ政策に基づいて議員の男女比率を半々にするために,例えば,比例代表名簿について,男女同数の候補者の選定が求められている。日本でそのような制度を導入することの是非について,検討してみよう。また仮に法律改正で導入するとした場合,その合憲性について検討してみよう。

10 | グローバル化の中の政治部門 （国会・内閣・地方自治）〔Part Ⅰ〕

《目標＆ポイント》 この章では，日本国憲法の定める政治部門（国会と内閣）についての理解を深める。1.では，日本国憲法の採用する議院内閣制という政治部門の基本構造を見る。2.では国会の構造や機能を見る。
《キーワード》 グローバル化の中の政治部門，日本の議院内閣制，リーダーシップの強化，国会の地位と役割

1．政治部門の基本構造－議院内閣制

（1） グローバル化の中の政治部門（国会と内閣）

　政治・経済・社会の動きが一国単位で行われることが原則であった時代から，ヒト・モノ・カネの移動が国境を越えて急速に進展する**グローバル化社会**の時代への移行に伴い，主権国家の意義や機能は，大きな変化を見せている。グローバル化社会においては，国際的アクターの多様化に伴い，主権国家が従来想定されていた統治機能を果たすことが次第に困難になっている。

　例えば多国籍企業組織は，主権国家に匹敵するあるいはそれを凌駕する社会的権力を有するに至っている。またグローバルな公共事務を担う国際機構等の隆盛（国際標準化機構，国際スポーツ団体，様々な場面で活動する非政府組織（NGO)等）によって，国家の規制力は確実に後退している。主権国家は最終的な物理的強制力は維持しながらも，領域内の

一元的支配は困難になり，**グローバル・ガバナンス**の対象領域を拡大している。紛争解決の場面でも，国家機関としての裁判所の機能が，国家法の枠組に支えられているとはいえ，任意的紛争解決手段である仲裁や調停によって代替される傾向が増大している。またテロリズム対策や環境問題への取組み等においては，主権国家間の国際レベルの協力体制を強化することなくして，問題を解決することが不可能になってきている。

しかしこのことは，主権国家の果たす主体的な役割が消滅することを意味しない。日本では，高度成長期には考えられなかった経済の縮小や財政危機，情報社会のめまぐるしい進展，グローバル化への対応によって引き起こされる国内の諸利益の対立の激化などに伴って，主権国家がイニシアチブをとって解決しなければならない課題はますます増加してきている。

このような状況の中で，主権国家の能動的な役割の担い手である政治部門（国会と内閣）の責務は，ますます重要なものとなっている。また，それに伴って政治部門の決定が不透明・恣意的に行われたり，暴走したり独善化したり，特定の利害関係者を優遇したりすることがないように，監視を強化する必要が以前より強まっている。以上の問題意識を踏まえて，憲法の定める政治部門の構造・機能・課題について見ていくこととしよう。

(2) 日本国憲法の議院内閣制

比較憲法的に見ると，行政権を担当する機関を**独任制**の君主や大統領に委ねている国と，**合議制**の内閣に委ねている国とに大別される。日本国憲法は行政権を内閣に属せしめる合議制をとるが，内閣総理大臣に内閣の「首長」（66条1項）の地位を与え，内閣に対するリーダーシップを与えている。憲法は，内閣の成立と存続とを国会とりわけ衆議院の意

思に依存させており（66条3項, 69条），一元型議院内閣制を採用している。この仕組みを通じて，主権を有する国民の意思が，直接選挙する国民代表を媒介として内閣に伝達され，行政権の担い手である内閣が国会に責任を負い，その国会を構成する両議院議員が国民に責任を負う，委任／信任と責任の循環回路が成立している。但し，後述するように，国会の運営は内閣から自律的であり，また省庁も内閣に対して自律的に運営されてきた点で権力融合的ではなく権力分立的要素が存在している点に，日本の議院内閣制の特徴がある（川人貞史）。

　衆議院は，**内閣不信任決議案**を可決することができ，また**内閣信任決議案**を否決することができる。この場合には，内閣は，10日以内に解散するか，総辞職をするかのどちらかを選択しなければならない（69条）。日本国憲法の下でこれまで，不信任決議案が可決されたことは4回ある（1948および1953年吉田内閣，1980年大平内閣，1993年宮沢内閣）が，いずれの場合も内閣は解散を選択した。

　解散とは，議院を構成する議員の全部に対して，任期満了前にもかかわらず一斉にその身分を失わせることである。日本国憲法の下で，内閣は，その自由な政治的判断に基づいて衆議院に対して**解散権**を行使することができる，という慣行が成立している。比較憲法的に見ると，議院内閣制を採用する国では，政府と下院が，それぞれ解散権と倒閣をもたらす不信任案決議権を有することによって，対峙・均衡する解散制度を設けている例が多い。

　内閣（後述するように，国務大臣を自由に任免できるため実質的には内閣総理大臣）は，自由に衆議院を解散できるため，4年間政権を維持することを当然とは考えていない。また内閣総理大臣の地位は，所属政党の党首の任期と連動するので，後者が任期切れを迎えればさらに短期間となる可能性がある。それに加えて政権担当中に実施される参議院議員

選挙の結果も，内閣の存亡に大きな影響を与える。

　憲法上の解散権の所在やその意義や機能について，憲法学で活発に議論がなされてきた。解散権の所在については，憲法69条は，「内閣は，衆議院で不信任の決議案を可決し，又は信任の決議案を否決したときは，10日以内に衆議院が解散されない限り，総辞職をしなければならない」とし，内閣が衆議院から不信任の意思表示を受けた場合に，解散権の行使を認めている。また7条3号は，天皇の国事行為の1つとして，「衆議院を解散すること」を規定している。従来の通説は，7条各号に規定されている天皇の国事行為はすでに内容が決定している事項について，形式的に内閣が天皇に対して「助言と承認」（3条）をすることによって行われると捉えてきた。そうだとすれば，3号の解散も69条によって内閣に認められた解散権を行使する場合にのみ行われると解釈することが自然である。

　しかし，通説は，解散権の有する民主主義にとっての積極的意義を踏まえて，69条所定の場合に限定されず，内閣は7条に基づいて解散権を行使しうる，と考えてきた（なお，内閣による解散権行使の適否は司法審査の対象とはならないとするのが，最高裁の立場である。**苫米地事件最高裁判決・最大判**1960年6月8日民集14巻7号1206頁）。

　その積極的意義とは，①議会と内閣の意見対立が見られた場合には，国民にその決着をつける機会を与えることができる，②議会も内閣もともに，自己を破壊する力をもつ相手の「武器」（不信任案，解散権）の行使を抑止する最善の方法は，自分のほうが相手より少しでも国民の近くに位置することであり，そのために両者は努力を怠らないはずである，というところにある（高橋和之）。

　しかし，日本の議院内閣制が長きにわたってモデルとしてきたイギリスでは，2011年に**議会任期固定法**が制定された（現在でも，自由な解散

権行使が認められるのは,カナダ・デンマークなどに限定されている)。その結果,原則として議員の任期は5年間継続することとなり,内閣の自由な解散権が否定され,庶民院が不信任決議案を可決するか庶民院の3分の2の議員が賛成しなければ解散することができないようになった。確かに,政権与党が選挙に有利な時期を選んで解散することができる現在の慣行は,政権与党に有利な制度運用であることは否定できず,そうだとすれば解散権をめぐる憲法規定を見直すべきだ,とする主張には,強い説得力がある。

内閣の成立と総辞職について,憲法は以下のように規定している。内閣総理大臣は,国会の指名に基づき,天皇が任命する(6条)。内閣総理大臣に指名されるためには,①国会議員であること(67条1項)(議院内閣制を採用する国でも,フランス・オランダ等大臣に議員との兼職を禁ずる国がある),②**文民**であること(66条2項)という2つの条件を満たす必要がある。**文民**とは,現在では,過去の自衛隊員の経歴は問わないが,現職の自衛隊員ではないことと解釈されている。内閣総理大臣の指名手続は,国会における最重要事項として,「他のすべての案件に先だって,これを行ふ」とされている(67条1項)。投票は記名投票で行われ,衆参両院の指名の議決が異なったときには,最終的に衆議院の指名が優先する(67条2項)。

内閣総理大臣の持つ最重要な権限は,**国務大臣の任免権**である(68条1項2項)。憲法上の条件としては,国務大臣は文民であること(66条2項)と,その過半数は,国会議員でなければならないことである(68条1項但書。内閣法2条2項によれば,国務大臣の人数は最大で17名)。内閣総理大臣は,国務大臣の中から,各省の「主任の大臣」を任命する(内閣法3条)。また,国務大臣の訴追について,同意権を有する(75条)。内閣総理大臣が国務大臣を自由に選択できる制度となっているからと

いって, 実際に自らの政治的方向性に沿う人物を大臣に任命しうるか, は別問題である。それは, 実際の政治状況に依存する（後述(3)参照）。

さらに, 内閣総理大臣は内閣を代表して, 以下の行為を行う（72条）。①議案を国会に提出する, ②一般国務及び外交関係について国会に報告する, ③閣議にかけて決定した方針に基いて, 行政各部を指揮監督する（内閣法6条）。もちろんこれらは例示であり, 内閣は多種多様な活動をするが, その際, 対外的にはすべて内閣総理大臣が代表する。なお, 内閣総理大臣は閣議を経ずに直接「行政各部」を指揮監督する権限を有しないが,「内閣の明示の意思に反しない限り, 行政各部に対し, 随時, その所掌事務について一定の方向で処理するよう指導, 助言等の指示を与える権限を有する」（ロッキード事件丸紅ルート最高裁判決・最大判1995年2月22日刑集49巻2号1頁）と解される。

内閣の総辞職は, 内閣の構成員全員が同時に辞職を行うことであるが, それは, ①内閣が不信任を受けたが, 10日以内に衆議院の解散を行わなかったとき（憲法69条）, ②死亡・失踪・亡命・辞職等の理由により内閣総理大臣が欠けたとき（70条）, ③衆議院議員総選挙後に初の国会が召集されたとき（70条）に行われる。

(3) グローバル化に対応する内閣・内閣総理大臣のリーダーシップの強化

内閣は憲法上はかなり強い権限を付与されているが, 高度成長期に成立した日本の歴代内閣は, 多くの場合, 実際には政権を担当した自民党の**派閥支配構造**および**官僚主導**の政策立案システムのゆえに, 主体的な政治運営を行うことが困難な傾向にあった。憲法によれば, 内閣総理大臣は, 国務大臣の中から, 内閣の統轄下に属する「行政各部」のうちの主要部分をなす各省の「主任の大臣」を任命するが, まず, 組閣の場面で年功

序列の派閥順送り人事が常態化し、内閣総理大臣の人事におけるイニシアチブを発揮することは難しかった。内閣総理大臣は、「行政各部」を「指揮監督する」には、「閣議にかけて決定した方針に基づいて」行わなければならない（内閣法6条）。また従来の通説と実務では、内閣は、**分担管理原則**（憲法74条、内閣法3条1項）に基づいて各省に配分された行政事務のみを統轄する権限を有する、と考えられてきた。

　このような仕組みの中で、現実には、内閣の下にあるはずの「行政各部」が、外部からの介入の困難な自律性を維持し、各省それぞれが国の各分野における政策形成を主導した。「主任の大臣」はむしろ「行政各部」（省庁）の側の利益代表として行動するようになった（「官僚内閣制〔飯尾潤〕」。その結果、内閣は受動的な態度にとどまるようになり、国政全体の立場から能動的に指導力を発揮することはできないことはもとより、適切なチェックを行うことができない状態が続いていた。

　またそれに関連して、**族議員**の存在がある。すなわち両議院に設置されているそれぞれの常任委員会の恒常的メンバーが、各関係業界と監督省庁の間をつなぐ媒介者としての役割を果たし、実質的に官僚と相互依存関係を強めるとともに、自民党内における政策形成過程に大きな影響を与えていた。このことも、内閣が国家的見地から政策形成をすることを困難にしていた。

　以上の政治構造は、日本のグローバル化対応にとっての障害となった。そこで、このような事態を打破するために、政策本位の選挙を行い、政権交代を可能にするための選挙制度を導入する**政治改革**（1994年）が行われた。それに引き続いて、内閣・内閣総理大臣のリーダーシップを強化するための**行政改革**が行われた。具体的には、90年代後半から、①内閣の補佐機構の拡充、②内閣府の設置、③省庁再編、④内閣総理大臣の指導性の強化等の改革が実現された。また各省庁に対する内閣の指導力を

強めるために,政治任用ポストとして内閣が任免する**副大臣・政務官制度**が導入された(2000年)。さらに,2014年に省庁の幹部の人事を一元的に管理する内閣人事局が新設された。小泉内閣(2001-2006年)や政権復帰以降の安倍内閣(2012年-)は,これらの制度を活用し,政策課題の実現に役立てている。ただ,内閣補佐機構は省庁ベースの相互調整の域を出ていない,との批判もある。

　内閣を指導する内閣総理大臣は,政治部門の中で最も重要な地位であるが,その地位に就任する者を国民が自ら直接選挙によって選択することができない。政治的リーダーシップを強めるために,内閣総理大臣を直接国民が選挙できる制度の導入の是非がしばしば議論されてきた(**首相公選論**)。この制度で選出される首相は,国会では少数の支持しか獲得しえない可能性があり,国政に著しい麻痺が生じるリスクが生じる,とする消極論が根強い。

2. 日本国憲法における国会

(1) 国会の組織と活動原理

　日本国憲法は,二院制を採用している。連合国軍総司令部の憲法草案は一院制を採用していたが,日本政府が下院の急進化を恐れて強く反対した。連合国軍総司令部は,第二院が民選議員によって選出されることを条件に二院制の採用を認めた,という経緯がある。

　二院制については,「上院は,下院と一致するなら無用であり,下院と対立するなら有害だ」という批判がつきまとってきた。二院制を採用している国を類型化すると,①**貴族院型**,②**連邦制型**,③**民主的第二次院型**に分けられる(高見勝利)。日本は貴族制度を廃止し連邦制型も採用していない。また参議院についても普通選挙制を採用しているので,③に分類される。③の存在理由としては,(a)立法府の独善化の阻止,(b)第一院

の衝動的決定の防止，(c)数の力ではなく「理」ないし「良識」を代表させる，(d) 2 つの院を設け，選挙制度を異ならせることによって国民の多様な意見・利益をよりよく国政に反映させる，等が主張されてきた。どちらの院も，「全国民を代表する選挙された議員」によって構成される（43 条）。選挙の結果次第では，政権与党が衆議院で多数派を形成できても，参議院では少数与党となる**ねじれ現象**が生じることがある。

　両議院の活動は，①**同時活動の原則**——両議院の召集・開会・閉会は，同時に行なわれる（その例外として，参議院の緊急集会（54 条 2 項）がある），②**独立活動の原則**——各議院が独立して議事を行ない，議決する（その例外として，**両院協議会**（59 条 3 項，60 条 2 項，61 条，67 条 2 項，憲法改正原案についての国会法 86 条の 2 ）がある）。両院協議会は，両院の議決が異なった場合に，対立状況を打開するための妥協を図るために設けられた。

　日本国憲法は，いくつか重要な問題について衆議院の優越を認めており，**非対等型の二院制**を採用している。衆議院は，参議院の持たない内閣信任・不信任決議権を保持する（69 条）とともに，予算先議権を有する（60 条）。また，①法律・予算の議決，②条約の承認，③内閣総理大臣の指名について，参議院の議決に優位する。これに対して，憲法改正の発議については，対等である。また，憲法 59 条 2 項は，「衆議院で可決し，参議院でこれと異なつた議決をした法律案は，衆議院で出席議員の 3 分の 2 以上の多数で再び可決したときは，法律となる」とする**再議決**の規定をしている。衆議院で自公連立政権が多数を保持していたが，参議院で野党が過半数を制していた時期（2007-2009 年）に，本規定を利用して合計 17 本の法案を成立させた。

　国会法は**委員会制**の議案審査方式を採用し，常任委員会（衆参ともに 17 委員会）と特別委員会を設けている。2007 年には，両院に憲法審査

会が設置された。

会期については、憲法に規定はないが、国会法は国会の会期制を採用している。そして、**会期不継続の原則**（憲法上の規定はないが、国会法は、「会期中に議決にいたらなかった案件は、後会に継続しない」（68条）としている）と**一事不再議の原則**（会期中一旦否決された法案は、再び審議することができないとする原則。但し、この原則を定める明文はない）を採用している、と解される。

日本国憲法が有している唯一の緊急事態条項が参議院の**緊急集会**についての規定である。衆議院が解散されてしまうと、同時活動原則により参議院も同時に閉会となるが、解散から総選挙を経て国会が召集されるまでの間に、国会の議決を必要とする事態が生じないとも限らない。そこで憲法54条2項・3項は、①衆議院の解散中、②国に必要のあるとき、③内閣の求めがあれば、緊急集会の開催を求めることができる、と規定している。但し、緊急集会でとられた措置は、あくまで「臨時のものである」から、その効力を確定させるためには、次の国会開会後、10日以内に、衆議院の同意を得なければならない。これまで、2回緊急集会が開催されたことがある（1952年8月31日、1953年3月18日）。

両議院の本会議の**定足数**について、憲法56条1項は、「両議院は、各々その総議員の3分の1以上の出席がなければ、議事を開き議決することができない」とする。また憲法56条2項は、「両議院の議事は、この憲法に特別の定のある場合を除いては、出席議員の過半数でこれを決する」としている。「この憲法に特別の定のある場合」とは、具体的には、①憲法改正発議における各議院における総議員の3分の2以上の賛成（96条1項）、②議員の議席を失わせる議員の資格争訟の裁判（55条）、③秘密会の開催（57条1項但書）、④議員の除名（58条2項）、⑤衆議院における法律案の再議決（59条2項）が、それに該当し、②−④のケースに

おいて，いずれも出席議員の3分の2以上の多数がなければ決定できない。

　近代の代表民主制において最も重要な原理が，議会における**会議の公開原則**である。議会での自由な討論が市民に公開され，そこでの討論が表現の自由の保障されたマスメディアや市民の監視にさらされ，論評の対象となり，時に厳しい批判にさらされることによって，市民のうちに存在する多様な利害・価値・意見を反映した審議，そして妥協と調整が可能となる。また，そのプロセスにおいて，与党は自らの政策の優位性を市民にアピールし，野党は，もともとの議席数の差からその時点での表決に敗れても，国会審議の場で様々な論争や別の選択肢を提起することを通して，次の選挙において与党の支持者を自らの支持にひきよせ，政治的力関係を逆転し，政権交代を展望することができる，ということが，代表民主制のダイナミズムに期待されている。

　憲法は，「両議院の会議は，公開とする」を原則とし，出席議員の3分の2以上の多数で議決したときでなければ，**秘密会**とすることはできない（57条1項）とする。また両議院は，各々その会議の記録を保存し，原則として，これを公表し，かつ一般に頒布しなければならない，と規定する（57条2項）。「公開」の範囲は，会議録の保存・公表・頒布だけでなく，公開という以上は，国民による本会議の自由な傍聴やメディアによる自由な報道も含まれる。さらに，出席議員の5分の1以上の要求がある場合，各議員の表決を会議録に記載することを義務づけている（57条3項）。

　議院内閣制においては，内閣の構成員は議院に出席し，必要に応じて答弁や説明を行わなければならないのが原則である。そこで憲法63条は，国務大臣の議院出席について，「内閣総理大臣その他の国務大臣は，両議院の一に議席を有すると有しないとにかかはらず，何時でも議案につ

いて発言するため議院に出席することができる。また,答弁又は説明のため出席を求められたときは,出席しなければならない」と規定している。

(2) 国会の地位と役割

日本国憲法は国会の地位を,「**国権の最高機関**」および「**国の唯一の立法機関**」と規定している（41条）。権力分立制の下,国会は立法権を行使するだけでなく,**憲法改正の発議権**（96条1項）,**内閣総理大臣の指名権**（67条1項）,**条約承認権**（73条3号）,**財政監督権**（83条以下）等を有し,また**弾劾裁判所を設置する**（64条）など,国政の重要な機関としての役割をはたすことが期待されている。

まず,「国権の最高機関」の意味が問題となる（高見勝利）。もし仮に国会が文字通り最高の機関として他の機関に対して優位に立ち,他機関を統括する機関として捉える（**統括機関説**）と,権力分立制が破壊されてしまうであろう。そこで,通説は,前文が,本来国民の有する「権力は国民の代表者がこれを行使し」とあるところから,「国民の代表者」によって構成される国会が諸々の国家機関の中で高い地位にあって,国民に代わって,国政全般にわたり影響力を行使するべき機関であり,「最高」という言葉に厳密には法的意味はなく,国政の中心に位置する重要な機関である,という点に着目して国会に与えた政治的美称である,と解している（**政治的美称説**）。だが,国会の「最高機関性」から,国民の権利を制限したり,義務を課したりする場合や,国の重要な基本的政策の決定は,問題となっている事項についての国会の統制能力を考慮しつつ可能な限り国会の明確な意思決定に基づかなければならないという,憲法上の要請が引き出される,というべきであろう（**最高責任地位説**）。

次に問題となるのは,「国の唯一の立法機関」の意味である。これに

は，①**国会中心立法の原則**と，②**国会単独立法の原則**の2つの意味がある。①は，国のルール・メイキングの中心であるべきであり，それが空洞化してしまうことは許されない，ということを含意する。

この点に関して，①の**国会中心立法の原則**に対する憲法が定めた例外として，議院規則（58条2項）・最高裁判所規則（77条1項）・条例（94条）がある。

また，行政権との関係では，**行政立法**が問題となる。行政国家現象に伴って，行政権がルールメイキングを行う傾向が強まってきた。その理由としては，(a)専門的・技術的事項に関する立法，(b)事情の変化に即応して機敏に適用することを要する事項に関する立法，(c)地方の特殊事情に関する立法，(d)政治の力が大きく働く国会が全面的に処理するのに不適切な，客観的公正の特に望まれる立法，について，国会が必ずしも細かい部分まで立法を行う能力・時間・適性がないからである（芦部信喜）。

この点に関して，内閣が制定する**政令**について，憲法73条6号は，「この憲法及び法律の規定を実施するために，政令を制定すること」ができることを明示している。そして，「但し，政令には，特にその法律の委任がある場合を除いては，罰則を設けることができない」と条件を付している。政令以外の行政立法（省令や規則）に対して，法律の委任をすることは可能である。なんらの法律を媒介することなく，憲法を直接執行する政令を制定してはならない。

問題は，国会が一応法律を制定しても，その中身の重要部分のルール・メイキングを行政権の制定する政令等の行政立法に委ねてしまえば，国会中心立法の原則は空洞化してしまうことである。したがって，行政権は法律と無関係に法令を制定してはならないのはもちろんであるが，法律の存在があったとしても制定が認められるのは，(ア)**執行命令**（「法律の規定を実施するために」法律の執行に必要な細則を定めるもの）と

(イ)**委任命令**（法律の委任に基づくもの）に限定される。その際，命令は，法律の効力に劣る法的効力を持つものとして位置づけられるものであり，したがって法律を改廃しうる効力を持ってはならない。

（イ）に関して，行政立法に対する委任の仕方があまりにも大雑把であれば，やはり国会中心立法の原則は空洞化してしまうであろう。そこで，憲法が許容する委任の限界はどこにあるか，を検討しなければならない。国の基本的な政策選択は国会が行なわなければならず，その選択自体を行政立法に委ねてはならない。また，行政立法が定めることのできるのは，すでに選択された政策実現のための手段についてだけである。その場合でも包括的・白紙的委任は許されず，個別的・具体的な委任だけが許容される。

憲法訴訟において大きな問題となったのは，公務員に禁じられる「政治的行為」を人事院規則に委任した国家公務員法16条1項が，憲法41条の求める国会中心立法の原則に反するものではないか，という点である。通説は，国家公務員法102条1項の例示だけでは，人事院規則に包括的・白紙的委任をしたに等しく違憲の疑いが濃いと批判しているが，最高裁は，委任の範囲を逸脱しておらず合憲であるとした（猿払事件最高裁判決・最大判1974年11月6日刑集28巻9号393頁）。

②の国会単独立法の原則に対して憲法自体が定めた例外が，**地方自治特別法**である。すなわち憲法95条は，「一つの地方公共団体のみに適用される特別法」については，例外的にその地域の住民投票が制定のためには必要であるとしている（第11章4.(7)参照）。また内閣法5条が**内閣**に**法案提出権**を認めていることが，この原則との関係で問題となる。通説は，①たとえ内閣が法案提出権を有しているとしても，それによって国会の自由な決定が妨げられるわけではないこと，②議院内閣制がそもそも国会と内閣の協働を要請しており，内閣が自らの掲げる基本政策を

実現するために必要な法案提出権を有することは極めて重要であること，③仮に内閣に対して法案提出案を否定しても，内閣のメンバーが議員たる資格で発議できるので否定しても実質的意義に乏しいこと，などから国会単独立法の原則に対する侵害とはならない，と解してきた。ただ，内閣は，内閣提出法案の国会での議事運営に参加することができない。

　条約については，国会はその**承認権**を有する。そもそも条約とは，二国ないし多国間の文書による取決めであり，実際の名称は問わない。少なくとも国内であれば法律によって規定される事項は，国会による承認の対象としなければならない。条約を交渉し締結する主体は内閣であるが，憲法73条3号は，条約の国内的な重要性に鑑みて，条約を締結するためには，原則として事前に国会の承認を得なくてはならず，緊急を要する事情がある場合には，「時宜によっては」にあたり，事後に国会の承認を求めてもよい，としている。仮に事後に国会の承認を得られなかった場合条約の効力がどうなるか，という問題が生ずる。

　有効説は，国際法上は条約は有効であるとする。その理由として，条約を締結するに際しての国内法上の手続やその遵守の如何について，条約の相手国にはよくわからないから，国内法上の瑕疵は国際法上の効力に影響を与えないと解さないと国際法の安定性が阻害されるとする。これに対して**無効説**は，条約に国会の承認が必要なのは，今日の民主国家には共通にみられるところであり，日本国憲法は条約の締結には国会の同意が必要とされると明文で規定している点に照らして相手国も当然承知のはずだから，法的安定性は阻害される恐れがないとする。この点，ウィーン条約法条約46条1項が，国内法違反が明白である場合には条約の無効を主張できる，としていることからいって無効説の立場をとることが許されよう。

(3) 国会における審議機能

「国権の最高機関」であり「国の唯一の立法機関」と位置づけられている国会であるが、そこにおける審議が、与野党間の緊張感のあるやり取りを通じた実質的に実効的なものとして機能しうるかどうかは、必ずしも明らかではない。政党国家現象の下で、国会における法案審議は、単なるセレモニーになりかねない。また立法過程には一定の効率性が要求されるが、他方で少数派を含めた様々な意見を汲み上げる開放性も要求されるという矛盾をはらんでいる。

長らく国会における審議機能の形骸化が指摘されてきた。その背景に、実際の政策形成が各省庁の官僚集団によって行われ、内閣が各省庁の代弁者として行動することがあった。この点に対処するため、2000年の「国会審議の活性化及び政治主導の政策決定システムの確立に関する法律」に基づき、**国家基本政策委員会**が両議院の常任委員会として設置された。本委員会では与党党首たる内閣総理大臣と野党党首が直接対峙して、国の基本政策について討論する。また、内閣提出法案の委員会審議において、政府が裁量に基づいて、重要な政策問題についてすら大臣に代わって政府委員に答弁させる例が目立ち、問題となった。これに対処するため、同法によって政府委員制度は廃止された。

(4)「国の唯一の立法機関」における「立法」

国会は「国の唯一の立法機関」とされるが、ここでいう「立法」はどのような意味であろうか。まず「法律」という名前を持った法的ルールを制定することができるのは国会だけだ、と解する考え方がありうる（**形式的意味の立法**）。だが、もしそうだとすると、国民の権利や生活に重要な影響を与えるルールを、行政権が、「法律」という形式ではなく、例えば「政令」という形式を用いて制定してもよいということになりかねな

い。そこで通説は，憲法41条の「立法」は，＜国会が制定すべき事項に属する法的ルール＞の意味に理解すべきであり（**実質的意味の立法**），したがって「国の唯一の立法機関」とは，国会が制定すべき事項に属する法的ルールを制定できるのは国会だけだ，と解釈されるべきだということになる。

それでは，＜国会が制定すべき事項に属する法的ルール＞とは，一体どのような事項であろうか。この点について，19世紀ドイツ公法学は，「国民の権利・自由を直接に制限し，義務を課する法規範」だと考えていた。少なくとも，このような事項については，議会の関与を必須のものとすることにより，君主（行政権）の専横を抑えて国民の権利を擁護しようとしたのである。だが，このように考えると，「国民の権利・自由を直接に制限し，義務を課する法規範」でなければ，必ずしも国会が法律で定めなくてもよいことになってしまう。すなわち国会の制定すべき法的ルールの範囲が，極めて狭くなる。例えば，勲章を与えるためのルールは政令で定めてよいことになるし，行政組織についての定めについても，法律で規定する必要はないことになる。このような解釈が，国会を国政の中心的機関におき「唯一の立法機関」とする日本国憲法に合致するとは考えられない。

したがって，日本国憲法の下で，「立法」とは，「国民の権利・自由を直接に制限し，義務を課する法規範」だけでなく，「国民の権利・自由を間接に制限し，義務を課する法規範」，さらには「一般的・抽象的な法規範」までをも含まれる，と考えなくてはならない。ここで，「一般的・抽象的な法規範」とは，法律が不特定多数の人に対して，不特定多数の場合ないし事件に適用される法規範を意味する。結論的に言えば，もし，制定されるべきルールが，「一般的・抽象的な法規範」であれば，原則として国会の制定すべき法的ルール＝立法だということになる。

逆に，国会が法律の形式を用いて，個別的な事例についての法的措置を定めること（**措置法律**）は，権力分立制を大きく揺るがすことになるので，原則として認められるべきではない。

さらに行政組織についても，憲法は，国会中心立法の原則に基づいて，民主主義的に統治構造を組織されることを求めている，と考えられる。そうだとすれば，少なくとも行政組織の基本的構造（府・省・庁・委員会の設置及び事務分掌の定め），内部部局の基本的構成単位（官房・局・部・課・室）については，法律により定められるべきであろう（塩野宏）。

演習問題

① 首相公選制の導入の是非について，検討してみよう。
② 日本の二院制の意義と現在生じている問題点について，検討してみよう。

11 | グローバル化の中の政治部門（国会・内閣・地方自治）〔Part Ⅱ〕

《**目標&ポイント**》 この章では,前章に引き続いて,日本国憲法の定める政治部門（国会と内閣）についての理解を深める。2.では国会の構造や機能の続きを見る。3.では,内閣を中心とする行政の構造や機能について理解を深める。4.では,地方自治制度について見る。
《**キーワード**》 国会と財政,議院の機能,国会議員の地位と機能,内閣,独立行政委員会,地方自治

2. 日本国憲法における国会（続）

（5）国会と財政

　財政とは,国家がその任務を果たす上で必要な財源を確保し,それを管理・使用する作用のことを指す。そもそも,アメリカ独立の際に唱えられた「代表なくして,課税なし」というスローガンに象徴されるように,近代憲法における国民代表議会設立の要求は,議会を通じた国民による国家財政の監督の要求に根ざしていた。日本国憲法は,その7章に財政の章をおき,財政活動全般が民主主義的に運用されるように,「国民の代表者」たる国会がその監督等の重要な役割を果たすことを求めている（**財政民主主義の原則,財政国会中心主義**）。

　具体的には,憲法83条は,「国の財政を処理する権限は,国会の議決に基づいて,これを行使しなければならない」とし,租税の賦課徴収に限られず,広く財政全般に対する基本原則を定めている。その上で,憲法84

条は,「あらたに租税を課し,又は現行の租税を変更するには,法律又は法律の定める条件によることを必要とする」とし,**租税法律主義**を規定している。租税法律主義の範囲として,負担金,手数料,国の独占事業の料金,国民健康保険保険料も含まれるかが問題となる。それらは租税には当てはまらないので,租税法律主義は適用されないが,財政民主主義の原則に照らして,国会の議決が必要とされるべきである(参照,**旭川市国民健康保険条例事件**・最大判 2006 年 3 月 1 日民集 60 巻 2 号 587 頁)。

憲法 85 条は,国の活動をするために国費を支出し国の債務を負担する行為について,国会の議決を求めている。憲法 89 条は,そのような場合を含め,公の財産の活用一般について,2 つの条件を課している。第 1 は,「宗教上の組織もしくは団体の使用,便益若しくは維持」の目的のために,第 2 は,「**公の支配**に属しない慈善,教育若しくは博愛の事業」を対象にして,用いてはならないとしている。

前者は,憲法 20 条 3 項で規定する政教分離原則を財政面から確実なものとしようすることを狙いとしている(政教分離の問題については,第 6 章 参照)。後者は,それだけでなく,広く「公の支配に属しない」社会事業一般について国の財政的支援を禁じている。その理由は,いくら国が社会事業の理念に共鳴するからといって,無条件に国が公の財産を投ずることは税金の無駄使いになり許されないし,また社会事業を行う主体にとっても,財政的支援を受けることと引き換えに,公の支配の下に組み入れられることは,私的団体の自主性を損なうことになりかねないからである。

この点に関わって問題とされてきたのは,**私立学校に対する国の財政的支援**である。そもそも私立学校の意義は,国のコントロールのもとで教育を行うのではなく,個性ある教育理念に基づき「自主性」に立脚した教育を展開することにある(私立学校法 1 条)。もし,財政的支援と引

き換えに,「公の支配」に属することになっては存在意義を否定することになってしまうのではないか,という疑問が生ずる。私立学校振興助成法は,助成対象の私立学校に対して,会計報告を求め不適格な役員の解職を勧告するなどの監督権限を認めているが,その人事や予算に直接関与する制度となっていない。そこで,この程度の関与でも「公の支配」という条件を満たしているのかが,問題となる。違憲説も主張されるが,憲法は,教育における機会均等を求めており（13条,14条,23条,26条),また現在の日本の教育において私立学校の果たしている重要な役割を鑑みれば,現行法の監督権限で十分憲法上の要請を満たしていると解釈することが,妥当である。

　日本国憲法の下で,国に対する財政監督に関して最も重要な事項は,内閣が作成する予算の成立には,国会の審議と議決が必須条件とされていることである（86条）。予算とは,一会計年度における国の歳入出についての見積りを内容とする国の財政行為についての準則である。予算については,衆議院が先議し,議決に関しても優越する。

　通説によれば,予算は法律とは異なる1つの法形式であり,規範性を備えており政府の財政活動を規律する（**予算法規範説**）。法律であれば国会の修正権に制約はないが,予算の場合はどうか。この点,まず**減額修正**については,財政国会中心主義から制限がない。これに対して,**増額修正**が問題となる。内閣に予算作成を委ねていることからみて,増額修正が全く許されないとまで考える必要はないが,予算の同一性を失わせてしまうほどの大修正は許されないであろう。この点,政府は,1977年の統一見解において,予算における「項」の新設におよぶ増額修正について,「『項』が予算の議決科目の単位であり,政府の施策がこれによって表現されるものであること」を根拠に,**予算修正権**の限界を超えるとした。

　仮に,予算が成立していても,それに対応する法律が未成立の場合や,

法律は成立していても予算が成立していない場合には、どうすればよいのか。前者の場合は、法律の成立を待つより仕方がない。これに対して、後者の場合には、政府は、法律を誠実に執行する義務があるから、補正予算を成立させたり予備費を用いたりするなどの対応が求められるであろう。

憲法87条は、この**予備費**について、「予見し難い予算の不足に充てるため、国会の議決に基いて予備費を設け、内閣の責任でこれを支出することができる」（1項）「すべて予備費の支出については、内閣は、事後に国会の承諾を得なければならない」（2項）としている。

決算について、憲法は、「国の収入支出の決算は、すべて毎年会計検査院がこれを検査し、内閣は、次の年度に、その検査報告とともに、これを国会に提出しなければならない」（90条1項）としている。**会計検査院**は、内閣に対して独立の地位を有する機関であり（会計検査院法1条）、国等の機関の会計を検査し、会計経理が適正に行われるように監督することを任務とする。内閣が、両院の合意を得て、検査官（3名）を任命する。

財政状況の報告について、憲法91条は、「内閣は、国会及び国民に対し、定期に、少なくとも毎年一回、国の財政状況について報告しなければならない」と規定している。

（6）議院の権能

両議院の持つ最も重要な権能のうちの1つが、**国政調査権**である。両議院は、各々国政に関する調査を行なうことができる（62条前段）。国政調査権は、実際には議院の付託か委任に基づいて、「調査特別委員会」あるいは「常任委員会」によって行使される。通説は、国政調査権を議院が保持する諸権能を実効的に行使するために認められた補助的権能である、ととらえている（**補助的権能説**）。ただそれだけでなく、国政調査

権が行使されることによって，国民の知る権利に奉仕する情報提供機能を営むことが注目される。

　国政調査権の限界が問題となる。この問題は，①**権力分立制との関係**，②**人権保障との関係**，から考察する必要がある（高見勝利）。

　①の**権力分立制との関係**については，まず国政調査権は司法権について判決等を対象として調査することができるのか。この問題は**浦和充子事件**で論議を呼んだが，通説によれば，特定の刑事裁判における被告人の刑事責任の有無や程度，訴訟指揮・判決内容の当否など裁判官の職権行使にかかわる事項に国政調査権が及ぶと，裁判官に事実上の悪影響が及ぶことが予想されるので，許されるべきではない。これに対して，司法に関する立法や予算の審議のために必要と判断される場合には，許されるべきである。また検察権に対しても，公正な裁判を保障するために，同様の限界があると考えなくてはならない。例えば，起訴事件に直接関連する事項や公訴の内容を対象とする調査，捜査の続行を著しく困難ならしめる調査は許されない。

　行政権との関係では，司法権に対する調査の限界に相当するものはなく，行政権の活動に対して自由に調査を行うことができる。但し，独立行政委員会（例，公正取引委員会・中央労働委員会。独立行政委員会については後述）の活動に関して，その行使する準司法的権能については，やはり司法権と同様の限界に服するというべきである。

　②の**人権保障との関係**については，基本的人権を侵害するような手段・方法を用いて国政調査権を行使することは許されない。なお，かつてはテレビ中継などの撮影は一律に禁じられていた。現在では，議院証言法5条の3が，宣誓や尋問中の撮影・録音について証人の意見を聞いた上で委員会又は合同審査会に諮り，許可することができる，としている。

両議院は,**議院規則制定権**を有する（58条2項）。日本では議院規則とは別に,法律として国会法が存在している。仮に議院規則と国会法が同一事項について相矛盾する規定を有している場合,どちらが優先するのかが,問題となる。法律案の議決について衆議院が優越するので,衆議院が国会法を用いて参議院が独自に定めた議院規則を否定することが想定される。しかも,法律案については,内閣が提出権を持つことから,議院のあり方が行政権の意向に左右される懸念が生じる。したがって,**議院規則優位説**が妥当である。

（7）議員の懲罰

両議院は,「院内の秩序をみだした議員を懲罰することができる」（58条2項）。懲罰の種類としては,戒告・陳謝・一定期間の登院停止・除名の4種類がある（国会法122条）。除名には,出席議員の3分の2以上の多数による議決を必要とする（58条2項但書）。何らかの懲罰処分を受けた議員が,裁判所に出訴して救済を求めることができるのか,が問題となる。通説は,このような事案に対して司法権が関与することは,議院の自律権を踏みにじることになることを主な理由として,消極説に立っている。

（8）国会議員の地位と権能

国会議員には,①**不逮捕特権**,②**発言・表決免責特権**,③**歳費請求権**という3つの特権がある。

①の**不逮捕特権**について,憲法50条は,「両議院の議員は,法律の定める場合を除いては,国会の会期中逮捕されず,会期前に逮捕された議員は,その議院の要求があれば,会期中これを釈放しなければならない」と規定している。ここで逮捕とは,刑事訴訟法上の逮捕のみならず,公権力

によって身体の拘束を受けている事態が広く含まれる。本条を受けて，国会法33条は，①院外における現行犯罪の場合，②院外における現行犯の場合以外でも，議員の所属する議院の許諾がある場合に逮捕を認めている。議院は，問題となっている身体の拘束が不当な公権力の行使によってなされていないか，またそれが議院の活動にとって妨げとなっていないか，について，慎重にチェックを行い許諾の是非を決定しなければならない。

　②の**発言・表決免責特権**について，憲法51条は，国会議員は，「議院で行なった演説，討論又は表決について，院外で責任を問はれない」と規定している。本規定の趣旨は，議院において議員が自由な発言・表決を行うことができるように保障することにある。免責の対象となるのは，あくまでも「議院で行つた」行為，すなわち国会議員が議院の活動としてその職務上行った行為に限定される。免責される責任は，具体的には，一般の国民が責任追及されることのあり得る民事責任・刑事責任・懲戒責任等の法的責任である。したがって，院内で懲罰の対象になることは妨げられないし，所属政党や支持団体さらには有権者等による議院における議員の発言・行動や表決についての政治的ないし道義的責任の追及も，本条の規定と関係しない。

　③の**歳費請求権**について憲法は，「両議院の議員は，法律の定めるところにより，国庫から相当額の歳費を受ける」と規定する（49条）。歳費請求権は議員としての労働の対価であるから，特権というのはふさわしくない面を持つが，議員に対しては歳費以外にも文書通信交通滞在費（月額100万円）や立法事務費（同65万円）（但し，支給の対象は議員個人ではなく両院の各会派）などの待遇が与えられている。

　国会議員は，自らの属する院に対して，議案を発議し，動議を提出し，質問・討論・表決を行う権能を有する。

3. 日本国憲法における内閣と行政

(1) 内閣の権限と責任

　内閣は，行政権を有する（憲法65条）。内閣の有する具体的な権限は，**国民に対する作用**と**他の国家機関に対する権限**の2つに分けられる（高見勝利）。

　まず，**国民に対する作用**としては，国会の分担する立法作用と裁判所の分担する司法作用との対比で，いかなる法的作用が行政権に属するべきかが問題となる。この点，積極的に行政作用を定義しようとする試みもかつては行なわれたが，過不足なく行政作用を定義することは難しい。そこで今日，通説となっているのは，国家の国民に対する法的作用のうち，実質的な立法作用（一般的・抽象的な法規範の定立）と実質的な司法作用（事件性のある紛争について，終局的な法的判断を行う作用）を除いた権限である，という考え方である（**控除説**ないし**消極説**）。この説は，もともと君主に属していたすべての国家作用から，次第に立法作用と司法作用がそれぞれ議会と裁判所に担われるようになり，君主に残った権力が行政権と呼ばれるようになったという，歴史的展開を踏まえたものである。

　なお，最近，行政権に含まれるとされてきた権能のうち，国会で制定された法律を誠実に執行する行政作用とは別に，高度な政治的判断を伴う**執政権**ないし**執行権**という権能（「高度の統治作用・政治作用」〔佐藤幸治〕）が含まれており，両者を区別して観念すべきだ，という主張がなされている。その狙いは，内閣が単に法律を執行するだけでなく，国家を積極的に指導する権能を有していることを明確化させるところにある。

　次に，内閣の有する**他の国家機関に対する権限**として，内閣は，天皇の国事行為に対する助言・承認権（3条），国会の召集権（53条），参議院の緊急集会開催の要求権（54条2項），最高裁判所裁判官の決定権（6

条2項,79条),下級裁判所裁判官の任命権（80条）等を有する。

内閣の責任について,憲法66条3項は「内閣は,行政権の行使について,国会に対し連帯して責任を負ふ」と規定している。しかし,個々の国務大臣が自らの言動に関して国会に対して政治責任を取り,辞任することは,妨げられない。本条は,「国会」に対して責任を負うとされているので,内閣不信任権を有する衆議院に対してのみ内閣は責任を負っていると考えてはならない。参議院によって法的拘束力を持たない内閣問責決議が行なわれるのは,その現れとしてとらえるべきである。

（2）独立行政委員会

憲法では,行政権は内閣に属するとしているが,行政作用を行う機関が,内閣から独立した活動を行うことは認められるのか。内閣の存立に国民は関与することはできない。したがって,行政権を統率する内閣が,「国民の代表者」たる国会に対して連帯して責任を負う,という事態が成立してはじめて,国民主権原理の下での行政権による公権力行使が正統化される。そうだとすれば,内閣から独立して活動する機関の存在は,憲法65条ひいては国民主権原理に反することになろう。

しかし実際には,アメリカの影響の下に,例えば国家行政組織法に基づいて省や府の外局として設置される合議制の**独立行政委員会**が存在している。独立行政委員会には,人事院（内閣）,公正取引委員会・国家公安委員会・公害等調整委員会（以上内閣府）,司法試験委員会・公安審査委員会（以上法務省）,中央労働委員会（厚生労働省）等がある。

これらの委員会は,**準立法権**および**準司法権**を有するのが通例である。65条にいう「内閣に属する」といえるかについては,内閣が委員を任命し,委員会の予算を編成することから肯定する説もあるが,このように考えると,司法権も行政に「属する」とされることになってしまう。そこ

で, 通説のいう通り, 65条にいう「属する」とはいえないが, にもかかわらず違憲ではない, と考えるべきである。すなわち, 65条は,「すべて行政権は, ………」と規定しておらず, また確かに内閣のコントロールは及ばないとしても, 国会によるコントロールの対象となること, また委員会の取り扱う事項によって政治的中立性や高度の専門技術性が求められることから, 政治部門からコントロールを受けること自体が不適当な場合もある, と考えられる。

(3) 内閣の職務

憲法73条は,「内閣は, 他の一般行政事務の外, 左の事務を行ふ」と規定し, 内閣に属する権限を具体的に以下のように示している。①法律の誠実な執行と国務の総理, ②外交関係の処理, ③条約の締結, ④官吏に関する事務の掌理, ⑤予算の作成・国会提出（前述参照）, ⑥政令制定権（第10章2.(2)参照）, ⑦恩赦の決定。

このうち, ①について, 少なくとも, 最高裁判所から違憲判決を受けた法律の執行については, 内閣は慎重に対応することが望ましい。

4. 地方自治

(1) 地方自治の意義

地方自治についての規定は, 大日本帝国憲法には存在していなかった。「地方自治は, 民主主義の学校である」(ジェームズ・ブライス (1838-1922年) の言葉) といわれるように, 占領軍は, 日本の民主化を進めるためには, 地方自治を充実させることが重要であると考え, 憲法に地方自治の章が規定されることになった。戦後の地方自治は, 1960年代から70年代にかけて政権交代の起きない中央の保守政治に対抗する革新自治体の運動を生み出し, 多くの革新系首長を誕生させた (東京都, 横浜市, 京

都府,大阪府など)。それを支えたのは,国政では野党である社会党や共産党,そして市民団体であった。

その後2000年に実現された地方自治法大改正を経て,市町村合併が進行し,地方公共団体の権限が拡充された。また最近では大阪都構想などの構想も提起されている。今後憲法改正の1つの案として道州制の導入が浮上する可能性もある。さらに基地問題を抱える沖縄では,地方自治をめぐる多くの法的紛争が生じていることも,忘れてはならない。

明治初期から地方制度は発達してきたが,県知事が内務省人事で行われる官選知事であったことが示すように,中央による地方の支配のための制度としての色彩が強かった。

これに対して,戦後の地方自治は,憲法と同時に地方自治法を施行することによって,地方自治の名に値する制度を構築した。憲法92条は,「地方公共団体の組織及び運営に関する事項は,地方自治の本旨に基いて,法律でこれを定める」として,地方自治の基本原理を定めている。ここにいう「**地方自治の本旨**」とは,通説によれば,**団体自治**と**住民自治**の2つの意味を持つ。前者は,地方レベルに国の組織とは区別される自立的な団体を設け,この団体が自主的に責任を持って管轄地域の住民に必要な業務を行うことを意味する。後者は,地域住民が自分たちの生活に関わる事項を自分たちの意思に基づいて責任を持って行うことを意味する。憲法は前者のために地方公共団体の設置を定め,後者を具体化する制度を憲法や地方自治法が規定している。

(2) **地方自治権の本質**

憲法が地方自治権を保障する法的基礎づけに関して,**地方自治権の本質は何か**,という問題が論じられてきた。日本では前近代の地方の自己統治の歴史が明治以降の地方制度の発展に直接結びついたわけではない

ので, ヨーロッパの学説において説かれるように, 現在の地方自治制度は前近代に歴史的に確立された地方レベルの自己統治の仕組みをそのまま憲法において保障したもの（**固有権説**）として理解することは難しい。人民主権説を根拠に, やはり地方自治についてそれぞれの住民は固有の権利を有するとする説もある（**新固有権説**）。

通説を占めてきたのが**制度的保障説**で, この説によると, 憲法の保障する地方自治は, 地方自治という歴史的・伝統的・理念的な公法上の制度を憲法が受け入れたものであって, 制度に変更を加えることは可能であるが, その本質的内容ないし核心的部分については, 法律で侵すことができない, とするものである。そして法律で侵すことのできないものが,「地方自治の本旨」(92条) にほかならないとされる（成田頼明）。

この立場に立つ学説は, 憲法の保障する地方自治の具体的内容は, 地方自治制度の歴史的発展, 憲法規定の趣旨などを考慮して個別的に決すべきであるとする。具体的には, 地方議会の廃止, 首長・地方議員等の直接公選制の廃止, 条例制定権の廃止等は, 地方自治の本旨の具体的内容を構成しているので, 許されないとする。**大牟田市電気税訴訟・福岡地裁判決**（福岡地判1980年6月5日判時966号3頁）は, このような理解を前提としつつ,「そもそも憲法は地方自治の制度を制度として保障しているのであつて, 現に採られているあるいは採らるべき地方自治制を具体的に保障しているものではなく, 現に地方公共団体とされた団体が有すべき自治権についても, 憲法上は, その範囲は必ずしも分明とはいいがたく, その内容も一義的に定まつているといいがたいのであつて, その具体化は憲法全体の精神に照らしたうえでの立法者の決定に委ねられているものと解せざるをえない」と判示した。

制度的保障説の問題点は, その保障内容が憲法や法律で現に保障されている制度をそのまま保障内容としているに過ぎない点にある。「住民

に身近な行政はできる限り地方公共団体にゆだねる」(地方自治法 1 条の 2 第 2 項) べきだ,という憲法的要請が地方自治権の本質的内容を構成するというべきである。

(3) 地方公共団体の意義

　憲法は**地方公共団体**についての規定を設け,「地方公共団体には,法律の定めるところにより,その議事機関として議会を設置する」(93 条 1 項),「地方公共団体の長,その議会の議員及び法律の定めるその他の吏員は,その地方公共団体の住民が,直接これを選挙する」(同 2 項),「地方公共団体は,その財産を管理し,事務を処理し,及び行政を執行する権能を有し,法律の範囲内で条例を制定することができる」(94 条) としている。

　しかし,憲法は,「地方公共団体」とは何かを具体的に示していない。具体的に問題となるのは,ここにいう地方公共団体として,都道府県と市町村が含まれるか,ということである。地方自治法は,両者を「普通地方公共団体」とし (1 条の 3 第 2 項),東京の特別区を「特別地方公共団体」としている (1 条の 3 第 3 項)。通説は,現行の都道府県を廃止しその代わりに道州制を導入することは許されるが,一段階だけの保障では地方自治の内実が現状より希薄化してしまうので,市町村とその上の段階の二段階制が保障されなければ違憲となる,としている。

　それでは,東京の特別区は憲法にいう「地方公共団体」に該当するか。もし特別区が憲法上の「地方公共団体」に該当するとすれば,憲法 93 条 2 項に基いて,特別区の区長は直接住民によって選挙されなければならないことになる。実際には,地方自治法制定当初は区長は住民によって直接選挙されていたが,1952 年に間接選挙方式に移行した。最高裁は,その当時の区民間の共同体意識の脆弱性と特別区制度の沿革上およ

びその行政上の実体を基準として、否定説に立った（最大判1963年3月27日刑集17巻2号121頁）。その後、1974年に住民による区長の直接公選制が復活している。現在では共同体意識は十分に成長したと考えられるし、また東京23区の区民にだけ二段階の首長の直接公選の保障がないのは不平等だといわざるをえないから、今日では特別区は当然憲法上の「地方公共団体」に該当する、というべきであろう。

（4）地方公共団体の組織と権能

　地方公共団体の組織について、憲法93条は、議事機関たる議会を構成する議員と執行機関たる首長（都道府県知事および市町村長）の両者について、住民の直接選挙で選ぶことを求めている（**二元的代表制**）。このことは、地方公共団体においては、大統領制が採用されていることを意味する。したがって、首長が議会において少数の支持者しか見出せず、両者に敵対関係が生じることもありうる。そこで地方自治法は、一定の議院内閣制的要素を取り入れて、議会には首長に対する不信任決議が認められ、それに対する対抗措置として首長による議会の解散の規定をおいている（178条）。最近の都道府県レベルの例として、2002年に田中康夫長野県知事が県議会から不信任決議を受けて失職したが、直後に行われた知事選挙で再選された例がある。

　地方公共団体の事務について、憲法は、「地方公共団体は、その財産を管理し、事務を処理し、及び行政を執行する権能を有する」と定めているが、具体的にいかなる事務を地方公共団体の事務とするかを明示していない。戦後の地方自治制度の下で「自治事務」「団体委任事務」「機関委任事務」に分類されてきたが、とりわけ「機関委任事務」について、地方議会が全く関与できない仕組みであったため、地方公共団体を国の下請け機関化するものだとして強く批判された。2000年4月に施行された

地方分権一括法によって「団体委任事務」「機関委任事務」は廃止されて, 地方公共団体の事務は,「自治事務」と「法定受託事務」（国政選挙, 戸籍, 生活保護に関わる事務など）に再編された。

また, 国と地方公共団体との間に発生する法的紛争を処理するために,「**国地方係争処理委員会**」が設置された。

国と地方公共団体の役割分担についての基本的な考え方としては,「国が本来果たすべき役割」以外は,「住民に身近な行政」として地方公共団体が行うこと（地方自治法 1 条の 2 第 2 項）が, 憲法の求める「地方自治の本旨」に適う。地方自治法は, 具体的には,「住民に身近な行政はできる限り地方公共団体にゆだねることを基本」とするべきだ, とした上で, ①国においては国際社会における国家としての存立にかかわる事務, ②全国的に統一して定めることが望ましい国民の諸活動若しくは地方自治に関する基本的な準則に関する事務, ③全国的な規模で若しくは全国的な視点に立つて行わなければならない施策及び事業の実施については, 国の役割としている（同条同項）。

最近の地方自治論においては, グローバル化の中で地方公共団体も一定の外交的権能を有するべきだ, との議論も登場している。

（5）条例制定権

憲法 94 条は**条例制定権**について, 地方公共団体は,「法律の範囲内で条例を制定することができる」としている。ここにいう条例には地方議会の制定する条例だけでなく, 首長の制定する規則や各種委員会の定める規則も含まれる。そもそも地方公共団体が憲法 92 条の求める団体自治や住民自治を実践するためには, 自主的なルール形成を行うことができることが必須の条件である。そうだとすれば, 憲法 92 条は地方公共団体の条例制定権を認めており, 憲法 94 条で念のためにその趣旨を確

認したと考えるべきである。

　問題となるのは，**条例制定権の範囲と限界**である。まず憲法14条が法の下の平等を規定していることとの関係で，特定の地方公共団体に属する地域にのみ条例で規制が行われることは，地域による差別を生じさせるのではないのか。最高裁のいう通り条例制定権を認める以上，地域における法的取扱いの差異が生ずることは当然であり，法の下の平等原則に反すると捉えてはならない（最大判1958年10月15日刑集12巻14号3305頁）。

　次に，憲法によって，法律という形式を用いて定めることが要求されているもの（29条，31条，84条，73条6項）について，法律ではなく条例で定めた場合にそれが許されるかが問題となる。それらの条文が法律で定めることを求めている趣旨は，人権制約をもたらす規制について民主主義的基盤のない法形式で決定されることを禁じるためである。条例は地方議会における公開の審議を経て民主主義的に決定されるものであるから憲法41条の求める国会中心立法の原則の例外をなし，また条例は**準法律的性質**を有すると考えられるから，法律の代わりに条例で規定しても憲法に反しない。

　なお憲法29条は財産権の規定であるが，財産権は全国的な取引の対象となりうるものであるから，その内容を定め，また制限するのは全国で統一的に適用される法律で行われなければならないのではないか，との疑問が生ずる。取引の安全の観点から法律で統一的に規制すべきことがらについては，憲法92条の趣旨に照らして「全国的に統一して定めることが望ましい国民の諸活動」（前出地方自治法1条の2第2項）に該当するから国の事務に属するというべきである。また，憲法84条の課税法律主義についても，「行政を執行」（憲法94条）する権能に課税を行う権限も含まれ，住民を代表する議会において条例によって決定され

るのであれば,「代表なくして課税なし」という批判は当てはまらないので,条例で定めても憲法に反しない。

　条例で罰則を設けることができるのか。罰則を持たないルールは強制力に欠き,憲法が地方公共団体に条約制定権を認めた趣旨に合致しない。したがって憲法94条は条例における罰則設定権も認めた趣旨だと解される。

　憲法94条が,「地方公共団体は,………**法律の範囲内**で条例を制定することができる」としているのは,どのように解するべきか。文字通りに理解すると,国が何らかの事項に一定の規制をしている時,それよりも厳格な規制を地方公共団体が条例で行うことは,「法律の範囲内」を逸脱する規制を行っていることになるのではないか,との疑問が生ずる。1960年代に公害問題が深刻化し,地方公共団体が公害を防止するための条例を設けた際,このことが大きな問題となった。具体的には,「**上乗せ条例**」（国の法令で定められた規制基準よりも厳格な基準を定める条例）と「**横出し条例**」（国の法令で定める規制対象以外の事項について規制を拡張する条例）は,「法律の範囲内」といえるのであろうか。

　かつては,国の法令が一定の事項について規制を設ければ,その事項について条例の制定は直ちに禁止される,とする説が存在していた。だが,それでは,「地方自治の本旨」が完全に没却されてしまうので妥当ではない。そこで現在では,国の法令が先に規制を設けた場合,その法令趣旨を解釈し,①国の法令が条例による規制を明らかに認めない趣旨だと解される時は,法律の委任がない限り条例を制定することはできない,②国の法令が条例による規制を認める趣旨だと解される時は,原則として条例を制定して差し支えない,とする説が主張されている。この説によれば,例えば,同一の対象を規制する場合でも,国の法令が規制している対象と同一の対象について当該国の法令とは異なった目的で規制する条例を制

定することは,許される。これに対して,規制目的が法律と同一の「上乗せ条例」「横出し条例」は,条例による規制を明らかに排除している場合は許されない,とされる。この点について最高裁判例は,同様の趣旨から,たとえ目的が同一であっても,「国の法令が必ずしもその規定によって全国的に一律に同一内容の規制を施す趣旨ではなく,それぞれの普通地方公共団体において,その地方の実情に応じて,別段の規制を施すことを容認する趣旨であると解されるとき」は,条例制定は許容される,としている(**徳島市公安条例事件最高裁判決**・最大判 1975 年 9 月 10 日刑集 29 巻 8 号 489 頁)。

　それでも,上記の考え方によれば,国の法令の意図・目的次第で,条例制定権の限界が一方的に決定されてしまうことになる。そこで,これを批判する学説は,地方自治の核心に関わる行政の事務領域はいわば「固有の自治事務」の領域であり,国の法令の如何を問わず,憲法上常に地方公共団体に留保されている,とする。そして,「固有の自治事務」の領域における国の法令は,全国一律に適用される最小限規制(ナショナル・ミニマム)を定めるに過ぎないから,地方公共団体は条例で独自の規律を付加することができると主張する。但し,この説における「固有の自治事務」の内容は,必ずしも明確ではない。そこには,自然環境や都市生活環境の保護など住民生活の安全と福祉に直接不可欠な責務が含まれる,とされている(原田尚彦)。

　これに対して,デモ行進の規制や有害図書の販売制限のように,条例が精神的自由の規制に用いられる場合には,すでに存在する国の法令による規制以上の規制をするとなると,必要最小限度の規制を超える規制となることが懸念される。この場合には,なぜ条例で法律より厳しい規制をする必要があるのかについて,立法事実を明らかにして説得力のある根拠を示す必要がある(以上参照,中村睦男)。

(6) 地方住民の権利

　地方自治法は,「地方自治の本旨」に基づく住民自治の理念を具体化するために,条例の制定・改廃の請求,監査の請求,議会の解散請求,議長・首長・役員の解職請求など様々な権利を住民の権利として認めている（74条－74条の4,75条,76条－79条,80条－88条）。このような直接民主主義的制度は,一般に有権者の意向を直接に実現できる点において民主主義の観点から望ましいといえるが,一時の熱狂に支配され悪用される懸念も生じる。このような危険は,国政レベルで適用されるときには深刻であるが,地方レベルでこのような制度を活用するのは,相対的に濫用の危険は少ないといえよう。

　地方自治法は,**客観訴訟**（第12章1.(1)参照）として住民訴訟制度を設け,地方公共団体の執行機関（長・委員会・委員）等による違法な公金支出等の行為に対して,住民監査請求を経て,その決定に不服があるときには,損害賠償等の訴訟等を住民訴訟として提起できると規定している（242条の2）。地方議会によっては,首長に対する批判勢力を欠き,議会活動を通じて適切な監視を行うことが困難な場合もありうる。そのような場合,司法によるコントロールを充実化させることは,大きな意義がある。実際,政教分離をめぐる問題など重要な憲法訴訟で,地方公共団体の活動の合憲性が住民訴訟を通じて争われた例は少なくない。

(7) 住民投票

　憲法は,**地方自治特別法**について住民投票を求めている。すなわち憲法95条は,「一の地方公共団体のみに適用される特別法は,法律の定めるところにより,その地方公共団体の住民の投票においてその過半数の同意を得なければ,国会は,これを制定することができない」と定める。憲法はなぜ,このような立法に住民投票を義務づけているのか。憲法95

条の立法趣旨は，①各自治体に平等の保障を及ぼして，自治権の侵害を防止すること，②住民自治の理念に基づき住民の意思を尊重することにある。実際にこれまで，18都市15件の地方自治特別法が制定された。地方自治特別法として取り扱わなければならないのは，地方公共団体の地位や権限に変更を加える法律である。特定の地方公共団体の地域を対象とするものであるが，もっぱら国の事務や組織について規定し，地方公共団体の組織・運営・権能に関係のないものは，地方自治特別法に該当しない。その例として，「北海道開発法」がある。この法律は北海道という地方公共団体を対象としたものではなく，北海道という地域において国全体の国土開発計画の一環としての北海道開発を国の事業として行なうものであるから，地方自治特別法には該当しない。

　住民の意向に基づいた政策決定を実現するために，地方公共団体が**住民投票条例**を制定して，住民の直接的な意思表明を行うことを可能にする例が増加している。現在では，特定のイッシューを解決するために住民投票条例を制定するのではなく，住民投票制度を自治基本条例等であらかじめ設けておく地方公共団体も増えている。このような場合は，住民投票の結果に法的拘束力を持たせると首長や議会権限を制約することになるため，投票結果の尊重義務だけが定められる諮問型・助言型が採用されるのが通例である。地方自治においては，住民の直接的意思表明がなされる機会がなるべく多く設けられるのは，好ましいことといえよう。また，法律に基づいた住民投票もある。最近大きな注目を集めたものとして，**大都市地域特別区設置法**に基づく，橋下徹大阪市長（当時）の提唱した大阪都構想による特別区設置の是非に関する大阪市の住民投票がある（2015年5月17日投票　結果は否決）。

演習問題

① 国政調査権の意義と限界について，検討してみよう。
② 現在の日本の地方自治のあり方について，団体自治と住民自治の観点から検討してみよう。

12 | グローバル化の中の司法

《**目標&ポイント**》 この章では,日本国憲法の定める司法についての理解を深める。1.では司法権の観念についての理解を深め,2.では,司法の独立と裁判所・裁判官についての理解を深める。3.では,憲法訴訟について見ていく。
《**キーワード**》 司法権の観念,司法権の独立,裁判官,市民の司法参加,違憲立法審査権,憲法訴訟

1. 司法権の観念

(1) 司法権の意義

　憲法76条1項は,「すべて司法権は,最高裁判所及び法律の定めるところにより設置する下級裁判所に属する」と規定する。国によりまた時代により,司法作用について捉え方が大きく異なっている。大陸法系諸国では,行政事件の裁判は行政作用に属すると観念され,**行政裁判所**によって行われているのに対して,英米法系諸国では,行政事件の裁判は司法作用としてとらえられ,司法裁判所によって行われている。

　日本は,大日本帝国憲法下では大陸法系の考え方を受容し,第二次世界大戦後は,英米法の考え方に従っている。また,中世ヨーロッパの封建制社会では裁判権力は政治権力の行使としての色彩が濃かった。近代以降の司法権は,その性質上,政治部門と明確に区別される部門として理解されてきた。ただ,この点は,今日の司法権は,憲法訴訟等を通じて一定の重要な政治的機能をも果たしていることを看過すべきではない。

それでは,司法権の行う中心的な作用（司法作用）は何であろうか。それは,**事件性**のある法的紛争を裁判することである,と考えられてきた。そのような紛争の中核を占めるのが,裁判所法3条1項にいう「**法律上の争訟**」である。本規定は,「裁判所は,日本国憲法に特別の定のある場合を除いて一切の法律上の争訟を裁判し,その他法律において特に定める権限を有する」と規定している。

　通説・判例（最小判1954年2月11日民集8巻2号419頁）によれば,「法律上の争訟」の要件としては,①当事者間の具体的な法律関係ないし権利義務の存否に関する争い,②法律の適用により終局的に解決できるものであることの2つの要件が課される。この2つの条件をクリアできなければ,裁判所が事件として取り上げないのが原則である。例えば,純粋な政策論争を訴訟の場に持ち込むことはできない。他方,①の要件を満たさずとも,公益の追求を目的とする法的紛争も一定の範囲で,「その他法律において特に定める権限」に属するものとして,裁判の対象となってきた（この種の訴訟は,個人・団体の主観的利益の追求を目的とする主観訴訟と対比され,**客観訴訟**と呼ばれてきた）。その例として,地方自治法の定める**住民訴訟**や公職選挙法の定める**選挙訴訟**がある。

（2）司法権の限界

　たとえ,「法律上の争訟」の条件をクリアする法的紛争であっても,権力分立制という統治機構の基本構造に照らして,裁判の対象とすべきではない法的紛争が存在している。この問題は,**司法権の限界**という問題として議論されてきた。

　まず議院の**自律権**に属する問題,具体的にいえば,議院の定足数や議決の有無等の議事手続,国会議員の懲罰など憲法上両議院の自律に委ねられていると解される事項については,裁判所の審査権は及ばない。最高

裁も,両議院における議事手続について,裁判の対象とするべきではないとしている (**警職法改正無効事件最高裁判決・最大判 1962 年 3 月 7 日民集 16 巻 3 号 445 頁**)。

　部分社会の法理も司法権の限界の一環として議論されてきた。部分社会の法理は判例によって提示された考え方 (地方議会による議員に対する出席停止処分について,最大判 1960 年 10 月 19 日民集 14 巻 12 号 2633 頁,大学における単位授与行為について,**富山大学事件最高裁判決・最小判 1977 年 3 月 15 日民集 31 巻 2 号 234 頁**) であるが,それによれば,まず国家を全体社会と捉えた上で,国家という 1 つの団体の内部には,種々様々な団体 (=部分社会) が存在しているとする。

　そしておよそ団体には,それぞれ自律的に形成した規範が存在するので,団体内部の紛争に関しては,その内部規律の問題にとどまる限りその自治的措置に任せるべきであって,それについては,原則として司法審査の限界を超える,とする考え方である。部分社会の例としては,判例で示された地方議会や国立大学の他,宗教団体,政党,労働組合,弁護士会などがそれに当たると考えられてきた。

　しかし,このような態度を貫くと,憲法 32 条の保障する裁判を受ける権利がないがしろにされることが懸念される。具体的には,とりわけ団体内部の少数者の権利や地位の保障が不十分となるおそれがある。そこで,問題となっている団体の目的や性格,争われている処分の内容や効果などを慎重に検討して決定すべきである。

　司法権の限界として,さらに**統治行為論**が主張されてきた。この理論は,国の統治の基本に関する高度に政治性のある国家行為を包括的に「統治行為」または「政治問題」と捉え,それについては,たとえ「法律上の争訟」性を満たしていても司法審査をすべきではない,とする理論である。具体的には,①国の外交防衛政策の重要事項 (国際法上の国家

承認,安全保障のための条約,自衛隊の存在),②政治部門の運営に関する事項,③政治部門の相互関係に関する事項（例,内閣による解散権行使）などが論じられてきた。前出の議院の自律権は,②に当てはまる。

なぜ統治行為論が認められるかについては,裁判所が政治の渦中に巻き込まれることを自制する必要がある（自制説）,あるいは権力分立制から派生する司法権の内在的制約から統治行為については判断する権能を有しない（内在的制約説）という理由が主張されてきた。法治国家原理の貫徹の重要性を強調して一切の統治行為論は認められない,という説も主張された。包括的に「統治行為」を語る必要はなく,個別的に司法審査の適否について検討すれば,それで足りるであろう。

最高裁は,日米安保条約の合憲性が問題となった**砂川事件**において,安保条約は,「高度の政治性を有する」ので「一見極めて明白に違憲無効であると認められない限り」司法審査の対象とはならないとする変則的な統治行為論を採用した（最大判1959年12月16日刑集13巻13号3225頁）。この議論は条約の内容審査を行っている点で,本来の統治行為論からは逸脱している。

これに対して,内閣の解散権行使の合憲性が問題となった**苫米地事件**で,最高裁は統治行為という言葉は用いていないが,内在的制約論に基づいて司法審査の対象とはならないとした（最大判1960年6月8日民集14巻7号1206頁）。自衛隊について,長沼ナイキ事件・札幌高裁控訴審判決（行集27巻8号1175頁）は,砂川事件最高裁判決の変則的な統治行為論を採用して司法審査の対象に含まれないとした。およそすべての国家権力は濫用が許されてはならず,そうだとすれば,解散権も含めて,少なくとも明白に違憲無効であると判断される場合には,司法審査は及ぶと考えるべきであろう。

2. 司法の独立と裁判所・裁判官

(1) 司法権の帰属

　憲法76条第1項は,「すべて司法権は,最高裁判所及び法律の定めるところにより設置する下級裁判所に属する」と規定している。そして,第2項で**特別裁判所**を禁止し,また,「行政機関は,終審として裁判を行ふことができない」としている。特別裁判所とは,最高裁判所の系統に属しない特定の地域・身分・事件に関する裁判機関である。家庭裁判所は,最高裁判所の系統に属するので,特別裁判所には当たらない。本条は,最高裁判所が司法権の頂点に位置することを規定し,すべての裁判は最終的には最高裁判所に係属しなくてはならない,としている。議員資格争訟の裁判(憲法55条)や弾劾裁判所の裁判(64条)は,憲法自身の定める例外をなし,また国際法で認められる治外法権も司法権の管轄に属さない。

(2) 司法権の独立と裁判官の良心

　司法権の独立には,①個々の裁判官の行使する**職権の独立**,②司法権の他の国家権力からの独立の2つが含まれる。憲法76条3項は,「すべて裁判官は,その**良心**に従い独立してその職権を行ひ,この憲法及び法律にのみ拘束される」と規定し,明文で裁判官の**職権の独立**を保障し,その実効性を担保する目的で,裁判官の身分保障と司法権の独立を規定している。

　司法組織を運営する**司法行政権**については憲法に明文規定はないが,76条以下の規定から最高裁判所に属している,と解されている。司法行政権の行使は,裁判官会議の議によって行われ,最高裁判所長官がこれを総括する。

裁判官の良心とは，いかなる意味か。各裁判官の持つ良心に従って裁判するとする説（**主観的良心説**）もあるが，この説に立った場合，例えば，伝統的なカトリックの教義に忠実な裁判官が離婚訴訟を担当した場合，いかなる理由があっても裁判で離婚を命ずることが不可能になってしまう。したがって，通説は，個人的・主観的意味の良心ではなく，客観的な「裁判官としての良心」を指す，としてきた（**客観的良心説**）。しかし，この2つの説を対立させるのは妥当ではない。「良心」とは，「本来の純粋に個人的な良心が職業的な義務ないし任務との関係で屈折して現われる」「職業的良心の一種」であって，裁判官は，「『これが客観的に正しい法実現である』と自らの良心によって信じるところにしたがって職務を行うべきである」（団藤重光）と解釈されるべきであろう。

　裁判官の職権の独立とは，個々の裁判官が裁判を行う際に不当な影響を与えるおそれのある外部の行為を一切禁止することを意味する。そこには，司法権の外からくる圧力も司法権内部の圧力も含まれる。前者の典型例が，議院の国政調査権による判決内容の調査である（第11章2.(6)参照）。後者については，最高裁裁判官から採用されたばかりの下級裁判所裁判官に至るまで，裁判を行う者としては全く同格の存在であるから，「先輩からの助言」などと称して具体的事件の判決の方向性に影響を与えるような行動を，担当裁判官に対して取ることは許されない（**平賀書簡事件**）。

(3) 市民の司法参加－裁判員制度の合憲性

　欧米諸国では，法律の素人である一般市民が民事・刑事の裁判に参加する制度を設けていることが，一般的である。英米法系諸国では，裁判のうち事実認定について一般市民に委ねる**陪審制**が広く見られる。これに対して，大陸法系諸国では，事実認定・法令の適用・刑の量定等につい

て，裁判官とともに審理に参加し，判決を行う**参審制**が採用される傾向にある。

　日本では，司法制度改革の一環として参審制の考え方に立脚する裁判員制度が採用された。すなわち，重大な刑事事件を対象として，「司法に対する国民の理解の増進とその信頼の向上に資する」（裁判員法1条）ことを目的に掲げる**裁判員法**が2004年に成立し，2009年から施行されている。

　憲法が司法権を裁判所に属させていることとの関係で，**裁判員制度の合憲性**が問題となる。憲法に市民の司法参加を認める明文はなく，裁判官の独立性が侵害される等の理由で，日本国憲法制定当時から違憲論が有力であった。このような疑問に対して，最高裁は，憲法は司法作用の内容をなす事実認定・刑の量定・評決について，法の素人である裁判員に委ねることを許容しており，これに対して法令解釈や訴訟手続についての判断は裁判官の手に留保されている等の理由により現行の裁判員制度について合憲判断を示した（最大判2011年11月16日刑集65巻8号1285頁）。現行の裁判員制度には，この他守秘義務についてなど見直すべき点もあるが，最高裁判決がいうように，「国民の視点や感覚と法曹の専門性とが常に交流することによって，相互の理解を深め，それぞれの長所が生かされるような刑事裁判の実現を目指すもの」として重要な意義を持っている，といえよう。裁判員制度の健全な運営にとって，辞退率の高さが懸念される（2014年は約64％）。

（4）裁判官の身分保障

　裁判官の身分保障について，憲法78条は「裁判官は，裁判により，心身の故障のために職務を執ることができないと決定された場合を除いては，公の弾劾によらなければ罷免されない」と規定している。さらに，裁

判官に対して, 定期・相当額の報酬を保障し, その上でその**減額禁止**の規定（79条6項, 80条2項）もおいている。

　裁判官としてふさわしくない行為を行った裁判官を罷免するためには, 弾劾裁判所による**弾劾裁判**によらなければならない（第10章 参照）。これまでに7名の裁判官が罷免された。また裁判官に対する懲戒処分は, 行政機関が行うことはできない（78条）。懲戒処分を規定するのは, 裁判官分限法であるが, 処分の決定は裁判手続に則って行われる。裁判官に懲戒処分がなされた例として, **寺西判事補事件**がある。この事件では, 現職裁判官が,「盗聴法と令状主義」に関するシンポジウムに出席し, 所属する仙台地裁所長から出席しないようにとの事前の警告を受けたことに言及しつつ, パネリストを辞退した理由について発言したことが問題となった。この行為が,「積極的に政治活動をすること」（裁判所法52条1号）に該当するとして懲戒申立がなされ, 仙台高裁で戒告の決定が下り, それを最高裁が支持した（最大決1998年12月1日民集52巻9号1761頁）。裁判官に対してもなるべく市民としての政治活動の自由を保障しようとする立場から見ると, この程度の行為で「積極的」と評価するのは行き過ぎであるように思われる。なお本決定には, 弁護士出身の裁判官全員と1名の学者出身裁判官の計5名の裁判官が反対意見を書いていることが注目される。また**岡口判事事件**では, 現職裁判官のツイッター上の発言等について最高裁は「品位を辱める行状」（裁判所法49条）に当たるとして戒告処分を下した（最大決2018年10月17日）。曖昧な「品位を辱める」という概念を用いて, 裁判官の表現行為を制約することは, 著しい萎縮効果をもたらすので, 本決定には大きな疑問がある。

（5）最高裁判所裁判官

　最高裁判所は，その長たる裁判官（＝最高裁判所長官）および法律の定める員数のその他の裁判官（＝最高裁判所判事）によって構成される（79条1項）。その任命資格は，「識見の高い，法律の素養ある年齢40年以上の者」（裁判所法41条）であって，「15人のうち少なくとも10人は，高等裁判所長官または判事の職に10年以上あった者か，あるいは判事・検察官・弁護士・大学の法律学教授等の法律専門家としての職歴が通算して20年以上の者の中から任命されなければならない」としている。

　最高裁判所裁判官の任命権は内閣にあり，政権の一存で決定され，他の機関が全く関与し得ないことは問題である。2018年8月現在の構成は，職業裁判官出身者7名，検察官出身者2名，弁護士出身者4名，学者出身者2名，行政官出身者2名である（2名について複数の経歴を有するのでダブルカウントしている。女性は3名）。最高裁判所の裁判官は，**国民審査**を受ける。在任中その身分を保障され，また定められた額の報酬を受ける（78条，79条6項）。任期は定められていないが定年はあり，年齢70歳である（79条5項，裁判所法50条）。

　国民審査は，次のように行われる。最高裁判所の裁判官の任命は，任命後はじめて行われる衆議院議員総選挙の際に国民の審査に付し，その後10年を経過した後はじめて行われる衆議院議員の総選挙の際に再び審査に付し，その後も同様である（79条2項）。国民審査の結果，投票者の多数が裁判官の罷免を可とするときは，その裁判官は罷免される。具体的仕組みについては，最高裁判所裁判官国民審査法が定めをおいている。実際には，罷免を可とする投票は少なくこれまで実際に罷免された裁判官はいない。とはいえ，憲法は，最高裁判所に「訴訟に関する手続，弁護士，裁判所の内部規律及び司法事務処理に関する事項」に関する規則制

定権(憲法77条)や下級裁判所裁判官の指名権(憲法80条)を付与している。そして最高裁は憲法を含め日本の法令に関して最終的な有権解釈をなす立場にある。このように見てくると，この憲法が特に最高裁判所裁判官の適否について国民の直接的な審査に服さしめることにしたのは，極めて積極的な意義のある制度設計であったといえよう。国民審査制は，現行憲法下で，国民が国政に影響を与える可能性のある意思を直接表明する数少ない機会を与えるものであり，貴重な制度であるといえる。最高裁判所の審理および裁判は，大法廷または小法廷で行われる。大法廷は15人の裁判官全員の合議体であり，小法廷は5人ずつの裁判官によって構成される。

(6) **下級裁判所裁判官の人事と任期**

憲法80条は，「下級裁判所の裁判官は，最高裁判所の指名した者の名簿によつて，内閣でこれを任命する。その裁判官は，任期を10年とし，再任されることができる。但し，法律の定める年齢に達した時には退官する」と規定している。内閣に任命権を与えているのは，権力分立思想の表れであるが，これまで最高裁の指名人事が内閣によって覆されたことはなく，最高裁(実質的には長官の統轄下にある事務総局)が下級裁判所裁判官の人事権を手中に収めている。但し，そのような運用はあくまでも慣行に過ぎないので，最高裁は常に内閣の司法権のあり方に対する評価に注意を払う必要がある。なお下級裁判所裁判官の定年は65歳である(但し，簡裁判事は70歳)。

日本の裁判官の人事方式は，**職業裁判官型**に属する。これは，若い年齢で職業裁判官として採用され，年功序列でポストを移動しながら次第に経験を積むことによって重要なポストに抜擢されていくという人事方式である。キャリア系公務員の人事で一般的なこのような人事方式と

年任期制の規定は，矛盾する関係にある。憲法になぜ10年任期の規定が設けられたのかというと，それは，**法曹一元制度**を想定していたからである。英米法系諸国で一般的な法曹一元制度のもとでは，弁護士として有能で意欲のある者のなかから，裁判官や検察官が任命される。原則として10年間そのような公職を勤めた後，弁護士業に復帰するのが適当であろうと考えられたのである。

しかし日本の裁判官人事のあり方は，戦前の人事方式を踏襲して職業裁判官型を維持した。そこで憲法80条の任期制をどのように解釈するかが問題となってきた。最高裁は自由裁量説に立つ。それによれば，裁判官は任命の日から10年を経過すれば当然に退官するとされ，再任されるかどうかは最高裁判所の自由な判断に属する。しかしこれでは，裁判官の身分保障が著しく不安定なものとなってしまう。そこで通説は，裁判官の身分は10年後にひとまず消滅するが，職業裁判官型人事方式を取っている以上は，特段の事由ある不適格者でない限りは，当然再任されるべきである，と主張してきた。

最高裁の見解に従うと，裁判官人事は極めて不透明なものとなりかねない。実際，1971年に，熊本地裁判事補が不再任となったが，最高裁はその理由を明らかにしなかった（**宮本判事補事件**）。このことは長年にわたって批判の対象となってきたが，下級裁判所裁判官の人事の透明性を確保するため，2003年5月に最高裁に「**下級裁判所裁判官指名諮問委員会**」が設置された。最高裁は，裁判官の指名を行う前に，すべての任官希望者について，その指名の適否をこの委員会に諮問しなければならない。委員会は，自ら任官希望者についての資料情報を収集したうえで，その適否についての意見を最高裁に対して述べる。最高裁が，委員会の意見と異なる措置をとった場合には，その理由を委員会に通知しなければならない。こうして委員会の意見を事実上尊重する仕組みが採られている。

下級裁判所裁判官の人事に関して,裁判所法 48 条は,「その意思に反して,免官,転官,転所,職務の停止又は報酬の減額をされることはない」と規定し,強い身分保障を与えている。しかし実際には,最高裁事務総局は,最終的に最高裁裁判官等要職に任命される一握りのエリート裁判官を若いうちに選抜する一方で,特に憲法事件に関して最高裁の確立された判例に反旗を翻す裁判官をポストの上で冷遇する人事政策を採用した。後者については,1960 年代後半から 1970 年代前半にかけて政権政党の自民党からの判決傾向に対する強い批判が向けられたことに対する対応策という意味を持っていた（「**司法の危機**」**時代**）。

（7）裁判の公開

　憲法は,**裁判の公開**原則を採用している。秘密裁判は不公正な裁判の温床にほかならない,との考え方に立ち,非公開裁判の許される場合を明文で厳しく限定している。憲法 82 条 1 項は,「裁判の対審及び判決は,公開法廷でこれを行ふ」とし,同 2 項は,「裁判所が,裁判官の全員一致で,公の秩序又は善良の風俗を害する虞があると決した場合には,対審は,公開しないでこれを行ふことができる。但し,政治犯罪,出版に関する犯罪又はこの憲法第三章で保障する国民の権利が問題となつてゐる事件の対審は,常にこれを公開しなければならない」としている。

　裁判が公開されているといいうるためには,一般市民に**傍聴の自由**が保障されていなければならない。他方,訴訟当事者の利益,すなわち個人情報や企業秘密の保護,そして性犯罪被害者等の保護のための裁判の非公開措置等の必要性も否定できず,一定の保護がなされている。刑事訴訟規則 215 条および民事訴訟規則 77 条は,法廷における写真の撮影,録音,放送等を裁判所の裁量に委ねている。しかし実際の運用では,開廷中の撮影は禁じられている。より一層の公開措置が望まれる。

法廷における**傍聴人のメモ行為**が禁じられていたことに対して，最高裁は，「筆記行為の自由は，憲法21条1項の規定の精神に照らして尊重されるべきである」，とした上で，メモ行為が「公正かつ円滑な訴訟の運営を妨げる場合」は，「通常はあり得ないのであって，特段の事情がない限り，これを傍聴人の自由に任せるべき」である，との判断を示した（**レペタ事件最高裁判決・最大判1989年3月8日民集43巻2号89頁**）。

3. 憲法訴訟とその展開

(1) 憲法訴訟とその役割

制定された憲法が「国の最高法規」（98条）としての通用力を維持し，その上で変化して行く社会に柔軟に対応していくための1つの重要な仕組みが**憲法訴訟制度**である。また憲法訴訟制度は，権力分立制の一環として，政治部門の暴走を阻止するために大きな役割を果たす。このような考え方に基づいて，日本国憲法81条は，最高裁判所に「一切の法律，命令，規則又は処分が憲法に適合するかしないかを決定する権限」を与えた。

現在の世界を見渡すと，憲法訴訟制度は，グローバルスタンダードとなってきていることがわかる。歴史的に見ると，憲法訴訟制度が広まった大きなきっかけは，第二次世界大戦における全体主義の登場であった。全体主義を経験した日本（1946年），イタリア（1948年），ドイツ（1949年）が相次いで議会立法をコントロールしうる憲法訴訟制度を導入したのは，全く偶然ではない。第二の大きな波は，社会主義陣営の崩壊である。やはり自由と民主主義が抑圧されていた東欧諸国で憲法訴訟制度を導入した。アジアでは，活発に活動している韓国の例（1987年設立）が特に注目に値する。

これらの憲法訴訟制度を大別すると，通常の司法権の外側に，それと独

立した特別の憲法についての裁判所を創設して，たとえ個人や団体の権利や法的利益に関わる紛争が発生していなくとも，この機関がもっぱら憲法問題についての法的判断を示す**ドイツ型憲法裁判制（抽象的審査制）**と，個人や団体の権利や法的利益に関わる紛争解決を委ねられた通常の司法権が，具体的な問題を処理するのに必要な範囲で憲法についての法的判断を示す**アメリカ型司法審査制（付随的審査制）**に分類される。アメリカでは，連邦最高裁判所が1803年に下した**マーベリー対マディソン事件**判決において司法審査制を判例によって確立した。その後，多くの重要な憲法判例が積み重ねられてきた。

　憲法訴訟制度の役割として，①社会における構造的な少数者（例えば，宗教的少数者，少数民族，LGBTの人々等）に対して，多数者意思の反映される傾向の強い政治部門が適切な法的保護を与えていない場合，②表現の自由や選挙制度など，民主的な意思形成のプロセスにおいて不当な規制が行われている場合には，裁判所が積極的に介入する必要がある。この場合には司法の積極的介入を求める**司法積極主義**の考え方が妥当する。それ以外の場合に裁判所が憲法問題にみだりに介入すると，選挙で選ばれたのではなく国民に責任を負わない裁判官が政治部門の決定を踏みにじり国民主権原理をないがしろにする懸念が生じるので，介入が必要かどうかについては，原則として慎重な判断が求められる。この場合には司法の介入は謙抑的であるべきだとする**司法消極主義**の考え方が妥当する。このような考え方が一応の原則といいうるとしても，硬直した判断とならないために，社会の現実に即した，それぞれの人権にふさわしい法令審査のありかたを慎重に考える必要がある。また不必要な違憲判断を行わないようにすることも，ケースによっては有益である（**憲法問題回避の準則**）。

(2) 日本の憲法訴訟制度とその特徴

　かつては学説上の争いがあったが,最高裁判所は,日本国憲法はアメリカの例にならい司法審査制を採用している,とした(最大判 1948 年 7 月 8 日刑集 2 巻 8 号 801 頁　**警察予備隊違憲訴訟最高裁判決**・最大判 1952 年 10 月 8 日民集 6 巻 9 号 783 頁)。したがって,司法権が取り扱う通常の民事・刑事および行政事件において憲法上の争点が提起された時,その訴訟は憲法訴訟となる。憲法訴訟では,国の政治部門で形成された法令や国の様々な機関で行われている実務や運用を厳しく批判する主張がなされるので,どのような判断を下すとしても,通常の訴訟事件と比較して政治部門や一般の世論に与える影響が大きいのが通例である。憲法 81 条は,もっぱら最高裁についてのみ憲法訴訟の主体であることを明示しているが,すべての裁判官は具体的事件に関して違憲審査権を有している。

　最高裁判所が法令について違憲判決を下した場合,その法令は無効となる。だが,通説によれば,司法審査制の下でなされる憲法判断は当該事件に即した判断なので,判決の効力はその事件に限定される,としてきた(**個別的効力説**)。たしかに,最高裁が法令について違憲判断を下しても,その法令を削除する権限を持たないので当該法令を一般的に無効にすると考える(**一般的効力説**)ことは難しい。もし,そのような効力を認めてしまうと,消極的な立法作用を営むことになってしまうからである。ただ,文字通り個別的な効力しかないとすると,法的安定性や予見性を欠いてしまうので,通説は,実務上最高裁の違憲判決は尊重されるべきだとしている。実際には,国会や行政機関はほぼ適切な対応を行ってきた。薬事法(1975 年),森林法(1987 年),郵便法(2002 年),国籍法(2008 年),民法の婚外子相続分規定(2013 年),民法の女性の再婚禁止規定(2015 年)等の違憲判決に対して,直ちに国会は関係法律の廃止措置を取った。これに対して,尊属殺規定違憲判決(1973 年)については,自

民党の保守派が同規定の削除に強く反対したため直ちに改正は行われず, 20 年以上経過した 1995 年の刑法の口語化をきっかけとしてようやく改正された。また, 議員定数不均衡問題は, 問題の解決に向けて多くの困難な問題を提起している。

最高裁によってある具体的な論点について憲法判断が行なわれると, 当該事件に関しては下級審を拘束する（裁判所法 4 条）。通説によれば, 付随的審査制の下で憲法解釈権を有する下級審は, 常に最高裁の憲法判断を批判的に再検討する権限を有するから, 最高裁の判断に敬意を払う必要はあるが, それ以後にその争点について憲法判断は下級審を法的には拘束しない（**事実上の拘束力説**）。最高裁は, 自らの形成した先例に拘束されず, 過去の憲法判例を変更することができる。憲法改正は手続が厳格であるため, 社会状況の変化に適切に対応するために改正という手段に訴えることは必ずしも容易ではない。そこで, 一般の判例に比べて, 憲法解釈については積極的な判例変更（あるいは実際的な判断の変更）が認められるべきであろう。

(3) **憲法判例の展開**

戦後日本の憲法学は, 憲法の導入した違憲立法審査制（憲法 81 条）を活用した裁判による人権保障に期待をかけた。ところが, 1960 年代半ばまでの最高裁の人権に関する判例は, 基本的人権は一律に憲法 12 条及び 13 条の「公共の福祉」によって制約されるのであり, しかも, 人権を制限する立法の目的さえ正当ならば, その手段については最大限立法裁量を尊重するという考え方を示した。

憲法学は, このような判例の考え方では, 結局のところ, 法律の範囲内で臣民の権利を認めていた明治憲法と大差はないのでないか, と強い危機感を抱いた。そこで主にアメリカ憲法判例に示唆を得ながら, 抽象論

に流れがちな「公共の福祉」による制約を具体的な違憲立法審査基準論へと組みかえる努力を行った。

その後判例は, 学説の努力を一定程度受容して, 戦後当初とは異なる違憲立法審査を行うようになった。具体的には, 人権はその人権の性質自体から導き出される**内在的制約**に基づく制約のみが認められ, その制限は合理性の認められる必要最小限度のものに限定されることが強調された (**全逓東京中郵事件最高裁判決** (1966年))。また, 法令の解釈は憲法の保障する人権の価値をなるべく尊重するように行われなければならないとする, **合憲限定解釈**のアプローチが採用された (**都教組事件最高裁判決** (1969年))。精神的自由に対する規制と経済的自由に対する規制では合憲性の判定の基準が異なるとする「二重の基準」の考え方が示された (**小売市場事件最高裁合憲判決** (1972年))。このような考え方に基づいて, 公務員の労働基本権行使等について, 以前と比べて積極的に手厚い保障の手を差し伸べようとする姿勢が見られた。

しかしながら, 最高裁は, 全農林警職法事件判決 (1973年) において全逓東京中郵事件判決の考え方を覆して以降, 人権保障についてかなり消極的な姿勢に転じた。この時期以降は, 戦後当初の時期に支配的であった, 理由付けに乏しい合憲判決とは根本的に異なり, 規制類型に注目し, それに基づいて精緻な理由付けを行なう判決が, 数多く出されるようになった。この時期以降, 最高裁判例は, 消極主義的な姿勢が基調となっていった。だが, 1990年代以降, 衆議院議員選挙定数配分規定判決 (1976年), エホバの証人剣道受講拒否事件判決 (1996年), 愛媛県靖国神社玉串料事件判決 (1997年), 在外日本国民選挙権判決 (2005年), より最近では国籍法判決 (2008年), 婚外子相続分規定判決 (2013年), 再婚禁止規定判決 (2015年) 等, 注目すべき違憲判決も存在している。

1973年に大きな転機が生じた事情としては, この時代は, 55年体制の

下で自民党と社会党の対立が基本的な政治的対立軸にあった時代であり，自民党にとって労働基本権保護に厚い最高裁の一連の判例動向は，労働組合勢力（総評）によって支えられていた後者に大きな政治的利益をもたらすものと受けとめられた。その結果，自民党から司法権に対して大きな圧力がかけられるとともに，自民党政府は保守的傾向のある最高裁判事を次々と任命していった。このような状況の下で，最高裁は，政権政党との間で大きな軋轢を引き起こさないように，表現の自由や労働基本権などがかかわるケースについても司法消極主義を適用する立場を選び取ったのである。

　日本の現在の憲法裁判の現状に対して学説は，基本的になお厳しい評価をしている。特に選挙活動を含めた表現の自由についての規制や選挙権の平等などについて，経済的自由に対する規制よりも厳しい審査基準で審査をしていないことについて批判がなされている。このような状況の下で，現行の司法審査型の憲法裁判ではこれ以上の活性化は望めないと考えて，ドイツ型憲法裁判制に基づく憲法裁判所の導入を提唱する見解も現われている。

（4）グローバル化と憲法訴訟

　裁判において，憲法規範を援用する以外にも，基本的人権の裁判的救済を実現する方法はないだろうか。この点について最近注目を集めているのが，いわゆる**国際人権訴訟**である。これは，国内裁判において，憲法の人権条項と内容的に重なり合う面を含んだ人権条約を援用して救済を求めて提起された訴訟を指す。この点に関して，国内法（憲法および法律をはじめとする国内下位法令）と，締結した国際人権条約，締結していない国際人権条約，外国法における人権判例等とを絶対的に峻別してしまうのではなく，それらもやはり日本の裁判官が憲法問題を法的に解決す

る上での法源（裁判官が裁判を行なうにあたって援用しうる法）として位置づけるべきだとする考え方（「トランスナショナル人権法源論」）が望ましい（山元一）。

この主張によれば，立法権・行政権・司法権等憲法の下にあるすべての国家機関は，国際人権法によって直接に法的に拘束され，自らに付与された権限の範囲内において国際社会に対してその履行確保の責任を共有し，国際社会に対して法的な応答責任を引き受けるべきである（具体的にいえば，国際人権法の示唆する解決方法がある場合で，裁判官が個々具体的なケースにおいてそれに反する判決を下そうとする場合には，なぜそのような解決方法を採用しないのかについて説得力のある説明を行なう論証責任を負う）。このような裁判官のあり方は，＜グローバル世界に立つ裁判官＞という裁判官像を生み出す。このような裁判官像が定着するとき，日本国憲法は，＜国際社会に開かれた人権保障システム＞として運用されることが可能となる。

演習問題

① 統治行為論の是非について，検討してみよう。
② 裁判の公開制度について，犯罪被害者支援との関係で検討してみよう。

13 | 象徴天皇制とその課題

《目標＆ポイント》　この章では，日本国憲法の下で定められた象徴天皇制について学ぶ。具体的には，大日本帝国憲法の下での天皇との対比で象徴天皇制の意義と特徴を明らかにした上で，生前退位問題や女性天皇問題について取り上げることにする。

《キーワード》　象徴天皇制，国事行為，元首，生前退位問題，女性天皇問題

1．象徴天皇制のあらまし

（1）統治権の総攬者（そうらんしゃ）から国民統合の象徴へ

　ポツダム宣言を受諾した日本は，アメリカ軍の占領を受けた。戦争は昭和天皇裕仁の名の下に行われたため，裕仁天皇の処遇は国際的に見て重要な関心事項となった。アメリカ政府は，日本占領に臨むにあたって日本の天皇制の存廃や裕仁天皇の処遇について，必ずしも明確な政策的判断を有してはいなかった。アメリカ以外の連合国陣営には，天皇の戦争責任を厳しく追及するべきだとの意見も存在していた。

　このような状況の中で，連合国軍最高司令官総司令部（GHQ）は，天皇が敗戦後もなお国民の間で高い権威を保持していることを目の当たりにした。また8月15日のラジオ放送で知られる「終戦に関する詔書」によって天皇の権威の下で行われた帝国海軍と陸軍の武装解除や復員が順調に進むのを受けて，ダグラス・マッカーサー連合国軍最高司令官（1945－1951年在任）をして，「天皇は，20個師団に匹敵する」といわし

めた。「天皇制打倒, 人民共和政府の樹立」を掲げる国内共産主義勢力の成長も予想される中で, アメリカ政府は, 天皇を占領統治に利用することを決断した。但し, アメリカ側は, 大日本帝国憲法の下で天皇が有していた強大な権能については大幅に削減しなければならない, と考えていた。

このような事態の推移の中で, 天皇は自ら神格性を否定した（1946年1月1日「**人間宣言**」）が, 日本政府にとっては, 占領下においても天皇が統治権の総攬者であるとする国体を擁護すること（「国体護持」）がなお至上命題であり続けた。大日本帝国憲法改正案の憲法に着手するために内閣に設置された**憲法問題調査委員会**は, 天皇の憲法上の基本的な地位については, そのまま維持する方針に立ち, 実際に作成された改正案（憲法改正要綱）においては, 大日本帝国憲法1条から4条までのうち, わずかに3条が「天皇ハ神聖ニシテ侵スヘカラス」から,「天皇ハ至尊ニシテ侵スヘカラス」に変えられただけであった。

1946年2月1日, 新聞のスクープ報道で日本政府で検討中の憲法改正案の方向性を知ったマッカーサーは, 急遽, 3つの項目よりなる覚書（マッカーサー・ノート）を作成し, 総司令部民政局に対して, それに基づいて新憲法の草案づくりを行うように指示を下した。その第一原則は天皇制についての指示であった。それは,「天皇は, 国の頂点に位置する。皇位の継承は, 世襲である。天皇の職務および権能は, 憲法に基づき行使され, 憲法の定めるところにより, 国民の基本的意思に対して責任を負う」と指示された。

民政局は,「皇帝ハ国家ノ象徴ニシテ又人民ノ統一ノ象徴タルヘシ彼ハ其ノ地位ヲ人民ノ主権意思ヨリ承ケ之ヲ他ノ如何ナル源泉ヨリモ承ケス」という改正案（マッカーサー草案）を作成し, 日本政府に突きつけた。日本側は,「象徴」という新奇な表現に驚愕した。しかしながら, 最終的には, 政府はこれを受け入れない限り国際情勢から見て天皇を守る

ことは困難だと判断して,これを受け入れ,本改正案に基づいて政府案を作成することとした。本改正案の考え方は,そのまま現行憲法1条に受け継がれている。天皇を「象徴」と位置づけるマッカーサー草案の直接の参考にされたのは,日本の民間の知識人グループの結成した**憲法研究会**において示された考え方だったことが今日では知られている。同研究会の案では,「天皇ハ国民ノ委任ニヨリ専ラ国家的儀礼ヲ司ル」とされていた。

(2) 象徴天皇制の意義

象徴天皇制の最も重要な意義は,「この地位は,主権の存する日本国民の総意に基く」(憲法1条)とされ,天皇制の根拠がもはや神の意思ではなく,主権者国民の政治的意思に立脚するものとされたことである。明治憲法体制の下では,皇室に関わる問題については国民の関わるべきことではないと考えられており,大日本帝国憲法と**皇室典範**の2つの法典がともに国の最高ランクの法規範の地位を占めていた(そこで,**明治典憲体制**と呼ばれ,政務法たる憲法と宮務法たる皇室典範の二元主義が採用されていた)。これに対して,日本国憲法体制の下では,日本国憲法のみが「国の最高法規」(憲法98条)であり,皇室典範は,通常の法律の一種にすぎない(憲法5条)とされた。

明治憲法の下での天皇は主権者であり,統治権を行使する主体であった。それだけでなく,不変的・絶対的な日本の家父長的社会秩序と祭政一致の理念の体現者であった(安丸良夫)。日本国憲法の下での天皇は,「**国政に関する権能を有しない**」(憲法4条)とされ,もはや政治についていかなる決定権も持たない。こうして,国民主権と基本的人権の尊重を前提とする象徴天皇制は,明治憲法下の天皇制とは全く別物として,日本国憲法によって新たに法的に再構築されたのである。ただ,裕仁天皇

は，日本国憲法の下においても，統治者意識を保持し，天皇制の安泰を図るため日米安保体制の確立にむけて主体的に重要な外交上の影響力を行使していた，との最近の歴史研究の成果がある（豊下楢彦）。

皇室経済に関しては，「すべて皇室財産は，国に属する」とされており，皇室の費用は，予算の審議を通じて国会のコントロールを受ける（憲法88条）。さらに，憲法は特に，皇室と特定の団体や個人が親密な関係になることを防止するため，「皇室に財産を譲り渡し，又は皇室が，財産を譲り受け，若しくは賜与することは，国会の議決に基かなければならない」（8条）としている。

2．象徴天皇の地位と活動

（1）象徴という地位

一般に，憲法の中に，国を**象徴**するものについての規定が設けられることは珍しくない。そのほとんどの場合，国家を象徴するものとして憲法で引き合いに出されるは，国旗である。そもそも象徴とは，このように，＜実際には目では見ることのできないもの＞（現に存在する国のまとまりや国民のまとまり）を，一定のデザインの描かれた布という＜実際に目で見ることのできるもの＞によって表現するのである。別の例を挙げれば，平和も抽象的な観念であるが，＜実際には目では見ることのできないもの＞である。そこで，それは，しばしば白い鳩によって象徴させるのである。

象徴と類似する観念として，**代表**観念がある。日本国憲法は国民主権を標榜するが，国民一人一人に意見を聞くことは実際には難しい。そこで憲法は，国民に対して国民代表を選出させ，その代表者に国民の様々な意見や見解などを代弁させることによって，国民の意思のありようを明らかにしようとする。すなわち，代表の場合も，国民の意思といっても一

枚岩ではなく多種多様な意見によって構成されているので，国民代表に国民の意思を表明させるのである。象徴と代表の大きな違いは，象徴の場合，国のまとまりや国民のまとまりと国旗の間，平和と白い鳩の間には同質性が存在せず，あえて異質なものを媒介とすることによって，前者を目に見える形で示す点にある。天皇と国民は身分が異なり，この意味では相互に異質な存在である。これに対して，代表の場合，国民と国民代表は同質的な存在であり，国民はいわば自分の仲間の中から適切な人物を選んで国民代表として国会に送るのである（鵜飼信成）。

　日本国憲法の特徴は，象徴を国旗のような物的存在ではなく，天皇という人的存在に委ねたところにある。この点について，日本国憲法は，スペイン憲法に影響を与えた可能性がある。というのも，同国の憲法56条1項は，「国王は，国家元首であり，国の統一および永続性の象徴である」と規定しているからである。

　象徴天皇制の機能は，国や国民が1つのまとまりをもって現実に存在していることを表現するところにある。象徴を通じて国や国民は1つのまとまりとして表現されるが故に，実際に国民の間に存在する鋭い意見や利害の対立や緊張関係が覆い隠されてしまう。これに対して，国会に集う国民代表間には常に大きな意見の対立が見られる。こうして，象徴によっていったん覆い隠された国民相互間の対立が代表を通じて再び姿を現すことになる。このように日本国憲法は，一方で，国民が形成している1つの政治的共同体のまとまりの側面（「日本国および日本国民」が「統合」されていること）を象徴たる天皇という一人の人的存在によって表現させ，他方で，政治的共同体に存在する意見や利害の対立の側面を国民代表によって表現させるのである。このような意味で，憲法は，**象徴と代表の二元主義**に立っている。そして憲法は，天皇がこのような意味での象徴としての役割をよりよく果たすことができるようにするため

に，国事行為を行わせることにさせた，と考えられる。

　なお，憲法が天皇を象徴であると規定しているからといって，国民は天皇を日本という政治的共同体のまとまりを象徴するものとして考えるべきである，と憲法によって命ぜられていると考えてはならない。そのような考え方は，国民を個人として尊重し（憲法13条），各個人に思想・良心の自由を保障した憲法（19条）の最も基本的な考え方に反する。

　象徴という地位に関連して，通説は，象徴としての天皇の刑事責任は否定されるが，民事上の責任については，特に天皇を除外する必要はないとしている。これに対して判例（最小判1989年11月20日民集43巻10号1160頁）は，「天皇は日本国の象徴であり，日本国民統合の象徴であることにかんがみ，天皇には民事裁判権が及ばないものと解するのが相当である」とした。実は，戦前でも天皇の民事責任を否定しない立場が有力であったことを考えると，この判決の考え方には大きな問題があろう。

（2）象徴と元首

　大日本帝国憲法は，天皇を元首として明確に規定していた（4条）。これに対して，日本国憲法には，誰が元首であるかを示した規定が存在しない。通説は，元首ということができるためには，少なくとも対外的に国家を代表して行動することのできる権能（たとえば，条約締結権などの外交問題処理権）を有していなければならない，と考えてきた。この基準を当てはめれば，「国政に関する権能」を有しない天皇を元首と呼ぶことはできない。この基準に従って，あえて元首を探すとすれば，内閣ないし内閣総理大臣ということになる。但し，実際の外交関係においては，天皇は，元首としての扱いを受けている。

(3) 人権の主体としての天皇・皇族

　天皇及び皇族は世襲制原理の支配する世界を生きており（憲法2条），一般国民には存在しない様々な身分的特権を享受している。だが，それとひきかえに，彼らの人生及び日々の生活は，重大な制約を受けてもいる。この点については，基本的人権の理念に照らして，天皇及び皇族も，一度きりの生を全うする人間存在としての本源的な権利を有する，と考えなくてはならない。彼らにも当然，プライバシーや内面的な精神的自由など**私的領域における自由**が認められる。

　天皇・皇族の人権に関して，具体的には以下の点が問題となる。天皇及び皇族は現在，**参政権（選挙権及び被選挙権）**を行使していない。確かに，政治的公職を求めて立候補することは，彼らの存在理由に反するので認められない。だが，秘密投票制度の下で，彼らが選挙において一票を投ずることまでを否定する必要はないので，過剰な規制といわざるをえない。これに対して，政党に加入すること（憲法21条1項）や，天皇や皇室の身分を保持したままで外国移住や国籍離脱を認めること（憲法22条2項）は，不適当であろう。

　表現の自由・信教の自由・学問の自由に関して，天皇・皇族には大幅な制約を課さざるを得ない。まず，「国政に関する権能」を有しない天皇が政治に関わることがらについて表現活動を行うことは，国政に大きな影響を与える可能性があることを考えると，やむにやまれぬ事情がない限りは禁止されなければならない。他の皇室メンバーも同様に禁止されるべきである。したがって例えば，事前に内閣のコントロールが及ばないおそれがあるようなインタビューには応じるべきではない。

　学問の自由についても，政治的ことがらに関係する社会科学の領域の研究成果の公表については，大きく制約される。皇室メンバーも，これに準じて取り扱われるべきである。したがって例えば，彼らが，憲法や政治

の研究者として活動することは，実際上困難であろう。

　信教の自由についても，彼らの私的領域で宗教を信じそれを実践することは自由であり，現実にも皇室神道・皇室祭祀を行っている。だが，彼らが，一般人の目に触れるところで宗教活動を行うことは重大な問題を提起する。これに関連して，皇室典範25条は，天皇が逝去した場合「**大喪の礼**」を行うべきことを定めているが，本儀式は国家儀式として挙行されるのであるから，皇室の私的行事として行われる「**葬場殿の儀**」とは異なり，政教分離原則が貫徹されなければならない。

　現行法上，天皇・皇室メンバーは，**婚姻の自由**等の家族関係の形成の自由についても，一般国民と比べて大きな制約を課されている。すなわち，一般国民は両性の合意のみに基づいて婚姻できる（憲法24条1項）のに対して，天皇および皇族男子の婚姻は皇室会議の議を経なければならず（皇室典範10条），ゆえに単に両性の合意のみでは婚姻は成立しない。

　また天皇および皇族は例外なく養子を取ることができない（同9条）。**家族関係の形成**に関するそのような広範な制約については，憲法上疑問がある。

　なお，現行の皇室典範では男子のみが**皇位継承権**を有する（同1条）。皇族女子は婚姻によって皇室を離脱するが，皇族男子は，婚姻を原因として離脱することはない（同12条）。また皇室典範によれば，皇太子および皇太孫を除く皇室男子は，「やむを得ない特別の事由があるときにのみ，皇室会議の議により，皇族の身分を離れる」ことができるだけである（同11条）。このことは，皇太子および皇太孫の職業選択の自由が完全に否定されており，それ以外の皇室男子についても皇室の身分からの離脱が強く制限されていることを意味する。天皇および皇室メンバーが自発的意思を十分に尊重される仕方で皇室の身分から離脱することができ

ないことは，彼らの人格的自律を侵害する，と考えられる。

（4）国事行為

　憲法は，天皇は，憲法の定める**国事行為**のみを行うことができる，と規定した（4条1項）。そして憲法は，具体的には，内閣総理大臣及び最高裁判所長官の任命（6条1項，同2項）のほか，国事行為の委任ならびに，7条の1号から10号の定める計13の国事行為を規定している。しかもこれらの行為に関しては，すべて「**内閣の助言と承認を必要とし，内閣が，その責任を負ふ**」と定めている。したがって，天皇は，国事行為に関してたとえ「内閣の助言と承認」の内容を不当ないし違憲だと考えても，それに従う憲法上の義務がある。そのこととひきかえに，「内閣の助言と承認」に従って行った国事行為について，天皇は全く責任を負わない。「助言と承認」という表現は，2つの行為を内閣が行うように想像させるが，憲法は，天皇が内閣の指示に従って行動することを命じている，と考えればよい。

　憲法7条の定める「国事行為」は，具体的には，①憲法改正，法律，政令および条約の公布，②国会の召集，③衆議院の解散，④国会議員の総選挙の施行の公示，⑤国務大臣および法律の定めるその他の官吏の任免ならびに全権委任状および大使および公使の信任状の認証，⑥恩赦の認証，⑦栄典の授与，⑧批准書および法律の定めるその他の外交文書の認証，⑨外国の大使および公使の接受，⑩儀式の挙行である。

　本条の背景には，西欧において発展した**大臣助言制**および**大臣責任制**という政治的慣行がある。これは，形式的には君主が従前通り統治権を有するものとされていても，実際には，大臣の補佐の下に行う体制を整え，君主から政治的決定権を奪い，失政については大臣が責任を負うものとすることによって，議会による大臣に対する責任追及を通じた民主的

コントロールを行政権に対して及ぼすことができるようにするものである。このように君主の有する権限を形式的に維持したまま，実際の決定権を別の者が行うようにすることを**名目化**と呼ぶ。日本国憲法は，天皇の権能の名目化を徹底させ，国事行為を限定列挙した上で，それらの行為を行う天皇を内閣の「助言と承認」の下におき，その結果天皇を内閣の指示に忠実に従うべき「ロボット的存在」（宮沢俊義）にした。

なお，憲法の文言上は，すべての国事行為について，内閣による「助言と承認」が求められているが，内閣による指示を受けるまでもなく，天皇の国事行為の内容が明らかなことにまで，内閣が閣議を開催して「助言と承認」を行う必要があるかどうか（例，＜国会で指名されたXを，間違いなく内閣総理大臣に任命しなさい＞という，内閣による「助言と承認」が必要かどうか）について，学説の意見は分かれている。この点に関する学説の対立の背景には，国事行為はすべて形式的ないし儀礼的な行為であって，初めから実質的政治的権能とは無縁の行為であると捉えるか，それとも，国事行為の中には衆議院の解散のように実質的政治的権能を有する行為を，内閣の「助言と承認」に基いて内閣が実質的に決定する行為も含まれている，と考えるかの考え方の違いがある。

そもそも，なぜ憲法は天皇に国事行為を行わせることにしたのであろうか。なるほど政治的な事柄について全国民の意見が一致することはありえないから，国民共同体のまとまりを表現するために憲法がその地位を認めた象徴たる天皇は，常に政治の圏外に立っていなくてはならない。「国政に関する権能」を有しない天皇は，事実上も国政の動向に影響を与えてはならない。というのも，もし天皇が政争に巻き込まれる事態が生ずれば，**象徴としての機能**そのものを果たすことが困難になってしまうからである。しかし逆に，天皇が国民から不可視的な存在となってしまえば，天皇は現実に象徴としての機能を果たすことができなくなってし

まう。そこで憲法は,「天皇の象徴的機能の『場』」(黒田覚)を確保するために,重要な国家的なイベントにおいて,たとえそれが形式的儀式的次元のものだとしても一定の活動の場が与えられていることが望ましいと考えて,天皇の行うべき国事行為を定めたと考えられる。この点からいえば,憲法は,もともと天皇が歴史的な神秘性を帯びた存在であるというだけで,現在の社会において象徴として機能しうるとは考えていないことがわかる。

(5) 国事行為以外の天皇の公的行為の限界

憲法の定める国事行為以外にも,天皇が公人として,あるいは象徴的機能をよりよく果たすために認められるべき公的活動があるかが,問題となる。国の象徴として国旗などの物が定められている場合には,物自体が積極的・能動的に行動することはありえない。これに対して,象徴天皇は人間存在であるから,積極的・能動的に行動しうる主体である。そこで,限定列挙された国事行為以外にも,象徴たる天皇は公的活動を行うことができるかどうかが,日本の憲法学でこれまで盛んに議論されてきた。とりわけ大きな議論を呼んだのは,天皇の国会における「おことば」である。それ以外にも,外国元首との親書・親電の交換,外国公式訪問,外国の国家的行事への参列,国体などへの出席,園遊会,一般参賀,国内巡幸,謁見,内奏などが引き合いに出されてきた。

この点に関して,**A説(国事行為以外の公的行為否定説)**は,天皇が公的行為として行うことのできるのは国事行為のみに限定される,と考える。この考え方を前提として,天皇の国会における「おことば」は違憲であるとする説,国事行為に準じて認められるとする説,「儀式を行ふ」に含まれるとする説などが唱えられている。このうち違憲説は明快であるが,現実と遊離していると批判されうる。

B説（「象徴としての行為」説）は，憲法が象徴たる天皇の存在を認めている以上，「国政に関する権能」を有しないという制限の下で，象徴として何らかの公的行為を行うことは容認される，と考える。但し，本説によれば，「象徴としての行為」と認められるためには，①象徴の性質に照らして当該行為が非政治的行為であること，②当該行為は，天皇の私人としての行為ではないから必ず内閣の補佐と責任の下でおこなわれなければならない，という2つの条件が課される。
　C説（「公人としての行為」説）は，天皇をひとまず社会生活上高位にある公人として把握した上で，例えば首相が野球の始球式でボールを投げることがあるように，公人であれば，職務に直接関連する行為以外にも，間接的に関わる行為などをはじめ，一定の社会的活動を行うことが期待されており，憲法は天皇によるそのような行為を否定してはいないと考える。この説も，B説と同様に，当該行為が非政治的行為であることを前提として，天皇は，内閣の責任の下にそのような行為を行うことができる，とする。
　天皇は，(1)で見たように，現行憲法体制において，代表とならぶ象徴という特殊な機能を託されている。激甚災害の被災地を訪問し，災害による被害に苦悩し将来に不安を抱く被災者を激励することは，天皇にとって，社会的に許容あるいは期待される自然な行為であろう。このような文脈において，B説ないしC説に基づいて，天皇が特殊な公人類型たる象徴として活動することは，憲法上認められる。但し，首相の場合とは異なり，天皇がこのような場面で政治的中立性に抵触する行為を行うことは，象徴としての機能を阻害する結果をもたらすので，厳しく禁止されなければならない。

3．象徴天皇制をめぐる最近の問題

（1）生前退位問題

　憲法上，天皇の退位を定める規定はない。皇位の継承について規定しているのは，「天皇が崩じたときは，皇嗣が，直ちに即位する」とする皇室典範4条である。江戸時代においては，生前退位して譲位した天皇の方が数としては多数派であった。ところが，明治以降は，天皇の逝去のケース以外の皇位の継承，すなわち生前退位は認められなくなった。

　ところで，明仁天皇は1933年に生まれ，1989年に天皇に即位した。彼は現在80歳を超える高齢者となり，大きな外科手術を経験したこともあり，生前退位を希望するようになるに至った。2016年8月8日当時82歳となっていた天皇は，ビデオ映像で大要以下のような内容からなる「**象徴としてのお務めについての天皇陛下のおことば**」を発表した。それによれば，「天皇の務めは，国民の安寧と幸せを祈ること，国民の思いに寄り添うことと考え，また国民に対する理解を深め，常に国民と共にあるという自覚を持つ必要があると感じてきた／天皇の高齢化は，国事行為やその象徴としての行為を限りなく縮小していくことによっては対処できない／天皇が危篤を迎え，そして死去した後の社会や国民の暮らしに対する重大な影響も看過しえない」とされた。

　天皇のこの「おことば」を受けて，国会では，「天皇の退位等についての立法府の対応」に関する衆参正副議長による議論のとりまとめがなされ（2017年3月17日），また政府側では，首相は私的諮問機関「天皇の公務の負担軽減等に関する有識者会議」を組織し，その報告を受けた。その結果，皇室典範の退位制度についての一般ルールの改正という方法ではなく，天皇明仁に生前退位を認める一代限りの特例措置として，「**天皇の退位等に関する皇室典範特例法**」が衆参両院で全会一致で可決・成

立した（同年6月9日）。本法は, 公布の日から3年以内に, 政令によって施行されることになっている（附則1条）。本法が施行されれば, 天皇明仁は「上皇」となり, 現皇太子徳仁が皇位を継承し天皇となる。それに伴って, 元号も改められる（元号法2条）。

　退位の可否について, ①退位制度はその運用において政争を引き起こす危険がある, ②退位に関する天皇の自由意思を確認することは難しい, ③天皇が国事行為を遂行できないときには摂政制度が用意されているから退位制度は導入する必要がない, との従来の立法政策上の反対論を押し切って, 実現された。

　明仁天皇の生前退位問題は, 以下のような憲法上の論議を呼び起こした。

　第一は, 天皇の「おことば」に端を発し, 最終的に特例法制定という立法的解決をみた一連の経過について, 「おことば」が立法という重要な政治的行為を導き出したことは, 「**国政に関する権能**」を有しないはずの天皇が行った憲法に抵触する行為なのではないか, という疑問が生ずる。確かに, 一般的にいって, 天皇が直接的ないし間接的に立法をはじめとする法令の制定改廃についての希望を公的に表明することは, 憲法に抵触する。しかし, 本問題は, 一般人の問題に引き直せば職業選択の自由の基礎にある人格的自律に関わる。天皇本人が, 内閣の補佐と責任の下で, 天皇個人の人生のあり方にとって重大な問題である退位問題について制度改革を望み, その趣旨の発言をすることは, 当事者にしか発言し得ない, やむにやまれぬ希望の表明として憲法上許容され, 憲法尊重擁護義務（憲法99条）に反しない, と考えられる。これとは対照的に, 天皇が, 例えば, 現在の日本の政治状況を憂えているので退位させてほしい, と公然と述べることは決して許されず, そのような発言を許せば, 内閣は責任を追及されるべきである。

第二に，高齢化した天皇にとって遂行が難しくなったとされる行為の範囲が問題となる。天皇が 2.（5）で見たように，仮に国事行為以外の公的行為の遂行が禁じられているとしたら，そもそも行うべき国事行為は限定されているはずである。しかも憲法は，天皇による国事行為遂行が困難な場合に備えて，「天皇の名でその国事に関する行為を行ふ」べき**摂政職**を用意している（5条）から，天皇に生前退位をさせる必要性に乏しいことになる。この点，天皇自身が自らの果たすべき公的行為についての憲法解釈として，「**象徴としての行為**」説に立っていることを公的に表明したといえる。

　天皇は，政治の圏外に身を置くことを条件として，自らが象徴としてよりよく機能しうるために一定の公的行為を行うことは認められる。その目的は，天皇は世襲制に基づく正統性を有しているだけでは不十分であり，象徴として，日本という政治共同体のまとまりを表現するものであることが，国民に説得力を持って受けとめられるようにすることである。その内容・方法は，慰霊や慰藉・慰問のための諸活動をはじめとする国事行為以外の一定の能動的・積極的行為である。確かに，このような活動は，国事行為を代わって行う摂政に期待することはできない。そして，そうであるからこそ現行法上摂政制度が存在していても，なんらかの生前退位制度を構築するべき「立法事実」が存在する，といえよう。

　象徴天皇のあり方がこのようなものであるとすれば，天皇制の維持にとっては歴史的伝統的価値を承認するだけではもはや不十分であることになる。将来の国民の多くが，政治共同体のまとまりを表現する象徴として機能するために，諸々の能動的・積極的行為を実践する天皇は不必要だ（あるいは将来の天皇がそのような行為を行わないために，現に象徴として十分機能し得ていない）と判断するに至れば，国民主権に基づいて象徴天皇制は廃止される可能性が生じる，というのが，論理的な帰結

である。

(2) 女性天皇問題

　現在,皇位を継承する可能性のある者の数が少なくなり,安定的な皇位継承の確保にとっての大きな不安材料となっている。この点については,皇室典範特例法の成立の際に,付帯決議がなされている。その大きな理由は,皇室典範1条が,明治典憲体制下のあり方をそのまま受け継ぎ,「皇位は,皇統に属する男系の男子が,これを継承する」と規定し,歴史上は実例のある女性天皇の登場を排除しているからである。現行法を前提とすれば,将来的には,**皇位継承資格者**は,2006年生まれの悠仁親王だけになってしまう可能性が極めて高い。これに対して諸外国では,ヨーロッパを中心として**王位継承権**は女性にも開かれる傾向にあり,イギリスでは現に女王が存在するほか,現在スペイン（但し,男子優先制度を採用）・オランダ・ベルギーでは,女性が第一順位の王位継承資格者となっている。このほか,ノルウェー・スウェーデン・デンマークでも,王位継承資格に関して男女が平等に取り扱われる。

　女性天皇問題に関して,憲法は,「皇位は,世襲のものであつて」と定めるのみで,皇位継承者が男性に限定されるべきことを規定していない。また,憲法14条は,法の下の平等を定め,性別による差別を禁止している。ここから生じる疑問は,皇室典範1条は男女差別の規定であって憲法違反なのではないか,というものである。

　この点に関して,世襲制の身分制社会の論理を継承した象徴天皇制,そしてそれを支える皇室制度全体が,個人の尊重と法の下の平等を基本的原理として掲げる日本国憲法にとっての＜異物＞ないし＜飛び地＞であり,継承順位の問題についてだけ男女平等原則の適用を求めるのは説得力がない,とする立場がある（長谷部恭男）。

これに対して、憲法の定める世襲制度は、必然的に女性を排除した世襲制でなければならないことにはならないから、やはり男女差別にほかならないとの反論がなされており（辻村みよ子）、こちらの方に説得力がある。このような考え方からすれば、現在、皇族女子のみが婚姻を原因として皇族の身分を離れると規定されていることは、法の下の平等に反する、といえよう。

なお小泉内閣の下で出された「皇室典範に関する有識者会議報告書」（2005年11月24日）は、皇位継承順位について、「男女区別せずに、年齢順に皇位継承順位を設定する長子優先制度が適当である」としたことが注目される。

演習問題

① 天皇・皇室メンバーに対する婚姻の自由の制約について、あなたなりの見解を考えてみよう。
② 女性天皇問題について、あなたなりの見解を考えてみよう。

14 | グローバル化時代の平和主義

《**目標&ポイント**》 日本の平和主義は,グローバル化時代を迎えて大きな岐路に立っている。この章では,日本国憲法の特色である平和主義についての基本的な考え方と,その直面する諸問題について学ぶ。具体的には,平和主義,憲法裁判と自衛隊,自衛隊の国際協力,集団的自衛権問題などを取り上げる。
《**キーワード**》 戦争の違法化,平和主義,憲法と再軍備,憲法裁判と自衛隊,自衛隊の国際貢献,集団的自衛権問題

1.「戦争の違法化」と憲法の平和主義

　日本国憲法の平和主義を適切に理解するためには,まずはじめに,これまでの国際社会が戦争という重要な課題にどのように向き合ってきたのか,その歩みを振り返る必要がある。

(1) 国際社会における「戦争違法化」への流れ
　中世ヨーロッパ社会は,キリスト教に基づいたゆるやかな普遍共同体であった。極めて分権的な構造を持ったこの社会において支配的であった戦争観は,「**正戦論**」であった。この考え方によれば,戦争の正邪は神学的にみて「正しい原因」か否かによって判定される。これに対して,「近代主権国家」が出現し,このような国家が国際社会の基本的な構成単位となることによって,19世紀初頭ころから「正戦論」に代わって支配的な考え方になっていったのが,「**無差別戦争観**」である。ただ,ここで

の国際社会は，実際にはあくまでもヨーロッパに限定されていた。

　「無差別戦争観」は，宗教的世界観が衰退し主権国家システムの定着する時代における戦争観である。戦争の正邪を判定するべき客観的判定者が存在しないとしたら，正邪を判定することのできるのは，実際に戦争を遂行する当事者である「近代主権国家」以外にはない。ただ，「近代主権国家」は国内では絶対的な存在ではあっても，国際社会においては，共存する多数の国家のうちの１つに過ぎないから，それぞれの主権国家が戦争に訴えるべきだとした決断を平等に尊重するよりほかはない，とされた。

　こうして，主権国家が戦争を行なうか否かを自由に決定することは，その理由の如何を問わず主権国家の正当な権利となった。したがって，この時代の国際法にとって「戦争の合法性に関する法（*jus ad bellum*）」は考察の埒外であり，国際法が明らかにし，各主権国家に遵守を要求できるのは，「戦争の遂行方法を規律する法（*jus in bello*）」に限定される，と考えられるようになったのである。第一次世界大戦まで，このような考え方が国際社会を支配していた。

　第一次世界大戦後に，「**戦争の違法化**」という，再度注目すべき戦争観の転換が生じた（**新正戦論**ないし**差別戦争観**）。日本国憲法の平和主義もこの流れの中にある。上で見た「無差別戦争観」は，各主権国家に戦争開始について，原則として自由な判断権を付与するものであるから，容易に国際紛争が勃発するリスクが生じる。国のすべての力を搾り取り，数多くの死傷者を出す総力戦と化した第一次世界大戦の悲惨な有様に直面して，戦争および武力の行使を原則的に禁止し，それを違法視する「戦争の違法化」が国際法における主流的な考え方になる。またそこには，これ以上の帝国主義的戦争を防止する意義もあった。

　先頭を切って「戦争の違法化」を宣言したのは，「締結国ハ戦争ニ訴ヘ

サルノ義務ヲ受諾（スル）」と宣言した**国際連盟規約**（1919年）であった。それに引き続き，アメリカとフランスのイニシアチブで世界に締結国を募った**不戦条約**（1928年）が成立した。本条約には日本も参加したが，当時の世界の主権国家の9割が参加し，国際社会における戦争観を大きく転換させる役割を担った。しかし，本条約は自衛戦争を禁じるものではなかったため，自衛の名のもとに戦争が勃発し，第二次世界大戦に発展してしまった。

この悲惨な失敗を踏まえて，第二次世界大戦後再出発した国際社会は，**国際連合**を立ち上げ，「戦争の違法化」の取組みをさらに強化し，戦争を防止するために**集団安全保障体制**を構築した。

（2）国連の集団安全保障体制

国際連合の重要な目的は，「国際の平和及び安全を維持する」こと（国連憲章（1945年））である。「すべての加盟国は，その国際紛争を平和的手段によって国際の平和及び安全並びに正義を危うくしないように解決しなければならない」（2条3項）とされる。加盟国は，「その国際関係において，武力による威嚇又は武力の行使を，いかなる国の領土保全又は政治的独立に対するものも，また，国際連合の目的と両立しない他のいかなる方法によるものも慎まなければならない」（2条4項）のである。

国連体制における安全保障は，地球上のすべての主権国家に加盟を要請し，国際紛争が生じてもお互いに平和的に行動することを義務づける**集団安全保障体制**である。もちろん，このような体制の下でも，ある加盟国による他の加盟国に対する不当な武力攻撃に訴える可能性は排除できない。そこで国連は，第一段階として，加盟国に一定の自衛的措置をとることを認めた（51条）。すなわち，「国際連合加盟国に対して武力攻撃が発生した場合」には，「安全保障理事会が国際の平和及び安全の維持に必

要な措置をとるまでの間」に限って,個別的自衛権ないし集団的自衛権を行使しうる（集団的自衛権については,後述 4.(2)参照）。第二段階は,国連の対処である。これについて次のように定められている。国連憲章は 7 章に「平和に対する脅威,平和の破壊及び侵略行為に関する行動」についての規定をおき,いわゆる**国連軍**を想定する。安全保障理事会は,どうしても必要な際には,それを用いて「空軍,海軍または陸軍の行動をとることができる」とされる（42 条）。よく知られているように,現在までのところ,憲章 43 条に基いて兵力提供協定が締結されたことはないため,国連軍が組織された実例はない。

2. 憲法と平和主義

(1) 外国憲法における平和主義

平和主義に関係する事項を憲法に盛り込むことは,成文硬性憲法が制定され始める時期から既に見られた。例えば,フランス 1791 年憲法は,自らが征服戦争に乗り出さないことを規定し,「フランス国民は,征服を行なうことを目的とするいかなる戦争を企てることをも放棄し,かついかなる人民の自由に対してもその武力を決して行使しない」とした。

現在の世界の憲法を見渡してみると,平和政策の推進や軍縮の志向をはじめとし,侵略戦争の禁止,核兵器の不保持や戦争の扇動・準備の禁止等まで平和を実現するための多彩な手段が憲法に規定されている。

(2) 日本国憲法における平和主義の成立

日本国憲法 2 章は,「戦争の放棄」と題する,わずか 9 条ひとつのみからなる章である。「戦争の違法化」を大前提として制定された日本国憲法の平和主義の著しい特色は,9 条 2 項の戦力不保持規定にある。また,憲法前文にも国際平和に関わる言及がなされており,平和的生存権が規

定されている。このような画期的な平和主義は、どのようにして憲法に盛り込まれたのだろうか。

憲法9条の直接の起源は、**マッカーサー・ノート**にある（第2章 参照）。マッカーサー・ノートの第2原則は、「国家の主権的権利としての戦争は廃止される。日本はそれを、その紛争を解決する手段としてのみならず、自らの安全を保持するための手段としてをも放棄する。日本は、その防衛と保護を、世界を今や揺り動かしつつある高き理想に委ねる。いかなる日本の陸軍、海軍、空軍も決して認められないし、いかなる交戦権も、日本軍に決して与えられない」とされていた。この原則を読むと、日本国憲法前文と2章は、その強い影響の下で制定されたことが、直ちに理解される。

単に国家の政策的宣言としてではなく、憲法典自体に戦争放棄と軍隊不保持を定める条項を規定するアイディアがどこから来たのであろうか。この点について、日本国憲法制定史の専門家は、「日本がなんらかの形で公的に平和主義の原則を宣言すべきであるという発想自体は、幣原（**幣原喜重郎**（1945－1946年首相在任））に由来するが、これを新しい憲法に盛り込むという発想」は、マッカーサーの決定であろうとする（田中英夫）。幣原は戦前軍縮外交を精力的に推進した人物であった（1924－1927年，1929－1931年外務大臣在任）。

日本国憲法における平和主義条項の登場の背景には、1章で存置された天皇制がある。国際世論には、天皇制の廃止や裕仁天皇の戦争責任の追及を求める声があった。少なくとも日本が行った無謀な戦争は、天皇を頂点として押し進められた軍国主義による精神の支配の結果だという認識は国際社会では一般的であった。このような状況の下で、天皇制を維持し、しかも**裕仁天皇**に対する戦争責任追及を防止するためには、天皇と軍隊の関係を鋭く切断する必要があったのである。

国内世論の状況は，どのようであっただろうか。敗戦を迎えた一般の人々に，新憲法には平和主義を盛り込むべきだという考え方が存在していたわけではなかった。彼らを支配していたのは，もう戦争は懲り懲りだ，という**厭戦感情**であった。憲法で平和に関する条項を規定することについて，多くの国民は歓迎した。

（3）日本国憲法前文における平和主義
　日本国憲法の平和主義は，**前文**と2章「**戦争の放棄**」で規定されている。憲法前文は，日本が**平和国家**を目指すことを明確にすることを狙いとする。とりわけ，日本こそが国際社会の模範的モデルとなって，「平和を維持し，専制と隷従，圧迫と偏狭を地上から永遠に除去しようと努めてゐる国際社会において，名誉ある地位を占めたいと思ふ」とする。「全世界の国民が，ひとしく恐怖と欠乏から免かれ，平和のうちに生存する権利」，すなわち**平和的生存権**を有するとする。さらに前文は，普遍的な**国際協調主義**に立脚することによってこそ，対等な関係で相互に主権を尊重し合うことができるという。前文は，上記の内容を国際社会に対して誓約することで締めくくっている。
　この前文では，1945年に発効した国連憲章について具体的に言及されていない。しかし，国連憲章と日本国憲法はともに，第二次世界大戦後の反ファシズムの「**国際民主主義**」という考え方から生み出されたものであり，1の(2)で見た第二次世界大戦後の国連による集団安全保障体制に基づく平和維持システムがあるからこそ，日本の安全保障を，「平和を愛する諸国民の公正と信義に信頼」して実現することが期待し得たのであった。

(4) 憲法9条の法的意義

憲法9条は、2項に戦力不保持という従来見られなかった画期的な規範内容を有している。また3. (1)で見るように、戦後の再軍備は憲法9条を改正しないままに進行してきた。そうであるがゆえに、憲法9条について様々な議論が行われてきた。まず、**政治的マニフェスト説**は、憲法9条は、憲法典に規定されているものの単に政治的理念を掲げたにすぎないもので、法規範と捉えるべきではないとする。**裁判規範性否定説**は、憲法9条は国家の行動を法的に規律しているとしても、国防政策に関する問題は高度な政策的判断を伴うため、裁判の場で議論するにふさわしい問題ではないので、裁判規範性は否定されるべきだとする。**9条法原理説**は、憲法9条は厳密な適用の予定される「準則」ではなく、法解釈の答えを一定方向に導く「原理」にとどまるとする。

このような考え方に対しては、憲法は統治機構の諸活動について法的規律を行うことを狙いとして制定されたのであるから、たとえ高度の政策的判断に関わる事項を対象としても、その厳格な適用を求めるべきである、との反論がなされている。こうして憲法9条に法規範・裁判規範としての意義を否定ないし再考しようという見解は学界では少数派にとどまる。

次に、憲法9条についての通説的な解釈を述べよう。まず1項にいう、①**「国権の発動たる戦争」**とは、＜「戦争の違法化」が国際法規範になる以前において適法であった武力を用いた国家間の闘争＞を意味する。これに対して、②**「武力の行使」**とは、＜「戦争を行う」という意思表示がなされないままでなされる国家間の事実上の武力衝突＞である。例えば、日本の例としては、1931年の満州事変や1937年の「支那事変」（日中戦争）がそれに該当する。そして、③**「武力による威嚇」**とは、＜武力を背景に自国の要求を相手国に突きつけてそれを実現すること＞

を意味する。単に，戦争宣言をした上で実際の武力の行使をした場合のみを禁止すると，それ以外の武力に物を言わせようとする②や③のケースが禁止の対象から外れてしまう懸念が生じるため，①②③のすべてが禁止されたのである。

　こうして，通説は，①②③のすべてが，「国際紛争を解決する手段としては」放棄されていると考え，その上で結論としては，憲法 9 条は自衛のための戦争をも含めて一切の戦争を放棄した，と理解している。但し，この結論に到達するために，相異なった 2 つの理由づけの仕方が存在している。

　「**2 項全面放棄説**」は，1 項で放棄されたのは侵略戦争だけで，自衛戦争等をも含めた全面的な戦争の放棄は，9 条 2 項によってはじめて規定されるに至ったと考える説である。この説は，9 条 1 項はかつて締結した不戦条約の趣旨を確認するための条項であり，国際紛争を解決するために，国家の政策の手段としての戦争を放棄することに限定される，と解する。したがって，自衛戦争は 1 項のみでは放棄されない。そうすると，9 条 2 項が「陸海空軍その他の戦力」を「保持しない」ことを明示的に求めているので，その「**戦力**」の解釈が問題となる。

　「戦力」については，従来，憲法解釈論として，①**潜在的能力説**（戦争に役に立つ可能性をもった一切の潜在的能力），②**警察力を超える実力説**，③**近代戦争遂行能力説**（近代戦に役立つ程度の装備，編成を具えるもの－かつての政府解釈），④**最小限度の自衛力を超える実力説**（現在の政府解釈）が対立してきた。このうち，通説は，①だと戦力の範囲があまりにも広範になりすぎ（野球用のバットや台所の包丁の類であっても，戦争の役に全く立たないとまでは断言できない），③の定義は不明確で，④のいう「最小限度の自衛力」を超える実力というのは判定基準の精密さがない，という理由で退け，②の警察力を超える実力説を採用する。

警察力と「戦力」の区別については，一般に国内の治安維持のための必要な実力が警察力で，それを超えて外敵に対して行動することが可能な実力の組織体を保持すれば「戦力」となる，とされる。この定義に基づけば，自衛隊は9条2項にいうところの「戦力」に該当し，違憲だということになる。通説は，「戦力」についての②の理解を前提に，それに加えて，9条2項は，「国家が交戦者として有する権利」を意味する交戦権も否認しているので，武力を行使することは不可能であるとされるのである。

これに対して，「1項全面放棄説」は，自衛戦争であってもやはり国際紛争解決のための手段であることに変わりはなく，そもそも侵略戦争と自衛戦争等を区別することは困難である，と考える。そうだとすれば，9条1項で初めから一切の戦争が放棄され，軍事力の保持は禁じられていると考えるべきだ，とする。

以上の考え方に対して，以下のような少数説も存在してきた。1つの考え方は，日本国憲法の英訳を参考にしつつ，「戦力」についての①と②③のケースを区別し，戦争は完全に放棄されているが，不法に侵入した外国軍隊を排除する目的で②「武力の行使」を行うことは，9条1項によって禁止されていない，と考える。また別の考え方は，9条2項の「前項の目的を達するため」という語句は，「国際紛争を解決する手段」である場合に限定させる趣旨をもって挿入された語句であり，自衛戦争はそもそも「国際紛争を解決する手段」ではないから，自衛戦争のためであれば，「戦力」を持つことは禁止されない，とする。「国際紛争を解決する手段」の部分は，帝国議会における憲法改正の過程で芦田均の提案で挿入されたので，「芦田修正」と呼ばれる。通説は，以上の二説に共通する自衛隊合憲論について，①そもそも憲法に軍の組織や指揮権等についての規定がない，②侵略戦争と自衛戦争は区別できないはずだ，として，強

く批判してきた。

3. 戦後の再軍備と政府の憲法解釈

(1) 日米安全保障条約と戦後の再軍備の進展

　終戦後占領軍によって日本を支配していたアメリカは,極東に自国の軍事的プレゼンスを確保するために,占領終了後も日本に駐留し続けることを望んだ。日本政府も,共産主義勢力に対抗するために,それを希望した。日本は1951年に第二次世界大戦の当事国との間に,日本の独立,沖縄及び小笠原諸島の占領継続を内容とする**サンフランシスコ条約**を締結した（締結国に,ソ連や中国は含まれていなかった）が,それと同時に,**日米安保条約**を調印した。そのために占領軍は,駐留軍として看板を変えてそのまま残留することができた。

　また,日本国憲法を強く特色づける平和主義と戦力不保持規定は,アメリカの強いイニシアチブで憲法に盛り込まれたものであった。ところが,朝鮮戦争の勃発を大きな契機として,アメリカは対日方針を転換させ,米軍の国連軍としての朝鮮戦争への出動を理由に,日本に再軍備を要求するようになった。

　この要求を受けて歴代の日本の保守政権は,**警察予備隊**（1950-1952年),**保安隊**（1952-1954年),**自衛隊**（1954年-現在）と,次第に再軍備を進めた。その際,日米安保体制の下で,米軍に日本における基地使用を認めつつ,日米両国軍によって共同で日本領域の安全保障を確保する,という政策を推進した。自衛隊法は,「自衛隊は,我が国の平和と独立を守り,国の安全を保つため,直接侵略及び間接侵略に対し我が国を防衛することを主たる任務とし,必要に応じ,公共の秩序の維持に当たるものとする」と規定された（3条）。このようなプロセスの中で,保守政権は,政治的状況により憲法9条改正を阻まれた（第15章　参照）。したがっ

て, 憲法9条に手をつけないままで再軍備を進めざるを得ず, 再軍備は違憲ではないか, との批判を浴び続けた。

（2）再軍備と政府の憲法解釈

2. (4)で見たように, 憲法学の通説は, 理由づけに違いはあるにせよ, 自衛隊は違憲であると考えてきた。これに対して, 政府はどのような憲法解釈によって戦後再軍備を正当化してきたのであろうか。現在まで続く政府の憲法9条解釈の前提にあるのは, 9条の下でも日本が独立国家として自衛権を保持していると考える**自衛権肯定説**である。そこでは憲法前文の**平和的生存権**と13条の**幸福追求権**が援用され,「自国の平和と安全を維持しその存立を全うするために必要な自衛の措置をとることを禁じているとはとうてい解されない」とする。その上で, 憲法制定時から暫くの間は, 政府は通説と同様に, 憲法9条は警察力を超えるすべての実力を持つことを禁止していると考えていた。警察予備隊についても, カービン銃・機関銃・バズーカ砲・戦車・ジープ・軽飛行機等の装備を持つものではあったが, それはあくまでも「警察」を補うものであり警察力を超えるものではないから憲法9条には抵触しない, と考えられていた。

その後, 保安隊設立後は, 政府は「戦力」の解釈について近代戦争遂行能力説に変更し, 保安隊はそれに該当しない, と主張した。その後政府は, 自衛権肯定説を前提に,「自衛のための必要最小限度のもの」を超える**実力**が9条2項にいう戦力である, とするに至った。この解釈に基づいて, 自衛隊の現在の実力は必要最小限度を超えていないので合憲である, と主張されてきたのである。

自衛権の行使について政府解釈は, ①急迫不正の侵害に対して, ②我が国を防衛するために他に手段がない場合において, ③これを防衛するた

めに必要最小限度の実力を行使すること，が要件として課されるとしてきた。これに対して憲法学の通説は，確かに国の自衛権は否定されないが，憲法9条が武力の行使を禁止している結果，**外交努力や群民蜂起**その他の平和的方法による「武力なき自衛権」のみが行使しうるとする。これに対して，少数説は，そもそも国家を個人のアナロジーで正当防衛の主体として捉えるのは立憲主義的な思考ではなく，また武力を伴わない自衛権はもはや自衛権と呼びうる内実がないと批判し，端的に日本は自衛権を放棄していると考えるべきだ，という。

このような考え方とは対照的に，学説には，憲法9条には**憲法変遷**現象（第15章 参照）が生じており，もともとは許される憲法解釈の枠の外にあった自衛隊は，変遷が生じたことによって枠の中に入るようになったために，政府の憲法解釈は正当化しうるようになった，との主張もなされた。このような主張によれば，もともと違憲であった自衛隊は，客観的状況の変化に基づいて合憲化したことになる。

（3）裁判の中の憲法9条

憲法9条の解釈は，憲法によって違憲審査権を与えられた裁判所において激しく争われてきた。初めに争われた重要な問題は，安保体制の下で日本に駐留している米軍は憲法9条に違反しないか，という論点であった。この問題が争点となった**砂川事件**の第一審判決（東京地判1959年3月30日判時180号2頁）（**伊達判決**）は，駐留米軍は「戦力」に該当するとして違憲判決を下した。これに対して，跳躍上告を受けた最高裁判決（最大判1959年12月16日刑集13巻13号3225頁）は，「戦力」とは，「わが国その主体となつてこれに指揮権，管理権を行使し得る戦力」に限定されるので，駐留米軍のような外国軍隊は「戦力」に該当しないとした。

真正面から自衛隊の合憲性が問題となったのは，**長沼ナイキ基地事件**である。第一審判決（**福島判決　札幌地判 1973 年 9 月 7 日下刑集 1 巻 3 号 776 号**）は，「武力なき自衛権」説に立った上で，「戦力」を「警察力を超える実力」であると解釈し，自衛隊をそのように解釈された「戦力」に該当するとした。これに対して，控訴審判決（札幌高判 1976 年 8 月 5 日行集 27 巻 8 号 1175 頁）は，「同条が保持を一義的，明確に禁止するのは侵略戦争のための軍備ないし戦力」に限られると解釈し，自衛隊はそれに該当しないとした。上告を受けた最高裁は，自衛隊の合憲性について判断をしておらず，現在まで自衛隊の合憲性について真正面から判断した最高裁判決は存在していない。

4．グローバル化時代の平和主義の課題

（1）国際貢献と憲法 9 条

　冷戦時代が終焉し，グローバル化の進展とともに，国際社会において様々な立場から日本に対して貢献が求められるようになってきた。それに伴って，再軍備をめぐる合憲性論議とは異なった次元の憲法問題が生ずるようになってきた。

　この分野において初めに問題となった論点は，日本が国連に加盟した場合，国連憲章の想定する**国連軍**に自衛隊を提供することは，憲法に違反するかという論点である。この点については，政府見解も学説も一致して，「『国連軍』の目的・任務が武力行使を伴うものであれば，自衛隊がこれに参加することは憲法上許されない」（1980 年 10 月 28 日政府答弁書）と解してきた。

　その後冷戦終了後 1990 年の湾岸危機・湾岸戦争を契機として，東西両陣営の対立構造のゆえに機能しなかった憲章上の国連軍にかわる「**平和維持活動**」（PKO）への自衛隊の参加の憲法上の限界が問題化した。

国連によって紛争地域に派遣され，停戦や選挙執行の監視や紛争の拡大防止等を行う PKO への参加を推進しようとする保守政権は，1992 年に **PKO 協力法** を成立させた。憲法前文が述べているように国際社会の模範的モデルとして行動するためにこそ，このような国際貢献が求められている，と主張した。憲法 9 条との関連では，特に「**武力の行使**」の禁止という観点から，自衛隊による PKO 協力活動の合憲性が，激しい議論の対象となった。これについて政府は，「平和維持活動」への「参加」と「協力」を区別し，たとえ主体をなす国連の平和維持活動の目的が「武力の行使」等であるとしても，自衛隊の「協力」がそのような活動と「**一体化**」しないものであれば許容されるとした。憲法学の通説は，たとえ自衛隊が合憲であるとする政府解釈を受け入れたとしても，一定の範囲を超える自衛隊の国際的活動については違憲となるとし，具体的には PKO 法案によって自衛隊が「武力の行使」をするリスクが高まるので違憲だ，と批判した。

　国際貢献をめぐる憲法論議は，その後も**テロ対策特別措置法**（2001 年）から**イラク人道復興支援特別措置法**（イラク特措法　2003 年）へと引き継がれた。政府の基本的な考え方は，日本の行いうる国際協力は，軍事的な面も含めて一般的に日本国憲法に立脚する国際協調主義によって憲法上正当化されるが，そのようにして正当化された国際協力に対する関与の態様は憲法 9 条によって一定の制約を受ける，とするものである。具体的には，外国軍隊等の武力行使との「一体化」は禁止される。

　そして，その帰結の 1 つとして，イラク特措法において，外国領土のうち，現に戦闘が行われておらず，今後も戦闘行為が行われないと認められる「**非戦闘地域**」を「**戦闘地域**」から区別した上で，前者に限定して「人道復興支援活動」及び米英軍の治安維持活動を後方支援する「安全確保支援活動」が許されるとした。当時の野党や学説は，両地域の区別

は非現実的だと批判した。この点に関し,ある下級審判決(名古屋高判2008年4月17日判時2056号74頁)は,イラク特措法に基づいて当時自衛隊の派遣されたバグダッドは実際には「戦闘地域」だったのであり,航空自衛隊による当該地域への空輸活動は他国の武力行使と「一体化」した行動であるとして,憲法9条1項に違反して違憲だとした。

このような学説と政府見解の対立構造の中で,少数説として,「芦田修正」の発想を受け継ぎ,そもそも憲法9条の放棄の対象は,戦争および国際紛争を解決する手段としての武力使用であり,戦争や国際紛争は国家相互間の紛争に限定されるから,自衛隊の国連への協力は憲法9条による制約を受けない,との主張が存在している(安倍首相の私的諮問機関「安全保障の法的基盤の再構築に関する懇談会」報告書(2014年5月))。

国際社会が平和で安全であるために,日本はどのような役割を果たすべきなのか,を見据えながら,憲法9条についての理解を深めていく必要があろう。

(2) 集団的自衛権と憲法9条

国連憲章51条で加盟国に認められている**集団的自衛権**とは,自国に対する武力攻撃は存在していないが,密接に関係のある他国に対する武力攻撃が行われた時に,その国の要請に基づいてそれに対する武力の行使を認める権利である。このような内容の権利の行使は,憲法上許されないとする政府見解が1972年以来40年以上踏襲されてきた。ところが,2014年7月安倍内閣は,「我が国を取り巻く安全保障環境の変化」を理由として,集団的自衛権の一部について認めるための憲法解釈の変更を閣議決定し,新たな憲法解釈を提示した。

それによれば,従来の憲法解釈により個別的自衛権が認められてきたケースに加えて,「①我が国と密接な関係にある他国に対する武力攻撃が

発生し，これにより我が国の存立が脅かされ，国民の生命，自由及び幸福追求の権利が根底から覆される明白な危険がある場合（「**存立危機事態**」と呼ばれる）において，②これを排除し，我が国の存立を全うし，国民を守るために他に適当な手段がないときに，③必要最小限度の実力を行使することは，従来の政府見解の基本的な論理に基づく自衛のための措置として，憲法上許容される」とした。政府は，このような憲法解釈に基づいて，「**平和安全整備法**」を成立させた（2015 年 9 月）。

　このプロセスにおいて，①従来確立されていた人事ルールとは異なり，安倍内閣が，憲法解釈変更の準備として，アウトサイダーである外務官僚を政府の憲法解釈を取り仕切る内閣法制局の最高責任者たる長官に任命したこと，②国会での議論を通じて形成され，長年にわたって支配していた集団的自衛権行使違憲論を閣議決定という手法で変更したこと，③「我が国を取り巻く安全保障環境の変化」や「存立危機事態」に当てはまるとされた実際的状況についての政府の説明に必ずしも説得力がないこと等が激しい批判の対象となり，野党を中心に「平和安全整備法」は「戦争法」にほかならない，と指弾された。そのような主張に共感する数多くの市民たちによって，国会が取り巻かれたことは，なお記憶に新しい。そして，憲法の観点からは，とりわけ②について，「立憲主義の崩壊をもたらした」，「このような憲法解釈の変更は『クーデター』にほかならない」，などの強い非難を招いた。

　一連の過程において，安倍内閣の進め方が強引で拙速なものであったことは，否定し得ない。しかしながら，政府のイニシアチブによる憲法解釈の変更が本当に立憲主義の崩壊をもたらすものといえるか，そして，通説の主張するように自衛隊が違憲であるか，という問題については，そもそも憲法 9 条をどのような性質を持った規範として理解すべきかについて，憲法 9 条のこれまで果たしてきた役割や今後に託すべき機能をも踏

まえつつ,「9条法原理」説（2.(4)参照）の立場から,冷静に学問的に再検討する必要があろう。

演習問題

① 国際貢献に対する憲法9条による制約について,あなたなりの見解を考えてみよう。
② 「集団的自衛権の行使を容認することは,立憲主義の崩壊をもたらす」とする主張について,あなたなりの見解を考えてみよう。

15 | 国民主権と憲法の制定及び改正

《**目標&ポイント**》 この章では,日本国憲法の規定する国民主権,そしてその具体化としての参政権,憲法制定権力と憲法改正の意義を考える。1. では,主権・国民主権・参政権のそれぞれについての法的意義について見ていく。2. では,憲法制定権力を取り上げる。3. では憲法改正の法的意義や限界論について見る。4. では,日本における憲法改正問題を取り上げ,これまで日本で一度も憲法改正されることのなかった理由や今後の展望について考える。
《**キーワード**》 主権,国民主権,参政権,憲法制定権力,憲法改正手続,憲法改正の法的限界論,日本の憲法改正問題

1. 主権・国民主権・参政権

(1) 主権の3つの意味

　第1章で見たように,中世ヨーロッパ社会において「**近代主権国家**」という国家のモデルが生み出された。市民革命を経た国々では次第に,そのようなモデルを前提とする成文憲法典が制定されていった。世の中には多種多様な団体が存在しているが,そのような国家の特徴は,他の団体にはない主権という属性を有しているところにある。したがって,市民革命以後に成立する近現代の憲法典においては,主権に関する規定が置かれることが一般的となった。

　日本国憲法においても,主権という言葉が,①「主権が国民に存することを宣言し」(前文),②「自国の主権を維持し」(同),③「主権の存する日本国民」(1条) において見出される。ところで,この3つの言葉を読

めば、①及び③と②とは、同じ主権という言葉が用いられてはいても、その意味するところが異なっていることが明らかである。というのは、②において主権という言葉は、(a)＜国家の対外的側面において、国際社会における独立の政治単位として領域支配を認められた国家の独立性＞を意味しているからである。他国が内政に干渉してきた時に、「主権侵害だ！」という批判がなされるのは、この意味においてである。①及び③における主権は、(b)＜「近代主権国家」の内部において、「国政についての最高の決定権」が誰に属するのかを示す観念＞として用いられている。さらに主権という言葉は、(c)＜国家が保持する統治権＞を意味するものとして用いられることもある。例えば、主権観念を初めて理論的に論じたジャン・ボダン（1530-1596年）は、**立法権・外交権・官吏任命権・最高裁判権・課税権・貨幣鋳造権・度量衡制定権**等の権限を念頭におき、このような国家が一方的に国民に対して命じることのできる主権的統治権限について論じた。これらの具体的な諸権限の総和が主権＝統治権ということになる。

　ここで問題となるのは、なぜこのように、「主権」という１つの言葉が、３つの異なった意味で用いられるのか、ということである。そこには次のような事情がある。第１章で見たように、「近代主権国家」の形成を担ったのは絶対主義国家であったが、絶対主義国家における君主は、国家の対外的独立性〔前出の(a)〕も国家における国政についての最高の決定権〔前出の(b)〕も国家の統治権〔前出の(c)〕もすべて、君主という一人の人間が兼ね備えていたことを表現していたからである。いい換えると、「近代主権国家」における民主主義の発展に伴って、君主の保持していた主権という１つの権能が、国外に対する主張〔前出の(a)〕と国内に対する主張に分離し、国内に対する主張がさらに、**統治権**〔前出の(c)〕とその行使される権限の内容の決定権〔前出の(b)〕へと分離して

いったことを意味している。

対外的主権の意味の国家主権〔前出の(a)〕が，単に"権利"として理解されるべきものであるかどうかが，現在問い直されつつある。この意味での主権はむしろ国際社会によって課された義務を実現するための権限として理解されるべきだとする見解が注目される。

(2) 国民主権の意義

日本国憲法は，明治憲法の採用していた**天皇主権**を否定して，前文及び1条において主権は国民に存すると規定して，**国民主権原理**を採用していることを明らかにしている。すなわち憲法は，前文で，「主権が国民に存すること」を宣言し，1条では，象徴天皇の地位が，「主権の存する日本国民の総意に基づく」ことを定める。これは，明治憲法下の「天皇主権」の完全な否定という意味を持つ。こうして日本国憲法は，すべての権力の源泉が「国民」に由来するものであること，すなわちいかなる権力も，もはや「天皇」の名において正当化されるものでないことを宣言している。

ところで，日本国憲法は，「日本国民は，正当に選挙された国会における代表者を通じて行動」する（前文）と述べ，代表民主制を採ることを明らかにしている。そして，「全国民を代表する選挙された議員」で組織される国会（43条）を，「国権の最高機関」であり，「唯一の立法機関」と位置づけている（41条）。これらの規定は，国民の「主権」が基本的には国会を通じて行使されるものであることを示している。しかし，このことは，一人一人の国民が直接に政治的決定を行なうことを完全に否定するものではない。なぜなら，日本国憲法は，憲法改正については国民の直接的参加を要請しており（96条），また，地方特別法についての住民投票制度（95条）や最高裁判所の国民審査制度（79条2項及び3項）も

採用されているからである。

　ここで問題となるのは,国民が主権を持っていることの具体的な意味内容である。天皇主権の下では,天皇は一人の人間なので天皇の有する意思をそのまま主権者の意思として捉えることが可能である。これに対して,国民は多種多様な人間からなる団体なので,国民に主権があるといっても,それからどのような意味や効果が生じるのかについては,必ずしも明らかではない。一人一人の国民の意思が国政に直接的に反映されることではないことだけは,確かである。というのも,国家の様々な機関が具体的な決定をする時,それらについていちいち個々の国民に許可を求めたりすることはないからである。そこで,憲法学は,ここにいう国民主権原理が何を意味するかについて,論争を行ってきた。

　A説は,＜国民に主権がある＞という命題は,国家が統治権を行使する際の正当性ないし権威の根拠が国民にあるという意味である,とする説である(**正当性的契機一元的理解説**と呼ばれる)。この説によれば,国民が国の法律を遵守しなければならないのは,それが全国民の名の下で国民の意思を示すものとして制定されたからだ,これが国民主権の内容である,と説明される。いい換えると,私たちが国の定めた法律に従わなくてはならないという服従の根拠(国の側から見れば法律への服従を要求する正当性の根拠)が,法律が国民の意思を示すものとして,国民の名の下に制定されたことに由来しており,明治憲法下のように天皇が定めたルールだから当然に服従しなければならない,という正当化は排除されることを意味する。

　これに対して,現在の憲法学における通説的理解である**B説**は,＜国民に主権がある＞という命題は,A説のように単に国民主権は国家権力の正当性が国民に由来することを意味するだけではなく,それに加えて,国家権力の意思決定に対して国民の意思が的確に反映されるように,国民

が実際的に関与できる一定の制度ないし仕組みが確保されていなければならないとする考え方である（**正当性的契機及び権力的契機二元的理解説**）。ここでの国民は，乳幼児等をも含めた国民一般ではなく，有権者団に限定されることになる。

　A説が国民主権の意義を正当性的契機に限定するべきだと考える理由は，B説は，いかなる制度によるものであれ，何らかの決定について，それを主権者たる国民の実際の意思に基づく決定だと正面から認めることになってしまい，その内容が不当であるとしても絶対的な服従が要求されてしまうのではないか，ということを危惧するからである。たとえば，直接投票制度が国政で認められるとした場合，たとえ51％の賛成しか得られなくても，現実の国民の意思が賛成を表明したとされ，それに反対することが難しくなってしまうおそれがある，とされるのである。これに対してB説は，国民主権原理が，日本の民主主義を活性化させるために，国民の選挙制度やそれ以外の投票制度による政治的意思の組織化・制度化を指導する原理として積極的な役割を果たすことを期待するのである。

　通説の主張する通り，国民主権原理に積極的な憲法上の要請を読み取ることが妥当であろう。

（3）**参政権**

　国民が主権者であることの必然的な結果として，個々の国民は直接ないし代表者を通じて，国政に参加する権利，すなわち**参政権**を有する。このことを理念的に示す条文が憲法15条である。同条は，「公務員を選定し，及びこれを罷免することは，国民固有の権利である」と規定しているが，本条によって，すべての公務員について直接の選挙によって選定・罷免をなしうるわけではない。どの範囲の公務員をどのような選挙で決定

するかについては、基本的には国会に委ねられている。参政権には、**選挙権・被選挙権・国民投票権**がある。

　選挙権の法的性質については、論議を呼んできた。1789年のフランス人権宣言は、正確には「人及び市民の権利宣言」であり、「人」権と「市民」権を区別する考え方に立っていた。この考え方にしたがえば、選挙権は「人」の権利ではなく、「市民」の権利に属する。学説では、選挙権を他の人権と同様に自然権の1つとして捉える説（**自然権説**）、もっぱら公務として捉える説（**公務説**）、人民主権説に基礎をおき、権利性を強調する説（**権利説**）などが主張されてきた。確かに自らの属する政治的共同体において自らの政治的意見が反映されることを望むことは自然的本源的な要求であり、この意味で選挙権は自然権に基礎を有する法的権利としての一面を持つ。しかし他面において、1つの政治的共同体である国家において選挙人団という機関が法令によって設けられ、個々の選挙人はそれへの参加を通じて公務員選定という公的決定を行うという一面も有している。そもそも、有権者が選挙に参加しなければ、統治機構は国会議員をはじめとする重要な担い手を欠き、維持すること自体が不可能となる。したがって、選挙権は、前者の意味では権利であり、後者の意味では公務執行の義務であるという二側面を持つ複合的な権利だといえよう（二元説）。

　グローバル化の進展に伴って外国に居住する日本人が増加していく中で、最高裁は選挙権について重要な判決を下した。それは、日本国籍をもちつつ外国で生活する**在外国民**の選挙権の問題である。彼らは、1996年10月の衆議院選挙までは、全く選挙権を行使することができなかった。その後選挙制度は少しずつ改善されていき、1998年公職選挙法改正によって衆参の比例代表選挙については、在外国民にも投票の機会が与えられるに至った。しかし、この時点では、衆議院小選挙区選挙と参議院選

挙区選挙については選挙権は認められていなかった。そこでこのような状況の中で在外国民が選挙権の侵害を主張した。最高裁は，通信環境等の飛躍的進歩の中で，「国民の選挙権又はその行使を制限することは原則として許されず，国民の選挙権又はその行使を制限するためには，そのような制限をすることがやむを得ないと認められる事由がなければならない」と述べ，この事例は例外的事例に当たらない，として違憲判決を下した（最大判 2005 年 9 月 14 日民集 59 巻 7 号 2087 頁）。

これ以外にも，受刑者等に対して一律に選挙権を制限していることは問題である（公選法 11 条 1 項 2 号・3 号）。また成年被後見人について，下級審における違憲判決（東京地裁判決 2013 年 3 月 14 日判時 2178 号 3 頁）をきっかけに選挙権の制限が撤廃された（参照，2013 年改正前公選法 11 条 1 項 1 号）。

強制投票制度を導入することは違憲か。この制度は，正当な理由もないのに選挙において棄権した有権者に，科料など何らかの制裁や不利益を課す制度である。このような制度は現在，世界を見渡すと，ベルギー，オーストラリア，イタリアをはじめとして，少なくない国で採用されている，といわれる。権利説のように選挙権を純粋な権利として捉えれば，強制投票制度は直ちに違憲となろう。これに対して，選挙権における公務としての側面を否定しない二元説に立てば，立法政策としての評価や具体的な強制制度のあり方についての議論が必要となるが，直ちに違憲とはいえないであろう。

被選挙権の実際的内容は，選挙において立候補をする権利である。憲法は明文では立候補の権利について保障していない。憲法上の根拠として，学説においては 13 条，15 条 1 項，44 条が主張されている。最高裁は，15 条 1 項を根拠としている（三井美唄炭坑労組事件最高裁判決・最大判 1968 年 12 月 4 日刑集 22 巻 13 号 1425 頁）。現行公選法では，立

候補のために供託を行なわなくてはならない（92条 衆院小選挙区の場合300万円）。一定の得票が得られない場合は没収される（上記の例では有効投票の10分の1）。売名目的や面白半分の出馬の防止が制度趣旨だが、供託金制度は、富裕層にとっては何のハードルにもならず、違憲の疑いが濃い。

2．憲法制定権力

(1) 憲法制定権力の意義

　中世ヨーロッパ社会においては、今日では憲法に相当する「**根本法 (lex fundamentalis)**」という観念は、特定の人間が何らかの決定によって人為的に制定する法だとは考えられてはいなかった。「根本法」は、歴史的に形成される慣習法の一種であり、その典型は、フランスで国王を拘束するものと考えられ、王位の継承方法などを定めた「**王国の基本法**」であった。これに対して、「第1章　憲法という考え方」、で見たように、アメリカ革命のなかで、中世ヨーロッパで形成された法の優位の思想を再編しつつ近代自然法論と社会契約説の結合の中から、成文硬性憲法の思想が生み出され、**憲法制定権力**が観念されるようになった。

　市民革命が準備される過程で、社会秩序は神ではなく人間の主体的な営みによって能動的に形成されるという、社会認識の根本的転換を主張する思想が生まれた。このような思想を背景として、成文硬性憲法が、中世の法秩序を根底から覆して全く新しい法秩序を構築するための土台の役割を担うものとして制定された。そのような憲法を制定する主体とは何か、が論じられる必要が生じた。憲法思想史上そのような観念の意識化の作業を引き受けたのが、フランス革命期に活躍したエマニュエル＝ジョゼフ・シェイエス（アベ・シェイエス）（1748－1836年）であった。シェイエスによれば、**憲法制定権力**の主体は国民であるとした。国

民は全能であり，その意思は至高の法・すべての実定法の源泉であって，自然法以外の拘束は受けない。憲法は，憲法制定権力によって作り出された作品であるから，立法権や行政権をはじめとする様々な「**憲法によって作られた権力**」と憲法そのものを生み出した憲法制定権力は，明確に区別されなければならない。こうして，国民は憲法制定権力という考え方を通じて，近代主権国家完成前夜に，歴史の歯車を動かす主体として歴史の舞台へと引き出されたのである。

（2）憲法制定権力と現代憲法理論

　中世ヨーロッパ社会の解体を促し，市民革命を法的に基礎づけた憲法制定権力を，現代の憲法理論においてどのように取り扱うかは，大変難しい問題である。

　A説（**有害無益説**）は，既に成立している憲法秩序を前提とした上で，その解釈や運用について検討することを主要な使命とする憲法学にとって，憲法を超越する世界に生息しており，法の外の現象である憲法制定という事実を論ずることは有害ないし無益である，とする。憲法学は，もっぱら憲法の採用する国民主権原理の意義の解明に精力を傾注するべきであり，そのように解明された国民主権原理から憲法の解釈や運用の指針を明らかにするべきだとする。この説に立てば，すでに憲法秩序が成立している状況の下で憲法制定権力観念の発動を認めてしまえば，軍事クーデターなどの憲法秩序を踏みにじる行為が，＜これは憲法制定権力の発動なのだ＞として正当化されてしまうことが危惧されるのである。

　これに対して，**B説**（**法的意味説**）は，主権（国民主権）観念も憲法制定権力観念もともに超実定法の世界においても実定法の世界においても用いられる観念であり，共通する内容を含んでいるので両者を峻別することは不適切であるとする。したがって，主権＝憲法制定権力と考える。

このような考え方からすれば, 少なくとも国民主権からの最も重要な帰結として, 国民が憲法制定権力を保持しなければならず, 国民が憲法制定権力を発動したといいうるためには, 憲法の採否を問う国民投票に参加する機会が与えられるか, あるいは少なくも憲法制定議会の構成メンバーを選出する機会が与えられることが要請されることになる（両者の機会を与えられれば, なおさら好ましいとされる）。

現在, 人権保障と民主主義の発展を目標として掲げる国連体制に立脚する国際社会において, それぞれの国家で憲法を作るために発動される憲法制定権力は, 本当に法的に全能的なものなのかという疑問が生じる。日本の有力な学説には, 憲法制定権力といえども,「人間価値の尊厳」ないし「人間人格の自由と尊厳」を尊重しなければならない, と説く学説もある（芦部信喜）。最近では, 人権保障における**国際人権規範**の重要性や, 憲法解釈における比較法の活用の活性化という動向の中で, 国際社会全体が法的に服するべき**万民法**（*ius gentium*）の存在が改めて注目されている。この考えによれば, 憲法制定権力といえども全能的ではなく, このような国際社会を規律する「高次の法」の拘束の下にあるべきことになる。なお, 上で見てきた議論の前提そのものを疑い,「無制約な始源的憲法制定権力」は,「余剰概念」であり, 消去されるべきだとする見解が出されている（長谷部恭男）。

さらに, 憲法制定権力の主体は「近代主権国家」に限定されるのか, という問題がヨーロッパ統合の過程で提起された。すなわち EU は, 憲法制定権力の主体たりうるのか, が議論されるようになってきた。このような問題に関して, 憲法制定権力の本質を集団的アイデンティティーに見る見解が注目される。

3. 憲法改正権

(1) 憲法改正権の存在理由

　世界で制定されている憲法典にはほとんどの場合，**憲法改正規定**が設けられている。そのような規定が存在する理由は，通常の法律と同様に憲法も，制定時以降に生じた国民の価値観や社会の変化や，制定時に気づかなかった欠陥が発見された場合に，そのまま憲法規定を放置するのは不都合である。このような状況において，憲法に一定の修正を加えることを可能とするために，憲法改正規定が用意されている。もし憲法改正規定が存在しなければ，憲法と社会のズレがあまりにも大きくなり，やがて人々は憲法があまりにも社会の実情と合わないと考えて，憲法を公然と無視するようになり，憲法秩序を軽視するようになることが危惧される。したがって，立憲主義を擁護し憲法秩序を保障するためにこそ，憲法改正規定が必要となるのである。

(2) 憲法制定権力と憲法改正権の区別

　シェイエスの憲法制定権力論に 20 世紀の憲法学として改めて光を当てた**カール・シュミット**（1888 - 1985 年）は，憲法制定権力と憲法改正権は，それぞれの法的性質が全く異なると論じた。シュミットによれば，憲法制定権力の行使によって，国の政治的なあり方そのものを決定する憲法典が定められる。それぞれの憲法典は，国の独自なあり方を決定するのであるから，その決定内容に即したアイデンティティを有する。これに対して，「**憲法によって作られた権力**」に過ぎない憲法改正権は，その性質上**憲法のアイデンティティ**までも変えてしまうことはできない。憲法のアイデンティティに変更を加えることのできるのは，憲法制定権力だけであるとされる。

このような考え方は,憲法典に規定されている条文は,全て同様の重要性を有するのではなく,そこにはそのアイデンティティを形成している1つないしいくつかの基本原理(「憲法」と呼ばれる)とそれを具体化するための諸規定(「憲法律」と呼ばれる)とによって階層構造があるという憲法観(「**実質的憲法論**」)に基づいている。戦後の日本では日本国憲法の下で,シュミットの発想を受容して「実質的憲法論」が支持されてきた。

　なお,憲法改正以外の方法,すなわち法律,判決,議院・内閣の行為,慣習,その他客観的事情の変更によって,憲法条項の持つ意味が変化し,従来のそれとは異なるものと一般的に認識されることがある,とする主張がある。このような主張は**憲法変遷論**と呼ばれるが,日本憲法学は,一般に成文憲法典を尊重する立場から,このような見解に対して懐疑的である。しかし,憲法条項をめぐる事実の変化と,それをめぐる憲法学界内外の議論の蓄積に基づいて,憲法条項の意味変化が生ずることがありうることについて,率直に承認すべきであるように思われる。

(3) 日本国憲法の改正手続

　日本国憲法96条は,**憲法改正手続**を定めている。それによれば,「この憲法の改正は,各議院の総議員の3分の2以上の賛成で,国会が,これを発議し,国民に提案してその承認を経なければならない。この承認には,特別の国民投票又は国会の定める選挙の際行われる投票において,その過半数の賛成を必要とする」とされる。すなわち,①3分の1という定足数を満たす議員の過半数の賛成が求められる通常の法律とは異なり,憲法改正案について,衆参両院それぞれの**総議員の3分の2の賛成**を経て可決しなければならず,また,②そのような手続を経て出来上がった改正案を,国会は国民に提案して,必ず国民投票を行い過半数の賛成が

なければ憲法改正を行うことができない。

このような手続は、他国の憲法と比べると比較的改正条件が厳しく、改正の難しい憲法に属する。これまで日本で憲法改正が行われなかった理由の1つは、ここにある。日本国憲法の改正手続の特徴は、憲法改正について、**全面改正**と**修正**などの区別を行わず、どのような改正であっても、国民投票という同じ条件を課していることである。また、外国には明文で**憲法改正権の法的限界**について明文で規定する憲法がある。例えば、フランス憲法は、「共和政体は憲法改正の対象とし得ない」(89条4項)と定めている。これに対して、日本国憲法には、明文上いかなる改正をも許さないことを明確に規定する規定は存在していない。

なぜそもそも、憲法は、憲法改正の際に国民投票の実施を求めているのだろうか。憲法制定権力が、憲法典を制定し、その憲法典の中に憲法改正を可能にする手続を設けたが、憲法制定権力が公権力担当者によって恣意的に行使されないように、憲法制定権力を憲法改正手続の中に制度したものだ、と考える立場が有力に主張されている。

(4) 憲法改正の法的限界

(1)で見たように、日本国憲法には、明文上の改正禁止条項は存在しない。だが日本の憲法学は、憲法に明文上の制限規定が存在しないのにもかかわらず、「実質的憲法論」に依拠して、**憲法改正の法的限界**について積極的に主張してきた。すなわち、通説的な考え方によれば、憲法制定権力の所在を示す国民主権原理をはじめとして、基本的人権の尊重原理、平和主義原理が、日本国憲法の行った国の基本的な政治的なあり方についての決定であるから、もしもこれらの原理に憲法改正を通じて改変を加えれば、その法的限界を超えるとされる(**憲法改正限界説**)。学説の中には一歩進んで、憲法9条2項の戦力不保持規定も日本国憲法の平和主義

原理の重要な構成要素であるから,その削除は法的限界を超える,とする見解も主張されている。

さらに,学説によっては,改正方法を定める憲法96条は,憲法制定権力が憲法規範に変更を加えることのできる例外的な方法を明示した規定であるから,この規定は,改正の対象とすることができる他の条項より一段上の法的地位にあるとし,この規定のいかなる改正も憲法改正の限界を超えるとする主張がなされているが,論理的にそのようにいいうるか,疑問がある（土井真一）。なお,象徴天皇制は国民の意思に基づいて認められている以上,国民がそれを廃止しても憲法改正の法的限界を超えない,と考えるのが一般的である。

もし改正限界論の主張する限界を超えた改正が所定の手続を踏んで実現されてしまったとしたらどうなるのか。例えば,憲法改正によって人権条項がすべて削除されるような事例を考えてみた場合,裁判所に対して,このような改正が憲法改正の法的限界を超える改正であるから無効である,との主張が提起されることがありうるであろう。しかし,最高裁判所の違憲審査権は,今ある憲法に照らして,それより下位に位置する法律等の無効を宣言するものであるから,憲法自体が改正されてしまえば,違憲審査の基準そのものが変わってしまったのであり,そうだとすれば,「違憲の憲法改正」だとして無効を宣言することは不可能であると一般に考えられている。したがって,憲法改正限界論は,国民に対して現在の憲法典に対して重大な改変が加えられつつあることを警告する意味を持つにとどまる,とされてきた。

これに対して,最近外国の憲法裁判機関の中には明文上改正禁止規定がある場合には,憲法改正が違憲かどうかを判定できると考えたり（例,ドイツ連邦憲法裁判所),明文であれ不文であれ,自らが許されないと考えた憲法改正に違憲であると宣言できると考えて実際に違憲判決を下し

た例があることが注目される（インド最高裁判所，コロンビア憲法裁判所）。

4．日本の憲法改正問題

（1）日本における憲法改正問題の展開

1952年のサンフランシスコ平和条約の発効によって独立を回復した日本は，アメリカとの協力関係を維持しながら戦後の世界に船出していった。この前後に長期にわたって政権を担当したのが，外交官出身の**吉田茂**であった（1946－1947年，1948－1954年首相在任）。保守政治家であった吉田にとって日本国憲法は決して自らの信条と一致するものではなかったが，当時の日本の置かれた国際情勢・国内情勢の下で，憲法改正に直ちに着手するのは得策ではないと判断した。吉田は，ナショナリズムを強調する保守勢力内の改憲勢力を抑えて現憲法の維持路線を取り，占領軍から駐留米軍に代わったアメリカ軍に従属しつつ軍事的協力関係を確立しようとした。吉田が政権を去った後，保守勢力においては，1955年に保守政党が団結して自由民主党を結成した。この中で，アメリカに対してナショナリズムを主張して，「**おしつけ憲法**」論を主張する議論が勢いづいていく。この立場は，「**自主憲法制定**」の名の下に憲法の全面的な見直しを唱え，具体的には，①天皇の国家元首化，②明文改正による軍隊の存在の合憲化，③人権の制約を容易にし，国民を義務づける新たな規定の創設，④憲法改正手続きの容易化，⑤地方自治の行き過ぎの見直し等を主張した。

これに対して，野党側でも同年，左右に分裂していた社会党が統一され，同党はかなり教条的な社会主義の綱領を持ちながらも，自民党勢力に対抗する革新勢力をリードし，護憲を旗印に掲げて**護憲運動**を展開していった。

この時代の保守勢力の憲法改正案は基本的に**復古的な性格**を帯びており，日本国憲法の基本的な考え方を強く批判して，中央集権的な行政権による社会の統制強化を志向し，家族の価値を重視しようとする点に特徴があった。積極的な憲法改正運動の展開にもかかわらず，保守勢力は，国政選挙で憲法改正発議に必要な3分の2議席を獲得することができず，憲法改正は急速に現実性を失っていった。戦後教育の下で，日本国憲法の理念に共鳴する青年や市民たちが出現してきたことが，その一因であった。その後の歴代の自民党政権は，憲法改正を政治日程から遠ざけた。その結果，対外的には，非武装ではなく軽武装路線を採用しつつ，日米安保条約という対米協力の枠内ではあるが，平和的な外交路線を取り，国民の経済的利益を増進させる政策が受け継がれていった。

（2）憲法改正問題の現況

　1990年代までは，憲法改正問題は沈静化していた。こうして，日本国憲法は現在まで一度も改正されず，改正を経験していない現存の憲法の中で最も寿命の長い憲法となっている。その理由のひとつとして，日本国憲法の規定の仕方に法律に決定するべき内容を委ねているものが多いなど，憲法改正を行わなくとも，重要な統治制度改革を実現することができることが指摘されている。実際，1990年代からの政治改革・行政改革・地方分権改革・司法制度改革などの統治機構に関する大改革は，憲法改正を経ることなく実現されたのである。

　21世紀に入り，憲法改正問題は再び活性化してきた。とりわけ安倍内閣（2006-2007年，2012-現在）は，憲法改正に対して極めて積極的な態度を取っている。具体的には，安倍内閣は，「**戦後レジームからの脱却**」を掲げ，現行の憲法体制を日本の本来の国のあり方を捻じ曲げてしまったものだと批判し，その根本的な変革を目指してきた。自民党が野党時

代の 2012 年に,「日本国憲法改正草案」を発表したことが注目される。
　この憲法改正案には,現行憲法の前文を完全に書き換え,天皇の元首化,国防軍の設置,緊急事態条項の導入,「個人」の尊重に代える「人」の尊重,家族の尊重と相互扶助義務,障害者差別の禁止,犯罪被害者の保護,個人情報の保護などの内容が盛り込まれている。前文は,「日本国は,長い歴史と固有の文化を持ち,国民統合の象徴である天皇を戴く国家」であり,「日本国民は,国と郷土を誇りと気概を持って自ら守り,基本的人権を尊重するとともに,和を尊び,家族や社会全体が互いに助け合って国家を形成する」とされる。そして,憲法制定の動機は,「日本国民」が「良き伝統と我々の国家を末永く子孫に継承するため」であるとされる。復古的な色彩の強いこのような憲法草案は,必ずも多くの人々から歓迎されているとはいえない。
　この前文のトーンは,太古からの日本に固有の国のあり方に立脚し,しかも諸外国で実際に制定された憲法典を広く参照して憲法を制定するべきだ,という 1876 年の明治天皇の勅語の趣旨を現在の時点で極めて忠実に継承したものである,ということができる。というのも,そこには,個人情報の保護の必要性や障害者差別の廃絶など諸外国でも現在切実な問題となっているテーマが積極的に取り入れられている一方で,日本の「長い歴史と固有の文化」が強調されているからである。
　本憲法草案において「長い歴史と固有の文化」が強調されていることに関しては,次のような指摘が可能である。第一に,憲法で自国の歴史の卓越性を語ることは,確かに他国の憲法にも見られる。例えば,隣国の韓国憲法前文では,「悠久な歴史と伝統に輝く我が大韓民国」(1987 年制定),とされている。第二に,なぜ今「長い歴史と固有の文化」が強調されるのかということであるが,これは,グローバル化によって世界の文化の等質化がもたらされてくる状況の下で,自国の文化が脅かされることに

対する漠然とした不安感が表出したものである,と捉えることができる。第三に,ここで「固有の文化」とされるものが単数形か複数形か,が重大な問題となる。なぜなら,現在の日本は,「アイヌの人々の民族としての誇りが尊重される社会の実現を図り,あわせて我が国の多様な文化の発展に寄与すること」(アイヌ文化振興法1条)を重要な課題として目指しているのであり,ここでいう文化は複数形でなければならず,日本社会において多様な文化の豊かな共存が求められているからである。そしてまたこのことは,グローバル化社会の強い要請にほかならない。今後の日本の憲法改正は,グローバル化社会の要請に適合したものでなければならない。大日本帝国憲法の制定に携わった人々もそのような問題意識を共有していたことを,今こそ想起する必要がある。

演習問題

① 「人間の尊厳原理を侵害する憲法制定権力の行使は認められない」とする主張について,あなたなりの見解を考えてみよう。
② 「憲法96条の規定に基づいて,両議院で憲法改正に必要な賛成を2分の1に引き下げる憲法改正案は憲法改正の法的限界を超える」とする主張について,あなたなりの見解を考えてみよう。

参考文献

《参考文献リスト》

全体的な参考文献
＜概説書＞
阿部照哉・畑博行編『世界の憲法集〔第4版〕』(有信堂,2009年)
芦部信喜『憲法〔第6版〕・高橋和之補訂』(岩波書店,2015年)
清宮四郎『憲法Ⅰ〔第3版〕』(有斐閣,1979年)
佐藤幸治『日本国憲法論』(成文堂,2011年)
渋谷秀樹『憲法〔第3版〕』(有斐閣,2017年)
辻村みよ子『憲法〔第6版〕』(日本評論社,2018年)
野中俊彦・中村睦男・高橋和之・高見勝利『憲法Ⅰ,Ⅱ〔第5版〕』(有斐閣,2012年)
長谷部恭男『憲法〔第7版〕』(新世社,2018年)

＜判例集＞
長谷部恭男・石川健治・宍戸常寿編『憲法判例百選〔第6版〕Ⅰ,Ⅱ』(有斐閣,2013年)
憲法判例研究会編『判例プラクティス憲法〔増補版〕』(信山社,2014年)

＜参考書＞
大石眞・石川健治編『憲法の争点』(有斐閣,2008年)
芹沢斉・市川正人・阪口正二郎編『新基本法コンメンタール憲法』(日本評論社,2011年)
辻村みよ子・山元一編『概説憲法コンメンタール』(信山社,2018年)
初宿正典・辻村みよ子編『新解説世界憲法集〔第4版〕』(三省堂,2017年)

憲法史関係（第1章,第2章,第15章)
芦部信喜『憲法学Ⅰ　憲法総論』(有斐閣,1992年)
古関彰一『日本国憲法の誕生』(岩波書店,2009年)
境家史郎『憲法と世論』(筑摩書房,2017年)

佐藤幸治『立憲主義について』（左右社, 2015 年）
芹沢斉「立憲主義」芦部信喜編『憲法の基本問題』（有斐閣, 1988 年）
土井真一「憲法改正規定の改正について」『比較憲法学の現状と展望』（成文堂, 2018 年）
樋口陽一『先人たちの「憲法」観』（岩波書店, 2000 年）
ケネス・盛・マッケルウェイン「世界中の憲法との比較で見えた日本国憲法の特徴と普遍的価値」『Journalism』2017 年 5 月号
ケネス・盛・マッケルウェイン「日本国憲法の特異な構造が改憲を必要としてこなかった」『中央公論』2017 年 5 月号
村上淳一『近代法の形成』（岩波書店, 1979 年）
Tom Ginsburg and Alberto Simpser, *Constitutions in authoritarian regimes*, Cambridge University Press, 2014

憲法理論関係（第15章）

赤坂正浩『世紀転換期の憲法論』（信山社, 2015 年）
辻村みよ子『比較の中の改憲論』（岩波書店, 2014 年）
福田歓一『国家・民族・権力』（岩波書店, 1988 年）
山元一『現代フランス憲法理論』（信山社, 2014 年）
同「世界のグローバル化と立憲主義の変容」『憲法理論叢書 24 対話的憲法理論の展開』（敬文堂, 2016 年）

人権関係（第 3 章〜第 8 章）

市川正人「表現の自由とヘイトスピーチ」『立命館法学』360 号〔2015 年〕
デビッド・ケイ「表現の自由」国連特別報告者 訪日報告書（A/HRC/35/22/Add.1）（https://www.mota.go.jp/mofaj/files/000318480.pdf）
近藤敦『人権法』（日本評論社, 2016 年）
酒井啓亘・寺谷広司・西村弓・濱本正太郎『国際法』（有斐閣, 2011 年）
佐久間悠太「同性婚をめぐる諸外国の動向」『人間文化研究』20 号〔2014 年〕
辻村みよ子『人権をめぐる 15 講』（岩波書店, 2013 年）
中村睦男『アイヌ民族法制と憲法』（北海道大学出版会, 2018 年）
長谷部恭男『憲法の理性』（東京大学出版会, 2006 年）

棟居快行『人権論の新構成』(信山社, 1992 年)

統治機構関係（第 9 章〜第12章）
飯尾潤『日本の統治構造』(中央公論社, 2007 年)
奥平康弘『憲法裁判の可能性』(岩波書店, 1995 年)
川人貞史『議院内閣制』(東京大学出版会, 2015 年)
佐藤幸治『憲法と司法権』(有斐閣)
戸松秀典『憲法訴訟〔第 2 版〕』(有斐閣, 2008 年)
野村敬造『権力分立に関する論攷』(法律文化社, 1976 年)

象徴天皇制関係（第13章）
鵜飼信成『憲法における象徴と代表』(岩波書店, 1977 年)
園部逸夫『〔復刻版〕皇室法概論』(第一法規, 2016 年)
豊下楢彦『昭和天皇の戦後日本』(岩波書店, 2015 年)
横田耕一『憲法と天皇制』(岩波書店, 1990 年)
同「憲法 1 条」「憲法 2 条」芦部信喜編『注釈憲法(1)』(有斐閣, 2000 年)
安丸良夫『近代天皇像の形成』(岩波書店, 2007 年)
山元一「憲法 3 条」「憲法 4 条」「憲法 6 条」「憲法 7 条」芹沢斉他編『新基本法コンメンタール』(日本評論社, 2011 年)

平和主義関係（第14章）
愛敬浩二「［第二章］戦争の放棄」芹沢斉他編『新基本法コンメンタール』(日本評論社, 2011 年)
奥平康弘他編『集団的自衛権の何が問題か』(岩波書店, 2014 年)
酒井啓亘・寺谷広司・西村弓・濱本正太郎『国際法』(有斐閣, 2011 年)
高見勝利「戦争の放棄」芦部信喜編『注釈憲法(1)』(有斐閣, 2000 年)
藤田宙靖「覚え書き：集団的自衛権の行使容認を巡る違憲論議について」『自治研究』92 巻 2 号〔2016 年〕
同「自衛隊 76 条 1 項 2 号の法意―いわゆる「集団的自衛権行使の限定的容認」とは何か」『自治研究』93 巻 6 号〔2017 年〕
山元一「9 条論を開く―＜平和主義と立憲主義の交錯＞をめぐる一考察」水島朝穂

編『立憲的ダイナミズム』（岩波書店, 2014 年）

《略語表》

最大判（決）	最高裁判所大法廷判決（決定）
最小判（決）	最高裁判所小法廷判決（決定）
高判（決）	高等裁判所判決（決定）
地判（決）	地方裁判所判決（決定）
民集	最高裁判所民事判例集
刑集	最高裁判所刑事判例集
集民	最高裁判所裁判集民事
裁時	裁判所時報
行集	行政事件裁判例集
下刑集	下級裁判所刑事裁判例集
判自	判例地方自治
判時	判例時報
判タ	判例タイムズ

索引

●配列は五十音順。＊は人名を示す。

●あ　行

アイヌ民族　81
アイヌ文化振興法　82
悪徳の栄え事件最高裁判決　104
朝日訴訟最高裁判決　123
旭川学テ事件最高裁判決　125
旭川市国民健康保険条例事件　168
アジア的人権論　50
芦田修正　232
アセアン憲章　46
新しい人権　50
アフリカ人権裁判所　46
アメリカ型司法審査制（付随的審査制）　201
アメリカ独立宣言　18, 72
安定政権の論理　145
安楽死　79
委員会制　157
医業類似行為規制　118
違憲審査権　138, 202, 235, 254
萎縮効果　77, 102
泉佐野市民会館事件最高裁判決　112
イスラム・スカーフ　90
一元型議院内閣制　133, 137, 151
一事不再議の原則　158
五日市憲法草案　28
1項全面放棄説　232
一体化　237
一般的効力説　202
伊藤博文＊　29
委任命令　162
イラク人道復興支援特別措置法　237
ウェストファリア条約　21
「宴のあと」事件　75

浦和充子事件　171
上乗せ条例　183
愛媛玉串料事件　94
愛媛玉串料事件最高裁判決　94
エホバの証人剣道受講拒否事件最高裁判決　91
エマニュエル＝ジョゼフ・シェイエス（アベ・シェイエス）＊　248
厭戦感情　229
王位継承権　222
王権　14
王権神授説　15
王国の基本法　248
押収からの自由　58
大阪空港騒音公害訴訟大阪高判　79
大阪住基ネット訴訟最高裁判決　76
大牟田市電気税訴訟　178
公の支配　168
岡口判事事件　195
おことば　217
おしつけ憲法　35, 255

●か　行

カール・シュミット＊　251
海外渡航・国籍離脱の自由　115
会議の公開原則　159
会期不継続の原則　158
会計検査院　170
外交権　242
外交努力　235
外国人登録法　76
外国人の経済的自由　57
外国人の公務就任権　55
外国人の人身の自由　57

解散　151
解散権　137, 151, 191
外務省秘密電文漏洩事件　109
下級裁判所裁判官指名諮問委員会　198
学習権　125
学問の自由　125, 213
加持祈祷事件最高裁判決　89
課税権　242
河川附近地制限令事件最高裁判決　122
家族関係の形成　214
貨幣鋳造権　242
髪型や服装に関する自己決定権　80
川崎民商事件最高裁判決　58
環境権　50, 78
間接効力説　49
間接差別　62
完全補償説　121
官吏任命権　242
官僚主導　154
官僚組織　14
生糸の輸入制限措置　118
議院規則制定権　172
議院規則優位説　172
議院の自律権　172, 189
機会の平等　60
議会主権　23, 135
議会任期固定法　152
貴族院　13, 30, 132
貴族院型　156
既得権　11
岐阜県青少年保護育成条例事件最高裁判決　105
君が代の斉唱　86
君が代のピアノ伴奏　86
義務　12
客観訴訟　185, 189

客観的良心説　193
9条法原理説　230
教育を受ける権利　50, 122
教育の機会均等　60
行政改革　155, 256
強制加入団体　113
行政機関情報公開法　101
行政国家現象　134, 161
行政裁判所　188
強制投票制度　144, 247
行政立法　161
京都朝鮮学校事件　107
京都府学連事件最高裁判決　73
居住移転の自由　115
許容説　55, 69
ギルド　12
緊急集会　158
禁止説　54, 69
近代国民国家　14
近代主権国家　13, 241
近代戦争遂行能力説　231, 234
近代的・立憲的意義の憲法　19
近代立憲主義思想　15, 23
欽定憲法　30
苦役　58
具体的権利　72, 123
国地方係争処理委員会　181
国と地方公共団体の役割分担　181
国のアイデンティティを表明する意義　23
国の唯一の立法機関　139, 160, 164
クローズド・ショップ制度　129
グローバル化　24
グローバル化社会　90, 149, 258
グローバル・ガバナンス　150
グローバル立憲主義　24

君権学派　31
軍国主義化　32
群民蜂起　235
警察予備隊　233
警察予備隊違憲訴訟最高裁判決　202
警察力を超える実力説　231, 236
形式的意味の憲法　19
形式的意味の立法　164
形式的平等　61
刑事補償請求権　59
警職法改正無効事件最高裁判決　190
刑罰法規の不遡及　59
契約関係　11
結果の平等　61
月刊ペン事件最高裁判決　77
決算　170
結社の自由　113
血統主義　116
検閲　102
減額修正　169
「現実の悪意」の法理　78
元首　212, 255
憲政擁護運動　31
憲法　9, 29, 252
憲法改正規定　38, 251
憲法改正限界説　38, 253
憲法改正権の法的限界　253
憲法改正手続　252
憲法改正の発議権　160
憲法改正無限界説　38
憲法研究会　36, 123, 209
憲法裁判所　70, 136, 205
憲法裁判制度　135
憲法制定権力　248
憲法制定国民議会　18
憲法草案要綱　36, 123

憲法訴訟制度　200
憲法訴訟制度の役割　201
憲法尊重擁護義務　37, 220
憲法適用説　49
憲法によって作られた権力　249, 251
憲法による人権保障　44
憲法のアイデンティティ　251
憲法普及運動　36
憲法変遷　235
憲法変遷論　252
憲法問題回避の準則　201
憲法問題調査委員会　34, 208
憲法律　252
憲法を暮らしの中に生かそう　39
権利章典　41
権利請願　41
権利説　246
権力分立　30
権力分立制との関係　171
権力融合　133, 151
公安条例　112
皇位継承権　214
皇位継承資格者　222
合議制　150, 175
拘禁からの自由　58
合憲限定解釈　204
口語体　39
皇室経済　210
皇室典範　209
麹町中学校内申書事件最高裁判決　87
公衆浴場の開設距離制限　118
控除説　174
硬性憲法　19
公的扶助　124
「公人としての行為」説　218
幸福追求権　234

公務員　49, 77, 109, 129
公務説　246
小売市場事件最高裁判決　117, 204
国際協調主義　229, 237
国際人権規範　250
国際人権規約　45, 67, 81
国際人権訴訟　205
国際的保障　44
国際民主主義　229
国際連合　44, 226
国際連盟規約　226
国事行為　152, 174, 215
国事行為以外の公的行為否定説　217
国政選挙　54, 139
国政調査権　170, 193
国政調査権の限界　171
国政に関する権能　209, 220
国籍法　52, 65, 116, 202
国籍法違憲判決　65
国籍離脱の自由　116
国内的保障　44
国民　21
国民議会　18
国民諮問投票制度　142
国民主権　19
国民主権原理　54, 140, 175, 201, 243
国民審査　139, 196
国民代表議会　18, 43
国民代表制　139
国民投票権　246
国民に対する作用　174
国民の教育権説　125
国民の代表者　138, 160, 167, 175
国務請求権　50
国務大臣の任免権　153
国連軍　227, 236

国連憲章　44, 226
国労広島地本事件最高裁判決　129
護憲運動　255
個人　15
個人通報制度　45
個人の尊重　37, 66, 72
「個人の尊重」原理　37
国会開設の勅諭　29
国会単独立法の原則　161
国会中心立法の原則　161
国家間通報制度　45
国家基本政策委員会　164
国家の教育権説　125
国家法人説　32
国教制度　92
国憲　29
国権の最高機関　139, 160, 164, 243
国権の発動たる戦争　230
古物営業許可制　118
個別的効力説　202
固有権説　178
固有性　47
婚姻及び家族生活における両性の本質的平等　60
婚姻の自由　214
婚外子（非嫡出子）差別　65
婚外子法定相続分差別問題　66
混合政体論　132
コンコルダート　92
根本法　248

●さ　行

在外国民　246
再議決　157
罪刑法定主義　19, 58
最高裁判権　242
最高責任地位説　160

最小限度の自衛力を超える実力説　231
財政監督権　160
財政国会中心主義　167
財政民主主義の原則　167
再入国の自由　52
裁判員制度の合憲性　194
裁判員法　194
裁判官の身分保障　194
裁判官の良心　193
裁判規範性否定説　230
裁判の公開　199
裁判を受ける権利　50, 58
歳費請求権　173
在留する権利　53
在留特別許可　54
佐々木惣一＊　35
差別戦争観　225
猿払事件最高裁判決　49, 162
参議院議員選挙　146
サンケイ新聞意見広告事件　110
参審制　194
参政権　50, 54, 213, 245
サンフランシスコ条約　233
自衛権肯定説　234
自衛隊　233
死刑廃止問題　48
事件性　189
自己決定権　73
自己情報コントロール権　74
事実上の拘束力説　203
「自主憲法制定」論　37, 255
自然権思想　17, 42
自然権説　246
事前抑制禁止の理論　101
思想・良心の自由　84
自治権　11

執行命令　161
実力　234
執行権　174
実質的意味の憲法　19
実質的意味の立法　165
実質的憲法論　252
実質的平等　61
執政権　174
私的領域における自由　213
幣原喜重郎＊　228
児童ポルノ規制　104
支配権力　21
自白の強要からの自由　58
渋谷暴動事件最高裁判決　106
司法行政権　192
司法権の限界　189
司法権の独立　30, 192
司法消極主義　201
司法積極主義　201
「司法の危機」時代　199
市民　19
自民党一党優位体制　137
市民階級　15, 132
四民平等　27
指紋　76
社会学的代表説　140
社会契約論　17, 28, 140
社会権　43, 50, 56
社会構成員説　56
社会国家　23, 43, 61, 122
社会主義革命　42
社会主義憲法　42
社会手当　124
社会的身分　64
社会保険　124
謝罪広告　85

集会の自由　111
衆議院議員選挙　145
宗教的結社の自由　89
宗教的行為の自由　89
宗教的中立性　90
宗教の定義　89
自由権　42, 50
自由国家　20
私有財産制度の保障　119
自由選挙　143
集団安全保障体制　226
集団的自衛権　238
修徳高校パーマ退学訴訟　80
自由の指令　34
住民自治　138, 177, 185
住民訴訟　94, 189
住民投票条例　186
主観的良心説　193
主権　241
取材源の秘匿　109
取材の自由　109
首相公選論　156
出生地主義　116
出入国管理法制　53
酒類販売免許制　118
準司法権　175
準法律的性質　182
準立法権　175
消極国家　20
消極説　174
消極目的規制（警察的規制）　117
証券取引法事件最高裁判決　120
少数代表制　145
小選挙区比例代表並立制　145
象徴　210
象徴的表現　99

象徴としてのお務めについての天皇陛下の
　おことば　219
象徴としての機能　216
象徴としての行為　221
「象徴としての行為」説　218
象徴と代表の二元主義　211
証人喚問権　58
承認権　163
証人審問権　58
常備軍　15
情報公開請求権　101
条約　163
条約承認権　160
条例制定権　181
条例制定権の範囲と限界　182
職業裁判官型　197
職業遂行の自由　117
職業選択の自由　115
女性　20
女性差別撤廃条約　46, 52
女性の再婚禁止期間訴訟判決　67
職権の独立　192
私立学校に対する国の財政的支援　168
自力救済　13
人格権　68, 73, 96
信教の自由　87, 213
人権保障との関係　171
信仰の自由　89
新固有権説　178
神社は宗教にあらず　88
人種　47, 63, 106
信条　64
人身の自由　19, 42, 57
神聖ローマ帝国　10
新正戦論　225
神道指令　88

神仏分離令　88
森林法事件判決　120
垂直方向の権力分立制　138
杉本判決　126
砂川事件　191, 235
砂川空知太神社事件　94
政教分離　92
政教分離原則　87, 91, 168
制限選挙制度　20
政治改革　155, 256
政治活動の自由　57, 129
政治スト　128
政治的意味の代表説　140
政治的美称説　160
政治的マニフェスト説　230
精神的自由　57
正戦論　224
生存権　122
生存権規定の法的効力　123
政党　137
政党国家現象　134, 164
政党制　134
正当性的契機一元的理解説　244
正当性的契機及び権力的契機二元的理解説　245
政党内閣制　31, 137
正当な補償　121
制度的保障説　127, 178
成文憲法　18
成文硬性憲法の思想　19
性別　64
政務官制度　156
政令　161
世界人権宣言　44, 81
責任内閣制　137
セクト規制　91

積極目的規制（政策的規制）　117
積極的差別是正措置（アファーマティヴ・アクション）　62
摂政　221
絶対主義国家　15, 131
絶対的平等　62
絶対的分離の考え方　93
選挙区制　145
選挙権　246
選挙権の法的性質　246
選挙訴訟　144, 189
選挙に関する争訟　144
戦後レジームからの脱却　256
潜在的能力説　231
戦争の違法化　225
戦争の放棄　229
全逓東京中郵事件最高裁判決　129, 204
煽動罪　105
戦闘地域　237
全農林警職法事件最高裁判決　49, 129, 204
前文　138, 160, 229
全面改正と修正　252
戦力　231
増額修正　169
総議員の3分の2　158, 252
争議権　49, 128
葬場殿の儀　214
相対的平等　62
相対的分離の考え方　93
相当補償説　121
族議員　155
租税法律主義　168
措置法律　166
損失補償　120
尊属殺重罰規定違憲判決　63
存立危機事態　239

●た 行

大臣助言制　30, 215
大臣責任制　215
大政翼賛会　33
大喪の礼　214
大都市地域特別区設置法　186
大日本帝国憲法（明治憲法）　30
代表　138, 210
代表委任　140
高田事件最高裁判決　59
ダグラス・マッカーサー連合国軍最高司令官＊　207
多数代表制　145
伊達判決　235
他の国家機関に対する権限　174
たばこ専売制　118
弾劾裁判　137, 195
弾劾裁判所　160, 192
団結権　43, 128
男子普通選挙制　32
男女雇用機会均等法　64, 127
男女別定年制　64
団体自治　177, 181
団体優位の社会　13
治安維持法　32, 113
地域的な人権保障の動き　46
地方公共団体　179
地方公共団体の事務　180
地方公共団体の組織　180
地方参政権　55
地方自治権の本質　177
地方自治制　137
地方自治特別法　139, 162, 185
地方自治の本旨　177

チャタレー事件最高裁判決　103
中間団体　11
抽象的権利　123
中世ヨーロッパの封建制社会　10, 188
中世立憲主義　10, 41
中選挙区制　145
超然主義　31
直接選挙原則　144
沈黙の自由　86
津地鎮祭事件　94
津地鎮祭事件最高裁判決　92
強い個人　122
抵抗権　12, 28
帝国議会　30
帝国主義化　32
定足数　158, 189, 252
適正な手続的処遇を受ける権利　58
寺西判事補事件　195
テロ対策特別措置法　237
天皇機関説　32
天皇機関説事件　32
天皇機関説論争　31
天皇主権　34, 243
天皇主権説　31
天皇親政　27
天皇の退位等に関する皇室典範特例法　219
天皇の大権　30
ドイツ型憲法裁判制　201
東海大学安楽死事件横浜地裁判決　79
統括機関説　160
党議拘束　135
東京都管理職選考試験事件　55
東京都公安条例事件最高裁判決　112
同時活動の原則　157
統治権　30, 208, 242

統治行為論　190
統帥権の独立　31
統制権　129
同性婚問題　69
当然の法理　55
投票方法　145
東洋大日本国国憲按　28
都教組事件最高裁判決　204
徳島市公安条例事件最高裁判決　184
独任制　150
特別裁判所　192
独立活動の原則　157
独立行政委員会　171, 175
都市国家　11
土地支配権　12
土地利用権　12
特権　12
苫米地事件最高裁判決　152, 191
富山大学事件最高裁判決　190
囚われの聴衆　87
トランスナショナル人権法源論　200
度量衡制定権　242
奴隷　20
奴隷的拘束　57

●な　行
内閣　162
内閣憲法改正草案要綱　35
内閣信任決議案　151
内閣総理大臣の指名権　160
内閣総理大臣の靖国神社公式参拝問題　95
内閣の助言と承認　215
内閣の成立と総辞職　153
内閣の責任　175, 218
内閣の総辞職　137, 154
内閣不信任決議案　151

内在的制約　191, 204
長沼ナイキ基地事件　236
奈良県ため池条例事件最高裁判決　121
成田新法事件最高裁判決　58, 112
新潟県公安条例事件最高裁判決　112
二院制　30, 156
二元型議院内閣制　133
二元説　246
二元的代表制　180
2項全面放棄説　231
二重の危険の禁止　59
日米安保条約　191, 233, 256
日産自動車女子若年定年制事件最高裁判決　128
日産自動車男女別定年制事件判決　64
二風谷ダム事件札幌地裁判決　82
日本国憲法改正草案　257
入国する権利　53
入国の自由　52
人間宣言　34, 208
人間の尊厳　71
ねじれ現象　157
ノン・ルフールマン原則　52

●は　行
売春防止　118
バージニア権利宣言　18
陪審制　193
廃藩置県　27
廃仏毀釈運動　88
破壊活動防止法　113
博多駅テレビフィルム提出命令事件最高裁決定　100
八月革命説　38
発言・表決免責特権　173
派閥支配構造　154

パブリック・フォーラム論　108
パリテ政策　142
バンジュール憲章　46
版籍奉還　27
半大統領制　134
万民法　250
被選挙権　246
非戦闘地域　237
非対等型の二院制　157
否定説（外国人の社会権）　56
人　19
人および市民の権利宣言　19
人の内面的な精神活動の自由　85
一人別枠方式　147
非文明国　21
秘密会　159
秘密選挙　143
表現内容規制　101, 111
表現内容中立規制　101, 108
表現の自由　19, 50, 77, 98, 213
表現の自由の保障の意義　98
表現の自由の保障の射程　100
平等選挙　143
平賀書簡事件　193
裕仁天皇＊　207, 228
夫婦別姓訴訟　68
夫婦別姓訴訟判決　67
フェアネス・ドクトリン　111
不可侵性　47
福祉国家　23, 43, 61
福島判決　236
副大臣　156
不戦条約　226, 231
不逮捕特権　172
普通選挙　60, 143, 156
復古的な性格　256

不当な捜索　58
不当な抑留　58
不当労働行為救済制度　128
不平等条約　27
部分社会の法理　190
普遍性　44, 47
プライバシー権　73
フランス人権宣言　20, 42, 121, 246
ブランデンバーグ・テスト　106
武力による威嚇　230
武力の行使　230, 237
プログラム規定　123
分担管理原則　155
文民　153
文明国　21
米州人権裁判所　46
米州人権条約　46
米州人権宣言　46
ヘイトスピーチ規制法　107
平和安全整備法　239
平和維持活動　236
平和国家　229
平和的生存権　229, 234
弁護人依頼権　59
帆足計事件判決　116
保安隊　233
法案提出権　162
法人の人権　49
法曹一元制度　198
放送の自由　110
法治国家　10
法治主義　30
傍聴人のメモ行為　200
傍聴の自由　199
法的意味説（憲法制定権力）　249
法的権利　123, 246

報道の自由　109
法の継受　27
法の支配　135
亡命権　53
法律上の争訟　189
法律中心主義　23
法律に対する人権保障　44
法律による行政の原理　136
法律による人権保障　43
法律の範囲内　183
補助的権能説　170
穂積八束＊　32
ポツダム宣言　33, 47, 207
北方ジャーナル事件最高裁判決　102
ポピュリズム現象　142
ポポロ事件最高裁判決　127
堀木訴訟最高裁判決　123

●ま　行

マグナ・カルタ　12, 41
マーベリー対マディソン事件　201
マクリーン事件最高裁判決　52
マスメディア　109
マスメディアへのアクセス権　110
マッカーサーノート　34, 208, 228
松本委員会　34
三井美唄炭坑労働組合事件最高裁判決　129, 247
三菱樹脂事件最高裁判決　49, 86
美濃部達吉＊　32
身分　12
身分制議会　12, 18
身分制社会　26, 114, 222
宮沢俊義＊　38, 47, 216
宮本判事補事件　198
民主的第二次院型　156

民主的代表の論理　145
民撰議院設立建白書　28
民族固有の文化を享有する権利　82
無効説（条約）　163
無国籍防止原則　116
無差別戦争観　224
無産階級　20
無主地　22
明確性の理論　101
明治維新　27
明治典憲体制　209, 222
「明白かつ現在の危険」の基準　101
名目化　216
名誉権　76
命令委任制　141
目的効果基準　93
モデル小説　75
森川キャサリーン事件最高裁判決　53
門地　65
モンテスキュー＊　132

●や　行

薬事法事件最高裁判決　117
夜警国家　20
八幡製鉄政治献金事件最高裁判決　138
山口県自衛隊合祀事件　95
優越的地位（表現の自由）　99
有害図書規制　105
有害無益説（憲法制定権力）　249
夕刊和歌山時事事件最高裁判決　77
有効説（条約）　163
ユニオン・ショップ制度　129
ヨーロッパ人権裁判所　46
ヨーロッパ人権条約　46
良き旧き法　11
抑制と均衡（check and balance）　132

横出し条例　183
予算　169
予算修正権　169
予算法規範説　169
吉田茂＊　255
吉野作造＊　31
予備費　170
「より制限的でない他の選びうる手段」の基準　101
弱い個人　122

良心的兵役拒否制度　90
領土　21
レペタ事件最高裁判決　200
連邦制型　156
連邦制　137
労働基本権　122, 127, 205
労働権　127
ローマ教会　10
ロッキード事件丸紅ルート最高裁判決　154

●ら 行
立憲学派　32
立憲君主主義憲法　30
立憲主義　9, 239, 251
立法　164
立法権　19, 132, 242
立法政策説（外国人の社会権）　56
両院協議会　157
良心　192

●わ 行
ワイマール憲法　43
早稲田大学江沢民事件最高裁判決　75

●アルファベット
A規約（国際人権規約）　45
B規約（国際人権規約）　45
constitution　9
PKO協力法　237

著者紹介

山元　一（やまもと・はじめ）

1961年　東京に生まれる
1984年　早稲田大学政治経済学部政治学科卒業
1987年　東京大学大学院法学政治学研究科修士課程修了
1992年　東京大学大学院法学政治学研究科博士課程修了,博士（法学）
同年　　新潟大学教養部講師
1994年　新潟大学法学部助教授
1999年　新潟大学法学部教授
2002年　東北大学大学院法学研究科教授
2008年～慶應義塾大学大学院法務研究科教授（憲法担当）
2018年～放送大学客員教授
この間,リヨン第二大学,モンプリエ第一大学,レンヌ第一大学,ニース大学,シアンスポ〔パリ政治学院〕,パリ第二大学,パリ第一大学で招聘教授を歴任
主要研究分野：憲法理論,比較憲法学,グローバル法理論

＜主要著作＞

『憲法学説に聞く　ロースクール・憲法講義』（共編）（日本評論社,2004年）

『ジェンダー法学・政治学の可能性』（共編）（東北大学出版会,2005年）

『政治参画とジェンダー』（共編）（東北大学出版会,2007年）

『ヨーロッパ「憲法」の形成と各国憲法の変化』（共編）（信山社,2012年）

『フランス憲政学の動向』（共編）（慶應義塾大学出版会,2013年）

『現代フランス憲法理論』（信山社,2014年）

『憲法基本判例』（共編）（尚学社,2015年）

『講座　政治・社会の変動と憲法—フランス憲法からの展望—　第Ⅰ巻　政治変動と立憲主義の展開』（共編）（信山社,2017年）

『概説憲法コンメンタール』（共編）（信山社,2018年）

『グローバル化による法の変容』（共編）（日本評論社,2018年）

『憲法の普遍性と歴史性』（共編）（日本評論社,2019年）

『講座　立憲主義と憲法学　第1巻　憲法の基礎理論』（編）（信山社,2022年）

『国境を越える憲法理論』（日本評論社,2023年）

『新国際人権法講座　第1巻　国際人権法の歴史』（共編）（信山社,2023年）

『新国際人権法講座　第2巻　国際人権法の理論』（共編）（信山社,2023年）

『憲法学と憲法学者の＜アフター・リベラル＞』（共編）（弘文堂,2024年）

放送大学教材　1730118-1-1911（テレビ）

グローバル化時代の日本国憲法

発　行　　2019年3月20日　第1刷
　　　　　2024年8月20日　第4刷
著　者　　山元　一
発行所　　一般財団法人　放送大学教育振興会
　　　　　〒105-0001　東京都港区虎ノ門1-14-1　郵政福祉琴平ビル
　　　　　電話　03（3502）2750

市販用は放送大学教材と同じ内容です。定価はカバーに表示してあります。
落丁本・乱丁本はお取り替えいたします。

Printed in Japan　ISBN978-4-595-31942-6　C1332